全球价值链视角下
数字创意产业高端化发展的
实现路径与培育机制研究

车树林 ◎ 著

河海大学出版社
HOHAI UNIVERSITY PRESS

·南京·

图书在版编目(CIP)数据

全球价值链视角下数字创意产业高端化发展的实现路径与培育机制研究 / 车树林著. -- 南京：河海大学出版社，2023.11
ISBN 978-7-5630-8572-9

Ⅰ.①全… Ⅱ.①车… Ⅲ.①数字技术－应用－文化产业－产业发展－研究－中国 Ⅳ.①G124-39

中国国家版本馆 CIP 数据核字(2023)第 236830 号

书　　名	全球价值链视角下数字创意产业高端化发展的实现路径与培育机制研究 QUANQIU JIAZHILIAN SHIJIAOXIA SHUZI CHUANGYI CHANYE GAODUANHUA FAZHAN DE SHIXIAN LUJING YU PEIYU JIZHI YANJIU
书　　号	ISBN 978-7-5630-8572-9
责任编辑	陈丽茹
特约校对	李春英
装帧设计	徐娟娟
出版发行	河海大学出版社
地　　址	南京市西康路 1 号(邮编：210098)
网　　址	http://www.hhup.com
电　　话	(025)83737852(总编室)　(025)83787763(编辑室) (025)83722833(营销部)
经　　销	江苏省新华发行集团有限公司
排　　版	南京布克文化发展有限公司
印　　刷	苏州市古得堡数码印刷有限公司
开　　本	718 毫米×1000 毫米　1/16
印　　张	13.5
字　　数	248 千字
版　　次	2023 年 11 月第 1 版
印　　次	2023 年 11 月第 1 次印刷
定　　价	78.00 元

前言

　　人工智能、云计算、物联网、5G、区块链、元宇宙等数字技术的飞速发展，推动着数字创意产业的变革和壮大，产业发展达到了新高度。当今世界正经历百年未有之大变局，发达国家均高度重视数字创意产业发展，正试图以对待传统行业的方法控制新兴的数字创意产业全球价值链。与此同时，我国政府也正在大力培育和发展数字创意产业。2016年，国务院将数字创意产业纳入《"十三五"国家战略性新兴产业发展规划》，从数字文化创意技术装备创新提升、数字内容创新发展、创新设计发展、相关产业融合发展4个方面，对我国数字创意产业的长远发展进行了顶层规划，自此数字创意产业成为我国产业发展的战略性方向之一。2018年，国家统计局公布《战略性新兴产业分类(2018)》，将数字创意产业列为我国重点发展的战略新兴产业。当前中国经济已迈入高质量发展新阶段，亟须将参与全球价值链（Global Value Chain，GVC）竞争的模式从"汗水经济"转变为"智慧经济"，以摆脱长期以来的"被俘获"与"低端锁定"的困境。对于建构于数字互联平台、生产制造环节迥异的新兴数字创意产业而言，要想避免陷入"被俘获"与"低端锁定"的困境，实现全球价值链的中高端化，必须突破现有的全球价值链理论和升级逻辑。鉴于此，本书以"全球价值链视角下数字创意产业高端化发展的实现路径与培育机制研究"为题展开研究。本书研究既具有一定的理论创新价值，也对中国相关贸易政策、产业政策的制定具有重要的现实指导意义。

　　本书整体遵循"理论重构→现状把握→路径对策"的研究思路，一共分为十个章节。第一章是数字创意产业的相关概述。本章节首先界定了数字创意产业的概念，在回顾和参考既有文献的基础上，我们将数字创意产业界定为：数字创意产业是依托数字技术，以创意为动力，进行文化价值的创造，促进生活服务与生产制造领域的数字化重构,推动数字经济发展的新型产业。其次,划定了数字创意产业的领域范畴。然后,归纳了数字创意产业的基本特征,如高附加值性、知识产权性、高技术性、横向协同性、高风险性等。最后,深入剖析了数字创意产业发展的重要战略意义。

第二章是全球价值链理论。本章节首先梳理了全球价值链概念的形成过程,先后经历了价值链、产业链、全球商品链,最终形成了全球价值链的概念,并指出当下全球价值链的概念正向广度和深度延伸。其次,介绍了全球价值链的研究方法。最后,分析总结了当前关于全球价值链理论的主要研究内容,包括全球价值链条的驱动力、全球价值链的治理、全球价值链的治理者、全球价值链下的地方产业集群、全球价值链下的产业升级五个方面。

第三章是数字创意产业全球价值链内涵界定及理论体系解构。在前文界定数字创意产业和全球价值链内涵的基础上,本章节首先分析了数字创意产业全球价值链重构的现实背景,以及数字创意产业全球价值链研究的现实意义和理论价值。其次,界定了数字创意产业全球价值链的基本内涵,并从研究开发、生产制造、产品形态、外部审查、营销环节、物流运输、消费环节、附加环节与生命周期九个方面辨析了数字创意产业全球价值链与传统制造业全球价值链的不同。最后,尝试从市场、技术和文化三个维度构建数字创意产业全球价值链的功能体系。

第四章是中国数字创意产业发展概况。本章节在分析我国数字创意产业发展进程的基础上,从相关政策、总体规模、创新领域等方面介绍了我国数字创意产业的发展概况,发现"十三五"以来我国数字创意产业发展已取得了一定成绩,但在世界局势动荡、经济发展不稳的大背景下,我国数字创意产业在"十四五"时期发展浪潮中,仍存在问题和挑战,具体包括缺乏创新意识、专业人才不足、相关机制不完善、产业竞争力不足以及区域发展不平衡等。

第五章是中国数字创意产业竞争力测度评价与区域差异研究。本章节通过构建数字创意产业竞争力综合评价指标体系,基于AHP-熵值法和GIS空间分析法对我国京津冀、长三角、珠三角三大城市群的数字创意产业发展情况进行多维度的比较分析。结果表明,第一,文化产业规模和创新能力对数字创意产业竞争力的贡献最大,数字创意指数和相关产业规模贡献值次之。第二,珠三角地区平均竞争力最强;长三角地区江苏和浙江最为均衡;京津冀地区不仅平均竞争力最弱,而且不平衡问题最为突出。第三,从省市角度分析,河北省和安徽省整体竞争力较弱,不仅反映在其省会城市在大城市的比较中居于末尾,更反映在排名靠后的城市数量中,安徽省和河北省占比最多。第四,从空间分布格局上看,总体呈现出由中心城市向四周递减的格局。综合竞争力强的城市基本是区域中心城市,比如北京、上海和深圳,其次是省会城市。

第六章是中国数字创意产业全球价值链位置测度及驱动因素研究。本章节首先基于 TiVA 数据库提供的数据,利用附加值贸易法构建 GVC 位置指数,测度分析了中国数字创意产业在全球价值链中的位置及其动态演变,在此基础上,理论分析中国数字创意产业全球价值链嵌入位置的影响因素,并构建计量模型,实证检验中国数字创意产业全球价值链位置的影响因素。研究发现,2005—2018 年样本期间,我国数字创意产业的四大细分行业"信息通信""出版、音像、广播活动""电信""计算机编程、咨询和信息服务"以及数字创意整体产业的 GVC 地位指数均呈现出不断上升的趋势,且近年来一直位列全球前十。进一步的影响因素检验还发现,技术进步和人力资源对我国数字创意产业的国际分工地位具有显著的正向影响,外商直接投资对我国数字创意产业国际分工地位的提升具有负向作用,产业政策对我国数字创意产业的国际分工地位无显著影响。

第七章是全球价值链嵌入影响数字创意产业高质量发展的理论分析。本章节首先构建了全球价值链嵌入影响产业升级的理论框架,然后深入分析了全球价值链嵌入影响数字创意产业高质量发展的作用机制,并据此提出研究假设,以待后续章节结合经验数据进行实证检验。通过研究,我们发现全球价值链嵌入对数字创意产业高质量发展可能存在促进和抑制的双重作用机制,促进机制主要通过竞争创新效应、产业关联效应和规模经济效应三个机制实现,抑制机制主要通过低端锁定效应和吸收门槛效应两个机制实现。

第八章是全球价值链嵌入影响数字创意产业高质量发展的实证检验。本章节在上一章节理论分析全球价值链嵌入影响数字创意产业高质量发展内在机理的基础上,利用 TiVA 数据库和 KPWW 方法测度数字创意产业全球价值链嵌入地位指数,同时结合 2009—2018 年间 WIOD 世界投入产出表与世界银行 WDI 数据库的合并数据,实证考察了全球价值链嵌入对数字创意产业高质量发展的影响效应与机制。研究结果表明,全球价值链嵌入可以有效提高数字创意产业高质量发展水平,全球价值链嵌入地位指数每提高 1 个百分点,数字创意产业高质量发展水平将提升 0.216 3 个百分点。同时全球价值链嵌入与数字创意产业高质量发展水平之间还存在非线性"U形"关系,也就是说,低端嵌入不利于数字创意产业高质量发展,迈入"拐点"后的中高端嵌入才能够明显改善数字创意产业高质量发展水平。上述结论在经过内生性处理以及多项稳健性检验后依然成立。进一步的机制识别检验表明,全球价值链嵌入确实会对数字创意产业高质量发展产生促进和抑制的双重影响。

第九章是国外数字创意产业高质量发展的典型事实与经验启示。本章节通过分析介绍英国、美国、日本和韩国等几个典型国家的数字创意产业发展现状,总结他们的主要经验,以供借鉴。研究发现,英国发展数字创意产业方面存在以下几个特点:创意产业的各管理部门职责明确;有创新重点产业人才培训体系;有多元化的资金支持体系;支持全国各地创建创意中心;有保护与转化并重的知识产权保护体系。美国发展数字创意产业方面存在以下几个特点:规范市场环境,加强版权立法;有紧密高效的政府、企业和第三方组织合作联动机制;研发与应用两端发力,推动"产业+数字技术"融合发展。日本发展数字创意产业方面存在以下几个特点:推行"产学官"模式;制定创意产业出口支持策略;有创新重点产业人才培训体系。韩国发展数字创意产业方面存在以下几个特点:加强政策法规环境建设;设立专门管理服务机构;不断完善投融资机制。

第十章是全球价值链重构视域下数字创意产业高质量发展的路径与中国对策。通过分析发现,在全球价值链重构视域下,推动数字创意产业高质量发展,需要走技术应用创新、内容生产创新、制度治理创新以及业态融合创新等中高端发展路径。然而,上述路径对于特定国家或地区而言,只是提供了一种可能性而非必然性。目前中国数字创意产业发展既有优势也有不足,应该抓住全球价值链重构的契机,推动数字创意产业积极迈向全球价值链中高端,从而实现高质量跨越式发展。为此,本章节在前述研究结果的基础上,提出如下对策建议:一是提高技术创新能力,构建数字创意产业中国技术标准;二是整合优质研发资源,构建与发达国家相抗衡的竞争策略;三是强化内容生产创作,提升数字创意产品国内增加值率;四是开发衍生创意产品,培育形成完整的数字创意产业链;五是打破创意人才瓶颈,将"中国制造"变成"中国创造";六是构建多元融资体系,迎合数字创意产业多样化的需求;七是建立互动竞争机制,提升数字创意企业的中间品质量;八是创造稳定政策环境,优化数字创意产业内容审查机制;九是重视知识产权保护,加大涉外知识产权保护协调力度;十是加强供应链式整合,提升国内国际两个市场统筹质量。

目录

基础理论篇

第一章　数字创意产业的相关概述 ·············· 3
　　第一节　数字创意产业的内涵与应用 ·············· 3
　　第二节　数字创意产业的特征 ·············· 8
　　第三节　数字创意产业的战略意义 ·············· 12

第二章　全球价值链理论 ·············· 17
　　第一节　全球价值链概念的形成 ·············· 17
　　第二节　全球价值链的概念向广度和深度延伸 ·············· 20
　　第三节　全球价值链的研究方法 ·············· 24
　　第四节　全球价值链的研究内容 ·············· 25

第三章　数字创意产业全球价值链内涵界定及理论体系解构 ·············· 34
　　第一节　数字创意产业全球价值链的研究意义 ·············· 34
　　第二节　数字创意产业全球价值链的内涵界定 ·············· 38
　　第三节　范式辨析：数字创意产业全球价值链与传统制造业全球价值链比较 ·············· 40
　　第四节　数字创意产业全球价值链发展的功能体系 ·············· 42

发展现状篇

第四章　中国数字创意产业发展概况 ·············· 53
　　第一节　中国数字创意产业发展进程 ·············· 53
　　第二节　中国数字创意产业发展现状 ·············· 56

第三节　中国数字创意产业发展存在的主要问题 …………………… 76
第四节　主要结论 ……………………………………………………… 81

第五章　中国数字创意产业竞争力测度评价与区域差异研究——基于京津冀、长三角、珠三角三大城市群的比较分析 ……………… 82
第一节　问题的提出 …………………………………………………… 82
第二节　文献综述 ……………………………………………………… 84
第三节　指标体系、评价方法与数据来源 …………………………… 87
第四节　实证结果分析 ………………………………………………… 93
第五节　主要结论 ……………………………………………………… 100

第六章　中国数字创意产业全球价值链位置测度及驱动因素研究 …… 102
第一节　问题的提出 …………………………………………………… 102
第二节　文献综述 ……………………………………………………… 104
第三节　数字创意产业全球价值链位置测度方法选择 ……………… 107
第四节　中国数字创意产业全球价值链的位置测度及其演变趋势 … 115
第五节　中国数字创意产业全球价值链位置变化的驱动因素 ……… 119
第六节　主要结论 ……………………………………………………… 130

路径对策篇

第七章　全球价值链嵌入影响数字创意产业高质量发展的理论分析 … 133
第一节　全球价值链嵌入影响产业升级的理论框架 ………………… 133
第二节　全球价值链嵌入影响数字创意产业高质量发展的内在机制
　　　　………………………………………………………………… 137
第三节　主要结论 ……………………………………………………… 142

第八章　全球价值链嵌入影响数字创意产业高质量发展的实证检验——来自跨国面板数据的经验证据 ………………………… 143
第一节　问题的提出 …………………………………………………… 143
第二节　文献综述 ……………………………………………………… 144
第三节　研究设计与数据说明 ………………………………………… 147
第四节　实证结果分析 ………………………………………………… 157
第五节　主要结论 ……………………………………………………… 163

第九章 国外数字创意产业高质量发展的典型事实与经验启示 …… 165
第一节 英国数字创意产业发展概况与经验启示 …… 165
第二节 美国数字创意产业发展概况与经验启示 …… 169
第三节 日本数字创意产业发展概况与经验启示 …… 172
第四节 韩国数字创意产业发展概况与经验启示 …… 175
第五节 结语 …… 178

第十章 全球价值链重构视域下数字创意产业高质量发展的路径与中国对策 …… 179
第一节 问题的提出 …… 179
第二节 文献综述 …… 180
第三节 全球价值链重构视域下数字创意产业高质量发展的路径 …… 184
第四节 全球价值链重构视域下数字创意产业高质量发展的中国对策 …… 187
第五节 结语 …… 194

参考文献 …… 195

基础理论篇

第一章 数字创意产业的相关概述

准确认识事物的概念是一切创新性研究的源点,事物的特征、属性及其运作模式在本质上都是其概念的衍生。数字创意产业概念中蕴含的关键要素表达了数字创意产业的主体含义,推动了数字创意产业基本特征的提炼和典型模式的定型。本章节首先界定了数字创意产业的概念,划定了数字创意产业的领域范畴;然后归纳了数字创意产业的基本特征,并深入剖析了数字创意产业发展的重要战略意义。

第一节 数字创意产业的内涵与应用

一、数字创意产业的概念内涵

关于数字创意产业,目前国际上尚未形成统一的定义,相近的概念有创意产业、版权产业、数字内容产业、文化创意产业、文化工业等。发达国家对数字创意产业的认识和对发展路径的选取有所差异。例如,德国的法兰克福学派最早提出了"文化工业"的概念,在 Horkheimer 和 Adorno 出版的《启蒙辩证法》一书中,他们分析提出文化产品利用现代科学技术手段,并以标准化的方式被生产出来,同时借助广播电视等大众媒介传播出去,进而被广大消费者所接受和消费。美国通过版权连接整个数字创意产业,使数字内容与技术得到协同发展;英国以轻量的创意产业为主,通过文化驱动产业发展,突出大文化、综合管理理念,适应创意与数字等要素融合的发展趋势;日本与韩国的数字内容产业发展势头强劲,政府主要通过科技与产业政策来引导相关产业的发展。具体如表 1-1 所示。

表 1-1 美、英、韩、日四国数字创意产业定义与分类对比

国家	名称	定义	重点产业	代表性企业
美国	版权产业	以知识产权为核心,为公众提供精神产品的生产和服务	以电影、娱乐、艺术为主	华特迪士尼、21世纪福克斯、康卡斯特、时代华纳、微软、苹果
英国	创意产业	源自个别创意、技术和才干,通过知识产权的开拓和利用,用个人潜力创造财富和就业机会的活动	以广告、建筑、艺术工艺品、设计、影视与广播出版为主	英国电信集团、沃达丰公司、天空广播公司、WPP集团
韩国	数字内容产业	包括数字内容的制作、存储与分发的产业	以电子游戏、影视以及工业设计为主导	Naver、Ylab、Kakao、Com2uS
日本	数字内容产业	随着数字技术的发展和内容产业结构的变化而衍生出的新的产业形态,而内容产业是指可为人的精神带来享受的信息、可进行经济经营的财产	动漫内容制作	Media Do、MADHOUSE、ufotable、MAPPA

数字创意产业的发展需要解决几个关键问题,其中包括对其内涵的准确理解、制定有针对性的政策和详细规划。为了推动我国数字创意产业的高质量发展,国务院于 2016 年 12 月 19 日发布了《"十三五"国家战略性新兴产业发展规划》(以下简称《规划》)。该规划为我国数字创意产业的长远发展制定了顶层规划,主要囊括了四个方面:数字文化创意技术装备的创新提升、数字内容创新的发展、创新设计的发展以及相关产业融合的发展。但对于数字创意产业的具体定义,《规划》也未做出准确的界定。通过梳理现有文献,我们发现目前国内学者关于数字创意产业内涵的研究,主要可以分为两大类:

一种研究数字创意产业的方法是从文化产业的延伸和转型角度出发。邱丽娜和张明军认为,典型的数字创意产业涵盖了多个领域,其通过将文化和工业设计创新资源与信息技术、网络技术相结合,在掌握具有自主知识产权的原创内容基础上,利用数字展示技术进行产业的设计、研发、制作、服务和运营。根据王红梅等人的观点,数字创意产业是建立在丰富的知识文化资源基础上的一种新经济活动。它利用现代通信科技,采用网络化和数字化的生产经营方式,涵盖文化价值的创作、宣传和交易等方面。此外,数字创意产业还包括通过运用新创意和新科技提升传统文化产业吸引力和附加值的活动。它代表了创意产业或内容产业中最具代表性的形态。臧志彭将数字创意产业界定为"数字+创意+产业"的有机组合。根据王博和张刚的研究,数字创意产业以创意资源为基础,通过创新驱动,积极运用现代数字技术、网络

技术和大众传播技术等工具,以实现文化价值的数字化和网络化的生产方式为目标。刘键和白素霞认为,数字创意产业利用数字化技术作为技术支持和表现形式,发挥文化传承创新和智库作用,具备文化、创意、技术、跨界和融合等特征,是推动新时代大视听全产业链市场健康发展的重要组成部分。同时,数字创意产业也是解决人民对美好生活需求和不平衡不充分发展之间矛盾的重要选择。

还有一些研究从新经济的角度探讨数字创意产业。范恒山认为,数字创意产业是一种新型业态,依赖数字技术完成创造、开发、传播和服务,在经济社会的各个领域广泛应用,并以创意和内容为关键标志。柴欣和郁珅菊指出,数字创意产业的本质在于激活和革新高品质内容,并通过创意展示来实现。它包括五个核心生产要素,即网络、数据、技术、创意和内容,而所有这些要素都围绕内容服务展开。陈能军和史占中认为数字创意产业是数字技术与创意产业相互融合,进行创新、生产、应用和服务的新经济形态。高宏存和任德靖的研究指出,数字创意产业是一种独特的经济形态,依靠数字技术和数字平台,通过倡导创新理念来促进创造力的提升,并通过经济实践充分发挥文化艺术对经济的推动作用。

综合以上讨论,我们可以通过以下三个方面准确理解数字创意产业的内涵,而不仅限于文化产业的视角。

第一个方面是数字与创意。数字创意产业的核心特征在于将数字与创意紧密结合。与以往的产业形态相比,数字创意产业在数字技术的变革下呈现出根本性的不同之处。数字技术涵盖的范围非常广泛,包括大数据和人工智能等多种技术,这些技术已经普遍应用于国民经济的各个部分,并推动了经济社会的创新发展。因此,对于数字创意产业的深刻理解在于进一步深入探究数字经济以及数字技术的应用逻辑,而不仅仅是从文化产业本身的形态出发进行考量。在文化产业数字化转型的过程中,在数字赋能下,创意的价值得以不断放大,而传统的文化产业业态不断被替代以及淘汰。与此同时,在整个社会的数字化转型中,创意在生活服务和生产制造领域的价值得以更加充分彰显。因此,数字创意产业中的创意已经不再是简单的创造,而是涉及更广泛的领域和价值,不再局限于传统文化产业中内容相关的创意,而成为数字化生活服务和生产制造中的重要组成部分,其内涵和范畴也在不断演变。

第二个方面涉及文化与经济。数字创意产业不仅仅是一种产业,更是文化建设和文化服务的重要组成部分，承担着文化责任和使命。数字技术的应用正在催生全新的数字文化形态，这被视为一场文化领域的大变革。当下我们正处于中国特色社会主义新时代，数字创意产业应当并且能够发挥更大的作用。数字创意产业要在不断适应时代发展变革的基础上，推动社会主义文化发展模式的创新。与传统的文化产业有所不同，数字创意产业不仅仅是在数字经济时代下文化产业的延展和转型，也不是简单意义上的"互联网+"，我们更应该从数字经济的视角深入剖析数字创意产业未来的发展变化趋势，推动创意成为数字化生产和生活的重要驱动力，成为数字经济时代经济发展的新的强大引擎。

第三个方面是动态与拓展。数字创意产业作为一种新兴产业，具有较强的创新创意特征，当下正处于快速发展的过程。数字技术的不断革新和演变，也推动着数字创意产业的不断创新和拓展。我们正处于互联网和物联网发展的交替演进阶段，对于数字创意产业这一新事物，应采取开放和包容的态度，对数字创意产业运行模式不能局限于用过去的传统思维去理解和思考，应紧跟现代化数字技术前沿，以动态的、发展的眼光，不断深化理解数字创意产业的内涵，强化对数字创意产业的认知。因此，我们认为，数字创意产业是依托数字技术，以创意为动力，进行文化价值的创造，促进生活服务与生产制造领域的数字化重构，推动数字经济发展的新型产业。

二、数字创意产业的主要领域

数字创意产业是技术与创意相互融合的领域，不仅仅是技术与创意的受益者，而且是作为直接创造和生产产业价值的主体。英国在创意产业的开拓方面发挥着重要的作用，并在创意产业框架中确定了13个核心领域，这些领域构成了数字创意产业的基石。各国对数字创意产业的领域划分是基于本土化概念的选择，以及对创意产业关联领域的调整和补充。英国的创意产业范畴涵盖了电影、电视、广播和摄影等媒体领域，还包括出版业、博物馆、画廊和图书馆等文化机构，共计9个代表性的创意领域。

英国展现了数字创意产业领域的起步阶段。与此不同，美国主要对版权产业进行了不同层次的分类，包括核心、交叉、部分和边缘版权产业。核心版权产业涵盖出版、视觉艺术、广告、文艺创作、摄影和软件等领域。此外，日本和韩国基本都采用了数字内容产业的概念。日本将数字内容产业的主要领域划分为音乐、影像、游戏和信息出版四个方面。韩国对本国的数字内容产业进行了更为详细的划分,涵盖的领域更加广泛,包括数字游戏、数字动漫、数字学习、数字内容软件、数字影音、移动增值服务、网络服务和数字出版等多个领域。这两个国家在确定数字内容产业领域时都参考了英国创意产业的内容,并根据国情进行了适应转化,形成了各自的特色,而韩国的数字内容产业范围更为广泛,数字化特征更加显著。

我国在国家统计局公布的《战略性新兴产业分类(2018)》中明确数字创意产业是我国重点发展的战略新兴产业,细分行业包括数字创意技术设备制造、数字文化创意活动、设计服务、数字创意与融合服务等,其对应的国民经济行业覆盖较为广阔,包括电影、动漫、游戏、电视、广播和应用软件开发等一系列相关产业,具体如表1-2所示。

表1-2 数字创意产业主要领域

数字创意产业	细分行业	对应国民经济行业名称
数字创意技术设备制造	数字创意技术设备制造	电影机械制造、广播电视节目制作及发射设备制造、广播电视接收设备制造、专业音响设备制造、应用电视设备及其他广播电视设备制造、电视机制造、音响设备制造、其他智能消费设备制造
数字文化创意活动	数字文化创意软件开发	应用软件开发
	数字文化创意内容制作服务	动漫、游戏数字内容服务、其他数字内容服务
	新型媒体服务	互联网其他信息服务、其他数字内容服务、数字出版
	数字文化创意广播电视服务	有线广播电视传输服务、无线广播电视传输服务
	其他数字文化创意活动	其他电信服务、互联网游戏服务、地理遥感信息服务、其他数字内容服务、其他技术推广服务、广播电视影视节目制作、广播电视集成播控、电影放映、录音制作、文艺创作与表演
设计服务	数字设计服务	工程设计活动、规划设计管理、工业设计服务、专业设计服务
数字创意与融合服务	数字创意与融合服务	互联网广告服务、其他广告服务、科技会展服务、旅游会展服务、体育会展服务、文化会展服务、旅行社及相关服务、电子出版物出版、图书馆、博物馆

因此,我们认为数字创意产业应该包含四个层次,分别是基础层、技术层、应用层和融合层。

一是基础层。这是数字创意产业的底座和架构,包含移动互联网、5G通信、云计算、大数据、区块链、人工智能等新型基础设施,这是数字创意产业发展的前提条件和基础平台。

二是技术层。这是基于基础层和市场需求演化而来的,例如人机交互、网络直播、全息投影、裸眼3D、融媒体、交互娱乐引擎开发、数字内容加工处理软件、虚拟增强现实等各类新兴创意、设计、传播、感知技术等,这是数字创意产业提升内容质量和创新服务模式的核心工具。

三是应用层。它是利用基础设施和最新科技手段,在影视与传媒、动漫与游戏、数字出版3个数字创意核心领域,以及文化博物业、人居环境设计业、体育与健康业、设计业、玩具业、时尚服饰业、旅游业7个数字创意衍生领域不断融入最新的技术手段,开展各种场景的应用化和产品的开发。

四是融合层。随着数字创意产业向不同行业的渗透和融合,行业与行业之间的融合、行业内部之间的融合逐渐成为趋势,催生出多种新的应用场景和新兴业态。

第二节 数字创意产业的特征

从内涵上来看,数字创意产业集中包含了技术、创意和产业化三个支撑要素。通过这三个支撑要素的风险,可以总结出数字创意产业的五个基本特征,具体表现为高附加值性、知识产权性、高技术性、横向协同性、高风险性。

一、高附加值性

作为知识高度密集产业,我国数字创意产业以文化创新为重心,致力于借助创新手段,将个人多样化想法应用于文化中,创造出文化价值更高的产品,实现数字文化与经济效益间的转换,增加各产业就业机会。因此,从产业附加值来看,我国数字创意产业明显比大多数传统产业拥有更高附加值。加之,由于内部分工差异,在数字创意产业发展中,不同生产环节所创造的价值和附加值都存在一定的差别,具体差异可以参照"微笑曲线"图所展示的内容(如图1-1所示)。

由图1-1可见,附加值呈现U形,其中,创意策划以及产品流通皆处于高附加值的阶段,而产品创作则处于低附加值的阶段。从创意策划角度来看,其作为数字创意产业的重要环节,高附加值主要来源于具有原创性的某一生产环节,如数字动漫产业的高附加值就来源于策划主题、设计动漫人物、场景

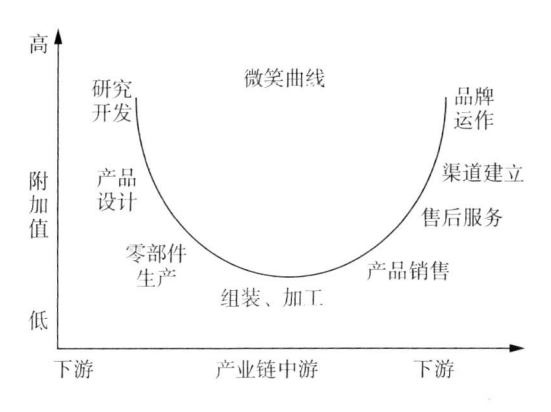

图 1-1 "微笑曲线"图

等环节;从产品流通角度来看,其高附加值则主要来源于文化产品的运输、交易环节,如云游博物院的价格要远低于线下购票游览;从产品制作角度来看,其不仅不具备创意策划以及产品流通环节的高附加值,而且本身附加值还要比这两者低很多。造成这一现象的主要原因在于,随着数字技术的进步,信息采集技术随之提高,数字创意产业的大部分利润逐渐向创作领域汇聚,创作内容和运输流转的环节成为该产业发展的核心。

二、知识产权性

鉴于数字创意产业主要由创意、信息、文化、数据、技术等无形资产组成,其中包含的有形资源及有形资产占比较少,因此,我国数字创意产业与知识产权之间的联系必然难以分割。加之,数字创意产业是由技术密集型产业与知识密集型产业融合而生,与传统文化产业相比,该产业对知识产权更具有依赖性,更需要我国政府在保护和管理知识产权方面倾注更多的心血和精力。因此,作为数字创意产业的核心和创造价值的保障,知识产权的存在使得数字创意产业发展过程中"抄袭"、广泛复制现象有所改善。虽然知识产权的设立对侵权行为有一定的遏制作用,但是恶意且涉及较广的侵权行为发生概率仍居高不下,因此,我国政府需要在保护知识产权上做出及时有效的应对举措。我国知名研究专家张京城就曾提出知识产权作为创意的基础与支撑,不注重知识产权保护,数字创意产业就难以发展,只有在知识产权被保护的情况下,创意产业才有发展的根本与依凭。

三、高技术性

首先,数字创意产业发展是建立在数字技术与文化艺术融合产生新技术、新产品、新模式、新服务的基础上,以5G、人工智能、区块链、大数据、虚拟现实等数字技术实现文化产品获得效用的过程。以传统文化数据挖掘结果为例,我国超过3 000家图书馆的大部分资源早已实现纸质与数字的转化,数字化旅游更是呈现出文化与数字技术融合发展的新气象。此外,随着文化与数字技术不断融合,短视频、网络游戏、网文小说、网络购物、网络平台设计等行业层出不穷,实现了产业跨越性发展。据相关统计数据显示,截至2022年,我国网络视听行业市场规模已达到7 274.4亿,较上一年约增长4%。其中,作为推动网络市场行业规模增长的主要力量,短视频和网络直播行业的市场规模分别达到了2 928.3亿和1 249.6亿,共占据一半多的数字化市场。再者,作为高新技术产业,数字创意产业的发展是建立在创造文化价值和增加文化价值基础上的,借助数字技术、信息传输技术、网络传媒技术、网络平台服务技术构建技术平台进行发展,具有网络传播和网络扩散的特性。因此,区分数字创意产业与传统文化产业的标准在于该产业能否实现"数字化"。鉴于高技术性可以借助从业人员文化素质得到体现,而据统计数据显示,硕士及以上学历拥有者从事数字创意产业人数为从事其他产业人数的近5倍,学士及大专学历拥有者从事该产业人数约为从事其他产业人数的3.5倍、2倍,其他学历拥有者从事该产业人数比从事其他产业人数要少,这一数据明确表明我国数字创意产业从业人员文化素质明显高于其他行业。由此不难看出数字创意产业的高技术性。

四、横向协同性

数字创意产业的横向协同性主要体现在各环节之间和各环节内部的表现以及软硬结合的特点上。其一,各环节之间和各环节内部的表现体现横向协同性。以数字动漫产业为例,对其产业链进行分析,一部优秀动漫的诞生需要经过创意策划、产品制作、产品流通、产品宣传以及产品消费等环节,在这个过程中,每一环节的完成都需要其他环节协同推动。此外,数字创意产业的协同性与传统文化产业不同,它的协同性还可以借助创意产品的流通加以体现。导致这一现象的主要原因在于,在数字创意产业中,同一件创意产品存在多种创作形式或者物质载体。仍以数字动漫产业为例,数字创意产品包括动漫影视产品、动漫周边及其他衍生品等。在用户消费动画影视作品的过程中,文娱周边商家会借助动漫产品的发布宣传产品,吸引消费者注意力的同时在市场上进行售卖。如若动漫受欢迎程度比较高,动漫周边等衍生品会随之热销,而衍生品热销也能够反向推动动漫消费,继而形成良性循环,提高横向协同效应。其二,数字创意产业软硬结合的特点体现横向协同性。数字创意产业是由如动漫影视、网络游戏、网络推文、绘画艺术等软性元素以及如建筑产品、人工智能产品、数字化视听产品、康健器具等硬性元素的设计与生产环节构成的。现阶段,我国数字创意产业发展的重心在于促进软性创意产品与硬性设备产品融合发展。因为只有实现软硬有机结合,才能满足人们对美好文化生活的需求。以我国发展情况为例,现今越来越多的数字创意企业秉持软硬结合的观点,借助不断发展的数字技术推动硬性设备更新,逐渐实现文化产业内容的创作与丰富。

五、高风险性

导致数字创意产业呈现高风险特性的主要原因有五点。其一,技术更新速度过快。随着数字技术发展和数字网络平台完善,作为新兴产业代表,数字创意产业发展前景难以估测。因此,数字创意产业需要不断引进新技术,革新发展,但这一行为会引发"滞后"发展的风险。其二,产业发展竞争激烈。鉴于我国数字创意产业发展远弱于国外,为提高该产业地位,我们容易盲目跟风国外,产生产品同质化风险。加之,我国数字化市场存在大量竞争者,难以保证各企业正向竞争,容易增加市场"崩溃"的风险。其三,存在知识产权等安全性问题。随着数字技术提高,我国数字创意产业知识产权随之设立,一定程度上阻止了侵犯用户隐私行为的发生。但是,由于"抄袭""复刻"等侵权行为表现形式逐渐多样化、数字化,数据采集、流通、使用过程中用户隐私容易被侵犯。其四,产业发展比较依赖外部支持。我国数字创意产业发展多盲目跟风国外发展模式,导致基地或产业园重复建设,创意产品同质化,本身利润遭受损失,因此,该产业发展需要投入大量资金和资源,这会导致企业依赖外部如政府资金的支持和帮助。但是,出于对资助条件的考量,企业必须在保证自身利益的同时,为外部支持者提供应有的回报,这会增加资金风险。其五,数字创意产品具有个性化和不确定性的精神属性。这一特性的存在提高了文化创意产品交易成本,也提高了企业运输风险,增加了盈利的不确定性,致使产业投资回报低。

第三节　数字创意产业的战略意义

现阶段，虽然世界处于百年未有之大变局，数字经济却能够在此环境下生机勃勃，成为全球经济形态的主流之一，其逆流而上的动力有待探索。近年来，数字经济的发展和数字技术的普及与应用，不仅为社会进步注入了新兴力量，还为我国经济可持续发展提供了新的动力。其中，作为数字经济发展重心的数字创意产业，它的兴起是宏观经济的缓冲器、稳定器以及加速器。随着数字经济的盛行，数字创意产业随之崛起。一方面，数字创意产业的兴起能够为人民提供更加丰富的精神食粮，满足其对文化、娱乐等方面日益增长的精神文化需求，提高幸福感和满足感。另一方面，得益于深入推进产业供给侧改革以及优化经济结构的手段，如数字经济产业的新兴产业得到正向发展。与此同时，数字创意产业也面临着更广阔的发展空间、更高标准的要求以及产业革新的机遇与挑战。因此，在数字创意产业地位明显提升且达到国家战略地位的背景下，我们更应该了解数字创意产业独特的文化内涵和发展意义，推动产业良性发展，为国家经济可持续发展提供推动力。

一、发展数字创意产业的本质是对文化产业的优化和重构

鉴于互联网的关系网辐射世界各地，其能够借助深入转变人类传播、生活、生产、娱乐休闲模式的手段，推动人文社会向数字、网络社会转变。在数字社会中，面对数字技术发展，数字化转型问题是所有产业都无法避免的，文化产业作为国家软实力的象征，则更需要推进转型实施。而数字创意产业作为数字化转型成果，其本质就是文化产业向数字化转型，实现产业优化与重构。为了适应数字社会形态，对产业进行数字化的优化和重构是文化产业迈向数字产业与文化产业融合发展的必由之路。其中，优化作为文化产业与时俱进、稳定发展必不可少的要素，指的是在无法对文化产业发展现状产生影响效应的环境下，借助数字技术处理发展传统文化产业带来的问题，实现文化产业增值，推进产业升级发展。重构则代表满足产业不断优化的同时，实现文化产业新业态的建设。优化和重构意味着在传统业态的基础上，借助互联网技术解决发展道路中的限制和阻碍，文化产业能更好适应外部环境变

化,实现信息共享、资源整合和技术更新,进而推动业务转型,提高产业质量和效益,提升核心竞争力。一是借助创新和应用领域数字技术进行产品的制作与展示,打破传统文化产业发展局限,降低产业链各环节成本,增加文化创意产品成果;二是通过多样化、数字化互联网传媒平台,文化内容传播的渠道更丰富多样,传播速度更快速高效,效率得到了大幅提升,为人们提供了更好的文化享受和体验;三是凭借先进数字技术处理因供需双方信息不对称带来的文化资源浪费等问题,采取更先进有效的配置方式,实现资源合理分配以及充分利用。党的十九大报告曾指出"健全现代文化产业体系和市场体系,创新生产经营机制,完善文化经济政策,培育新型文化业态"。作为一种以数字技术为驱动力的新型文化业态,数字创意产业能够通过数字技术不断优化与重构,打破传统行业界限,拓展产业链的范围,继而提高文化产业服务的多样性与适应性,增强其与其他产业的协同性,实现各产业间的多维互动、有机结合和协同发展,为社会经济可持续发展注入新鲜血液。

二、数字创意产业是数字经济的重要组成部分

作为能够借助数字技术开展经济活动的经济发展模式,现阶段的数字经济处于高速发展阶段,在我国经济发展中处于较高地位。据第五届数字中国建设峰会提出的 2021 年统计报告《数字中国发展报告(2021 年)》显示,在 2021 年,我国数字经济规模就已经超过 45 万亿元,其总量在国内生产总值的比重也达到了 19.8%,一跃成为世界第二,并实现了促进国内经济稳定发展的目标。深入挖掘数据得出,与 2020 年相比,全国文化及其相关产业于 2021 年增加了 16.6% 的价值(未控制价格因素),总价值达到了 52 385 亿元。同时,这一增加值在 GDP 中占比达到 4.56%,比上一年同期增长 0.13%,呈现上升发展趋势。但就数字经济整体发展情况而言,文化产业发展速度明显落后于其他数字产业。

因此,唯有不断优化与重构文化产业发展模式,提高数字技术更新水平,推动数字经济服务与贡献能力革新,才能实现数字创意产业深入发展。2018 年习近平总书记在全国网络安全和信息化工作会议中指出:"要发展数字经济,加快推动数字产业化,依靠信息技术创新驱动,不断催生新产业新业态新模式,用新动能推动新发展。"由此我们可以看到数字创意产业的战略性地位,发展数字创意产业有利于提高我国国际竞争力。践行指导思想方针政策,可以从以下几个方面推进。其一,技术创新是数字创意产业发展的推动

力,我国政府需要加强技术革新,借助技术驱动力培养新产业,用新动能促进产业新发展。其二,作为数字经济的重要组成部分,数字创意产业需要大量创新型人才服务于自身发展,丰富数字创意产业各领域应用,吸引更多用户和投资者,加快网络强国和数字中国的建设,并进一步带动数字经济发展。因此,面对数字创意产业良好的发展前景,我国政府需要在科技创新、内容创意方面加大投入,实现两者有机结合、共同发展,为将我国打造成网络强国和数字中国奠定良好基础。

三、数字创意产业是实现文化强国的重要途径

习近平总书记在二十大报告中着重强调:"增强文化自信,围绕举旗帜、聚民心、育新人、兴文化、展形象建设社会主义文化强国。"作为文化繁荣昌盛的根本保证,高度文化自信的存在决定了我国能否实现中华民族伟大复兴。故而,为将我国建设成社会主义文化大国,我们不仅要坚持中国特色社会主义道路,还需坚持高度的文化自信,全面激发全国人民文化创作动力。从这一角度解读文化建设,我们就能理解重视数字创意产业战略性意义的必要性。一是数字创意产业的发展能够带动数字技术更新,丰富文化传播手段,提高文化传播效率,加快传统文化向数字化转型与传播,推进新形态文化内容的创作与宣传,实现创意产品的制作与推广,继而迅速提高我国文化产业竞争力与国际地位。二是数字创意产业的发展能够带动整个产业链发展,提高文化创意产业对其他产业的正向影响。借助数字技术改变人们对传统文化的传统观念,实现资源整合与合理配置,以此提高创意文化内容的创作水平,建设新的数字文化场景,满足人民日益增长的对美好文化生活的需求,继而提高数字创意产品的质量与影响力,扩大数字创意文化的国际竞争力。三是数字创意产业的发展对于合理配置文化资源,释放个体和机构创意潜力,实现文化繁荣发展,创造呈现文化丰富性、多元性和活跃性市场氛围具有关键性作用。在数字化和网络化的大背景下,借助数字技术与文化资源的融合发展,数字创意产业能够不断生产出个性化、多元化文化产品,推进文化创新与产业升级,促进创意文化产业可持续发展。四是数字创意产业扮演着满足人民对美好文化生活向往的关键角色。文化创意产品涉及社会生活多个领域,是人民美好生活重要组成部分,是促进人民群众文化消费和文化体验的重要手段,更是人民日常生活娱乐的主要载体。发展数字创意产业不仅能够升级文化消费,为文化市场提供高质量文化产品,为人民提供美好生活的全

方位服务，还能帮助人们更深刻理解和传承传统文化，担负传承传统文化的使命，为建设文化强国奠定重要基础。

四、新时代为数字创意产业的发展提供了历史性机遇窗口

随着5G、人工智能、大数据和物联网等方面的快速发展，我国逐渐步入数字经济时代，供需双方信息不对称问题有所缓解。在产品供给方面，鉴于数字技术的先进性，产品规划和管理更加方便有效，对提高生产效率、降低生产成本有正向促进作用；在产品需求方面，随着网络平台逐渐完善，人们能够得到更丰富的产品和更完善的服务，加速了人力劳动的替代。在这一大环境下，数字创意产业的发展优势也有所展现。一方面，文化产业具有很多的不确定性。这是由创意与文化的高度复杂性造成的。与其他产业相比，数字创意产业发展过程存在供需双方信息不对称以及主观性、多变性创作产品的问题。因此，数字创意产业将成为未来人类发展追求和创造力投入的关键。另一方面，由于技术的快速发展，社会生产体系逐渐优化与重构，不仅为文化产业的发展提供了发展机遇，还推动了文化市场向外扩张，为文化创意产业提供了更广阔的市场。此外，数字技术的应用领域逐渐智能化，使得人力逐渐从生产环节解放，增加了文化市场上人才供给，为文化生产的繁荣发展提供了创造性人才的保障。因此，随着科学技术的发展与普及，数字创意产业迎来了历史性的巨大机遇，为文化产业进入数字文艺复兴时代增加了可能性。

五、数字创意产业将成为数字经济中链接文化产业、生活服务、生产制造的枢纽

作为数字经济中链接文化产业、生活服务、生产制造环节以及繁荣社会主义文艺的有生力量，数字创意产业是创新驱动发展的重要支撑，也是构建高水平社会主义市场经济体制的关键。其发展对产权制度与资源配置的完善具有重要意义，能够激发市场发展的活力，为文化产业注入更多新鲜血液，推动传统文化发展，也能够提高资源利用率，推进供给侧结构性改革进一步深化。加之，数字创意产业对社会和经济发展也存在正向效应。它不仅为人们解决了就业困难，拓展了就业空间，还对生产效率与人民生活水平提升方面有所贡献。其发展对区域经济的进步与相关行业的发展也存在一定推动效应。因此，从社会经济发展方面来看，数字创意产业的繁荣与发展能够推进我国社会主义文艺事业的进步与数字经济的可持续发展。

此外,随着数字创意产业成为链接文化产业、生活服务以及生产制造的枢纽,其发展逐渐与人们的生活密不可分,不仅能够通过数字化使行业边界模糊,消除隔阂,促进各产业融合共同发展,还能满足人们对美好文化的需求,消除社会矛盾以及促进乡村振兴。因此,随着数字化发展,数字创意产业逐渐呈现多样化发展模式,成为文化产业、生活服务以及生产制造的交集,其全方位服务贯穿社会生活各领域,成为数字经济可持续发展的重要支撑。

第二章　全球价值链理论

随着信息通信技术的革新以及贸易投资的自由化、便利化水平不断提高,生产中的跨国分工与合作日益频繁,进而形成"全球价值链"。本章节首先梳理全球价值链概念的形成过程,并指出全球价值链的概念正向广度和深度延伸;其次,介绍全球价值链的研究方法;最后,分析总结当前关于全球价值链理论的主要研究内容。

第一节　全球价值链概念的形成

20世纪80年代,国际商业研究者初次提出了有关全球价值链的概念,并在此基础上发展了价值链理论。虽然在此期间波特提出的价值链理论最为流行,但是在全球价值链概念的形成方面,人们对科古特(Kogut)的价值链理论认可度更高。同时,生产网络(Production Network)学说对全球价值链理论的形成也存在一定的推动作用。与一般价值链理论主张的生产序列以及垂直分离、整合相比较,生产网络学说主张的是加强各企业之间的网络关系链以及建设更大规模的经济集群,也更加贴合现今社会发展模式。

一、价值链(Value Chain)

价值链概念始于1985年,由波特(Porter)提出,其著作《竞争优势》中对价值链的含义有所提及[①]。价值链是指企业进行的一系列符合特定模式的活动。或者说,价值链是企业生产的产品或服务增值的环节或链条,价值链中的每项活动都增加了产品或服务的价值。因此,借助由波特在《竞争优势》中

[①] 波特. 竞争优势[M]. 陈丽芳,译. 北京:中信出版社,2014.

提出的价值链概念所透露的全球化条件假设,我们了解到,从本质上来看,这一概念体现了全球价值链的意义。同年,科古特提出:"价值链基本上就是技术与原料和劳动融合在一起形成各种要素投入环节的过程,然后通过组装把这些环节结合起来形成最终商品,最后通过市场交易、消费等完成价值循环过程。"随着全球化逐渐发展,市场与生产环节逐渐分离,生产环节被企业打散于全球各地发展,新型价值链也由此构建。因此,不难看出,科古特主张的市场和生产空间重构以及全球空间再分配,比波特提出的价值链概念对全球价值链发展更具价值。

但是,这里并非否认由波特提出的价值链概念的地位,相反,正是波特这一概念的提出,才引出并形成了全球价值链理论。原因在于,波特在其著作《竞争优势》中提出了钻石模型。作为可以理解一个国家或地区在全球中竞争地位的分析价值链的模型工具,其应用范围与全球价值链概念相比还要广。更何况,其包含价值链概念,并与全球价值链概念关系紧密,能够相互补充说明,已经构成国际商业思维的重要一环。因此,波特提出的价值链概念对提高全球性竞争地位以及配置产业链具有重要意义,其也由此在全球普及。在波特概括的波特模型中,由相互关联的企业、厂商等所有环节执行者构成的团体,借助对经济和公共政策的分析与优化,可以提高一国的竞争优势,增强自身竞争力。

二、产业链(Industrial Chain)

由卡普林斯基(Kaplinsky)提出的产业链(价值体系)概念,是将企业间的联系代入波特提出的价值链概念里思考得出的。换而言之,他提出的产业链概念是建立在原有价值链基础上,并将企业内部某些价值链环节外部生产化所构成的。与生产相关的产业对其负责的各环节进行分析与重构,重新配置生产资源,将属于核心业务的环节或者包含核心功能的少数环节集中在企业内部,统一生产。同时与其他在某一行业或者领域有突出优势的企业进行合作,将其他环节的生产任务外包给相关企业,实现各环节优势发展。这种产业链(价值体系)就是指企业内部与企业间交易联系整合而成的价值链。有些学者赞同,作为一种垂直组织结构,产业链能够由上而下控制。这是因为,全球产业链具有数字化特征,应属于水平组织结构,故而跨国公司可实现自上而下控制子公司生产。我们更赞同跨国公司灵活选择组织结构进行发展的观点。即便在组织结构逐渐由垂直化控制向水平化发展变化的20年间,垂直型金字塔发展模式也是存在的。这是因为,企业对资源配置、收益分配等方面的需求,其对跨国公司水平组织结构存在一定的抑制作用,促使跨国公司采用纵向组织结构。但是鉴于这种组织结构属于垂直化控制结构,因而由这般原因形成的垂直型金字塔控制模式较水平化模式的应用而言数目要更少。郎咸平曾明确指出产业链的环节是由七个部分组成的,并将其定义为产业链的"非常6+1"。在他看来,厂商为取得最大利润,不惜一切代价,从拖欠材料费、加班费、贷款等负债,到提高售卖价格,再到无下限增加劳动时间,无一不是对劳动人民的压榨。但是,事实上,除加工制造以外,所有行业的价值链还存在另外6大产业链环节。其中,中国企业能够控制的环节也几乎不包含这些环节中核心的、盈利的部分。

此外,将"非常6+1"内涵更细致分析,可以加入一个"设备制造"的环节,其范围可拓展更广,成为"非常7+1"(施振荣原始曲线——PC产业附加值曲线中涉及)。其中,设备制造意味着使用机器设备制作产品的环节,也是产业链的重要组成部分。但是,与原本环节类似的是,这一环节中核心部分、高附加值部分以及技术含量高的部分都不包括在中国企业控制的环节内,中国参与的设备制造基本上都处于最终消费品制造部分,"中国制造"最多只参与这些部分的代工与加工制造。

三、全球商品链(Global Commodity Chain,GCC)

全球商品链最早是由嘉里·杰里菲(Gary Gereffi)提出的概念。杰里菲通过对分布在世界各地,由跨国公司主导的生产和供应网络形成的价值链的分析研究,了解到支配型公司在大部分由跨国公司主导产生的价值链各环节中,都存在着对业务与商务的支配、指挥、监管以及推动作用,并将这一效应归结为"驱动"。而该效应的基本特征和机制与全球商品链基本相同。此外,源于跨国生产体系的全球商品链,可以推动企业经济活动与各行业或部门的网络结合。网络的发展可以扩展企业间经济活动,如在网络上开发与制造商品、销售商品相关的功能。在市场经济制度逐渐全球化的背景下,各个国家各个企业为适应这一大环境,其经济活动范围逐渐扩展至全球,组织结构也随之国际化和全球化。因此,全球商品链的特殊效应除了体现在拓展企业跨国开展经济活动上,更体现在位于各产业网络的工商企业上。

全球商品链一般由以下几个部分组成:其一,将各种相关产业的产品、服务乃至资源整合起来的附加值链;其二,各个规模和类型的企业共同组建链接地区、国家和全球生产与销售产品的网络渠道;其三,经济、原材料和人力资源在链内配置和流动的方式是由企业间地位和权力关系的支配结构决定的;其四,该商品链内可以呈现同一制度框架内地方、国内外各个阶段形势与政策的变化过程。此外,杰里菲还认为,从跨国生产体系角度来看,全球商品链中各企业间权力关系的支配结构在发展中扮演着重要角色。而在20世纪80年代与90年代前后,杰里菲曾根据类型将全球价值链划分为两种不同支配结构的全球商品链,至此,"生产者驱动"与"购买方驱动"全球商品链初次登场。

四、全球价值链(Global Value Chain, GVC)

随着科技进步与社会发展,鉴于经济全球化的研究框架缺少事实依据,导致全球商品链受到学者的质疑。部分学者还提出,通过整合商品、价值链以及全球商品链等概念,使用统一概念推进研究发展。在美国洛克菲勒基金会成立的背景下,全球价值链研究团队在2000年由意大利贝拉吉尔国际研讨会成功组建。加之,这一研究会曾于探讨会中提出:鉴于统一术语"全球价值链"(Global Value Chain, GVC)的一致性、便捷性与包容性,能将不同类型价值链和数字化内容展现出来,能从多个层面对分工、转移产业等经济活动进行分析研究,如组织层面、服务层面、运输层面等。在《2000—2003年度工业发展报告——通过创新和学习来参与竞争》一文中,联合国工业发展组织(UNIDO)也曾发表自身观点,作为能够增加商品或服务价值,将产品生产、运输、消费等环节链接起来的全球性跨企业网络组织,全球价值链各个环节,如原材料收购、产品创造、产品运输、商品宣传和商品消费等的整个链条辐射全球,将所有参与者与使用者经济活动的形成、利益的配置都囊括在内。现阶段,处于全球价值链上的各个国家各个企业分布在世界各地,从事着产业链上各个环节增值的经济活动。故而,通过统一术语——全球价值链概念的确定,全球价值链形成了正式体系,推动着相关研究的发展。

第二节 全球价值链的概念向广度和深度延伸

一、广度

关于研究全球价值链概念和理论的相关文献自20世纪80年代起就逐渐增加,大部分学者都是通过扩展其向国际生产网络概念和理论的广度方面进行研究分析。其中,针对全球产业链形成和生产网络机制的研究是从不同方向展开研究的,如从外包产业、部分生产、组织结构以及产业集群等,能够加深对与全球价值链相关的概念、背景和特性等方面信息的理解,也能够加深对产业是国家竞争优势基本单位的相关信息的理解,还能够增加一国升级该产业的可能性。以《竞争优势》一书为例,其中,波特提出他的观点:"产业是研究国家竞争优势的基本单位,一个国家的成功一般并非来自某一项产业的成功,而是来自纵横交织的产业集群……,这些产业集群弥补并提供竞争优势,但产业集群也可能造成竞争劣势。"借此可以了解到,随着全球价值链延伸发展,对于能向跨国公司放开对 FDI 管控的国家来说,不仅可能缩小各国产业差距,增大竞争优势,也可能导致竞争劣势的扩大。

鉴于不同全球价值链存在于不同产业中,杰里菲在自己提出的全球价值链概念基础上扩展了产业涉及范围,形成了独属于他的新型全球价值链概念。对此,杰里菲还依据支配结构的不同类型,将其划分为生产者驱动的商品链与购买方驱动的商品链,更有甚者称其为订户驱动型商品链。相比较而言,"订户"两字更受我们偏好,因而接下来对分布在不同产业间的杰里菲定义的"购买方驱动的商品链"都以"订户驱动的商品链"替代。

在某些属于资本或者技术密集型的产业里,作为一个高度集中和垂直整合的生产和供应网络,生产者驱动的商品链代表着在控制生产系统方面,一体化工业企业如跨国公司等扮演着重要角色。鉴于商品链辐射地区的国家数量与发展水平存在一定差异,商品链中关于零部件国际性外包行为十分普遍。更何况,外包环节也包含劳动密集型的低附加值部分。因此,生产者驱动的商品链的控制权一般是在行政管理总部(属于跨国公司建立者)上的。Richard 曾进行日本与美国汽车公司的比较实验,该实验研究结果展现日本与美国采取何种手段实现在多家公司共同组成的多重生产体系背景下完成生产制造。以日本为例,该国一般是由 100 多家一级承包商、4 000 多家二级承包商以及 30 000 多家三级承包商构成汽车制造商的生产系统,而在其他如衣服、鞋袜、家具、电器、装饰品等产业里,订户驱动的全球商品链贯穿其中。在这些产业中,在由各跨国企业组成的大型零售商、品牌供应商以及贸易平台在所有的出口国家中,由订户驱动的生产网络被分散建立,却仍然存在控制方面的效应。就跨国零售商而言,如这一类型的订户大多具备两方面特征。其一,鉴于订户作为供应商的主要销售渠道,可以控制供应商销售份额,这类订户可以在某一产品的批发与销售上拥有两方的身份,在世界各地进行批发,并在当地销售,继而最大程度降低批发成本,增加自身利润;其二,利用跨国零售商与当地零售商间的信息差,将产品从跨国零售商处获取后提高价格转卖给当地零售商,继而成规模地批量赚取两者差价,甚至可以在将其他竞争者击败,使其退出市场后,依靠跨国公司品牌获取利润。

贴牌生产一般是被贸易引导产生的工业化生产的专业配置。这种生产制造的产品一般都是制成品,生产前,其规格参数一般由品牌公司设计;生产后,则是由零售商规定。以耐克(Nike)或特步牌(Xtep)等类型的运动鞋公司以及POP或东道等类型的品牌服装公司为例,这些与买方驱动生产的全球商品链相契合的品牌公司,往往没有固定的生产地或者工厂之类,他们一般是在设计好承包业务的成品,再通过海外生产商或者外包商的平台由公司承办大规模生产活动,最后再通过品牌销售商进行除设计、制造外其余环节的运行,如包装、宣传、运输等。品牌驱动型全球商品链是区别于生产者驱动型和订户驱动型商品链的第三类全球商品链。以服务业和饮食业为例,现今大多数涉及服务业和饮食业的跨国公司或大型品牌公司,如肯德基等跨国公司与百事可乐公司等饮食业大型品牌公司等,它们对组织结构的控制都是由订户驱动型全球商品链向品牌驱动型全球商品链转变而来的。但是,两者之间存在较大差别。其一,品牌驱动型全球商品链并不会依靠外包生产商或者国际销售商生产产品,并将其生产的产品以自己的品牌进行外售。其二,在品牌驱动型全球商品链中的企业是这三类全球商品链中唯一一个将自身品牌作为驱动力进行推广、售卖的。与一般的资本密集型或者技术密集型生产者相比,品牌型企业母公司对下属没有股权控制的子企业(Franchisee,被特许专营者)主要借助规章制度以及两者之间分配利润的制度进行指挥控制。

与生产者驱动型全球商品链相比,订户驱动型全球商品链的利润并不由提高产业规模、产量或者技术得到,其主要是通过高价值的研究开发、创作设计等上游产业,配以产品生产、运输、消费各环节组合产生。至于品牌型驱动全球商品链主要是通过各地各平台销售商品的不同手段获取利润。其中,关于销售商品的差异化主要是由维护品牌、声誉以及广告所投入的巨额费用带来的。由此可见,这三类不同类型的全球商品链的运作都与品牌、声誉的维护密切相关。其中,品牌驱动型全球商品链更是依靠这一维护获取利益;除此以外,生产者驱动型全球商品链获取利润的渠道,还包括通过批量生产等;同样,订户型驱动全球商品链也可以借助在制作饮食方面以及在服务水平方面的优势获取利润。三者相互比较,可以发现,因为获取利润渠道的不同,生产者和订户驱动型全球商品链能够在产业发展中获得高额利润,"品牌驱动型"则因国内外消费者偏好不同难以配置资源以及利润。

二、深度

随着学者通过扩展其向国际生产网络概念和理论的深度方面进行研究分析,全球价值链深度逐渐拓展。其中,最突出的表现是国际间出现了"三角生产关系"并逐渐发展起来。那么,各国如何在订户驱动型商品链中获得成本的竞争优势?使用哪种战略可以在推动衰败的产业向高附加值产业转化的基础上,实现本国公司对企业生产指挥权和利益分配权的控制?"三角生产关系"对东亚甚至某些非洲国家的出口工业来说是一种很重要的调整手段。发达国家借助其某一生产环节处于最高分工地位,控制了发展中国家出口工业产品的一部分决定权。造成这一现象的原因在于,拥有最高分工地位的这些国家(首先是美国)的国内市场向其他发展中国家或地区开放与否,能决定其他发展中国家或地区的出口工业产品是否有出路。因而,对大部分发展中国家或者落后国家来说,"三角生产关系"实质上就是一种盛行于20世纪60年代到70年代前后的不平等的国际分工体系。对其他发展中国家来说,"三角生产关系"形成的国际分工并不是不平等的,如果这些国家向发达国家开放其生产、交易市场,这些国家之间就可以形成稳定的相互依存的关系,两者可以实现互相进口产品、互通有无。如果互通有无、相互进口的发达国家一方不具备共享资格(进口或出口能力不足或者无倾向),那么两国间国际分工关系将仍是不平等的。"三角生产关系"中第二个环节指新兴工业国(地区)。具体而言,发达国家在本国企业下单,而本国企业将生产这一订单产品的工作外包给低薪国家(地区)的工厂。其中,低薪国家代表生产关系中的第三个环节。以上三个环节构成国际"三角生产关系"。

中间商在"三角生产关系"中的角色由NICs企业承担。由于发展中国家、发达国家追求的是自身利益最大化,为获取最大化利益,发达国家(购买方)会逐渐倾向于同供销商直接交易,而发展中国家(供销商)也会逐渐倾向于同购买方直接沟通,因此,在两方共同意愿下,NICs企业在"三角生产关系"中的中间商地位会受到冲击,处于不稳定状态,随着发达国家(购买方)和发展中国家(供销商)之间的关系逐渐密切,NICs企业中间商的作用逐渐削弱,推动两者直接交易的"双边贸易"模式的形成。长此以往,由NICs企业控制的"订单处理与转包"环节会逐渐被替代,NICs企业也将从全球价值链中消失。为避免这种损失的发生，NICs企业与发展中国家间会发生股权投资交易。因而，吸收FDI进行发展的做法是不对的，因为在这种情况下发展中国家无法获取融资，不利于发展。由此可知，接受FDI自由化也是错误的做法。

第三节 全球价值链的研究方法

一、动态的分析方法

借助Kaplinsky和Morris在GVC理论上的观点，做出以下假设。了解全球化对本地厂商和工人正面影响的主要渠道是对全球产业的动态性与结构进行研究分析。作为能够呈现全球经济活动的本质和动态特征的新型方式，GVC可以通过动态分析手段，集中分析如处于全球一体化大环境下的公司或者国家所属生产部门具备的内在关联的动态特性，比较得到相关结论，提出更加令人信服的分析方式。此前，相关部门所使用的分析方法是静态的，一般情况下都会受到本身参数的抑制作用，容易出现误差。但是，现今的GVC分析方法是一种动态分析方法，能够避免这一问题。由此可见在全球范围内各产业各部门间经济活动流程是动态的。

二、结合国别（或地区）研究特定产业

GVC一般结合国别或地区研究某国或某地区的某一产业的问题，如某国或某地区的某一产业的GVC地位，或者实现产业升级渠道等问题。关于一些国家或地区产业发展的文献有很多，大部分学者都是借助GCC或者GVC理论对此进行探究。其中，在服装业和纺织业部门上的实证研究占据极大比例。此外，在自行车产业、服装产业以及美国电子产业方面，Gereffi等人做出了相应研究；在鞋业方面，Bazan和Navas-Aleman有所研究；在家具产业方面，Kaplinsky等人做出了一定研究；在电子产业方面，Kishimoto也有一定研究。为找寻产业发展、产业升级以及产业转移发生的历史与原因，这些学者们对动态价值链进行深入研究分析。此外，为了了解中国与其他发展中国家的发展情况，一部分学者利用GVC理论对中国参与GVC经济活动以及出口额激增情况进行深入分析。以Schmitz、Humphrey以及美国经济学家David

Hale 夫妇的研究为例,Schmitz 是以中国制鞋业为研究对象深入分析中国在此行业的快速发展在增加其他发展中国家竞争优势方面的意义;Humphrey 是以运动鞋为研究对象,在北美、韩国等范围内,研究它们与中国大陆间产业发展与产业转移的 GVC 关系,最后提出中国大陆快速发展不仅可以增加其他国家的竞争优势,还能为其产业在 GVC 上升级和补充发展提供可能性;美国经济学家 David Hale 夫妇的研究对象则是,过去 20 年以及未来 10 年中国大陆参与全球经济活动为台湾省发展带来何种效应以及中国嵌入新型全球价值链对世界经济活动产生的效应。

三、与产业区、产业集群相结合,重在案例研究

现今,大量学者的目光都聚集于发展中国家产业区、产业集群与 GVC 或 GCC 结合进行的实证研究上。例如,Kessler、Arciniega、Bair 和 Gereffi 为了寻找能够完美嵌入 GVC 并促进产业升级的渠道,他们研究了墨西哥某些出口服装的产业集群。Kaplinsky 和 Morris 还借助由 GVC 理论分析的四种产业升级类型将产业发展从企业层面延伸到集群层面。Humphrey 和 Schmitz 在其基础上,深入研究并分析了产业集群嵌入 GVC 后的升级发展。Giuliani 等人则是另起炉灶,从拉美产业集群角度,研究了它们 GVC 升级的情况,并由此得到了它们升级的经验与教训。国内学者张辉、文婷、黎继子等人则是在前辈的研究上做出了拓展,研究了我国地方产业集群嵌入 GVC 的手段,以及该产业集群升级的原因。

第四节 全球价值链的研究内容

全球价值链主要是由原材料收购、产品或半成品生产和运输、用户消费等多个环节构成的,能够通过产品的生产、运输、消费等环节实现商品或服务的增值。此外,它还涉及参与产品设计、生产制造、销售、宣传、消费、回收等环节的组织以及利益配置。现阶段,研究全球价值链的角度主要有两方面。其一,深入研究分析与治理全球价值链以及升级产业相关的问题;其二,以有效的案例作为研究对象,对全球价值链进行实证研究,逐渐完善和优化该理论系统,继而提高服务水平。而本书的目的在于阐述全球价值链对产业升级

的影响以及其理论框架。

一、全球价值链条的驱动力

基于杰里菲等人对全球商品链概念的研究,全球价值链理论将"生产者驱动"与"购买者驱动"的两种不同类型的全球商品链应用到对动力的研究上。生产者驱动意味着价值链中的生产者能够利用资本刺激市场需求,实现全球价值链纵向分工体系的建立;其中有关投资者的角色不仅可以由以促进地方经济发展、建设工业化国家为目标的政府来担任,还可以由以扩张交易市场为目的的跨国公司来担任。采购者驱动则意味着借助全球采购和OEM等生产组织建立起来的跨国商品交流平台,那些拥有极大品牌优势以及多样化销售渠道的经济体之间,能够刺激市场需求,推进发展中国家或地区工业化发展。虽然我们已经从不同类型驱动力的角度对全球价值链进行了划分,但是这两者所驱动的全球价值链间的区别却并未明确。

从动力根源的角度分析,鉴于不同类型的全球价值链拥有不同的动力根源,比较这两个不同类型的全球价值链,可以看出,生产者驱动型全球价值链不仅将产业资本作为动力源泉,还更加注重研究与发展、更新产品技术、发展垂直一体化以及推进规模经济发展以推动基础设施等硬性设施环境发展;而将商业资本作为动力源泉的采购者驱动型全球价值链更注重设计与市场营销能力、优化范围经济扩展销售渠道、加强软性环境设施建设,重点发展水平一体化。由此可见,随着全球产业竞争发展,参与生产者驱动型全球价值链产业发展,需要将加强核心技术能力作为重心,推进全球化产业竞争,提高产业优势;至于其他参与采购者驱动型全球价值链产业发展的企业,则需要将拓展销售渠道、扩张市场规模作为重心,加强自身竞争优势。就事实而言,如波音、丰田、格兰仕等企业,它们注重的是技术水平、生产能力以及垂直化产业结构,并将其作为获取市场竞争优势的核心所在;一旦这些企业将工作重心放在采购者驱动型全球价值链的侧重点上,该企业就不会拥有这样的技术水平、生产能力以及发展水平了。那些以采购者驱动价值链的企业在产业发展上也应遵循这一规则。可以想象,如果戴尔公司遵循波音公司的发展规则进行生产,会产生何种结果。事实上,30多年前,我国计算机行业不少技术大牛发现,中央存储器和操作系统对于产业升级发展起到关键性作用。此外,作为产业发展的核心技术,它们的存在也决定了该产业的核心竞争力。故而,鉴于行业工作重心于30多年前就已经由"技工贸"向"贸技工"转变(类似于戴尔公司遵循波音公司的发展规则），我国在此 30 多年间未有明显进步。导致这一问题出现的原因主要在于，不同类型驱动的全球价值链有着不同的工作重心和发展规则。一旦现实与发展规则相背离，企业的发展将会受到较大抑制。

二、全球价值链的治理

全球价值链治理的相关理论主要来自三个方面。其一，理论来源于交易经济学的学说。交易经济学方向的研究侧重于企业和市场间的联系。鉴于在全球价值链中作为被动方，企业与市场存在一定信息差，交易成本经济学的存在可以完美解决这一问题。其二，理论来源于企业网络学说。此学说的研究主要侧重于企业运行、交易方面。网络经济学的存在可以避免机会主义，继而建立多方信任关系，推进企业发展。其三，理论来源于企业技术和学习能力的学说。该学说的研究主要侧重于企业购买行为。这一学说解释了企业为何不愿将资源在内部整合，而是选择购买专业化产品与服务，并展现了其借助科学技术和学习能力，逐渐改变自身在全球价值链中的地位，由被动方向主动方的转变。

鉴于行为主体（企业等）的协调能力存在差异，我们可以将治理全球价值链的模式分为五类。这五种治理模式包含模块型（Modular Value Chains）、市场（Market）、领导型（Captive Value Chains）、关系型（Relational Value Chains）以及等级制（Hierarchy），它们之间存在着市场和等级制上的差异。现阶段，治理全球价值链的过程中，一般都是基于外部采购与垂直一体化产生的风险与利润进行模式的选择，因此，企业运转过程中，治理全球价值链的五类模式一般是相互交叉的、动态变换的。

作为一种最简单便捷有效的组织经济活动运行的模式，市场运行一般以价格机制作为机制重心，行为主体则以货币作为交换媒介进行商品与服务的买卖。管理和控制则是等级制的运行重心。鉴于我们对位于市场和等级制中间的经济组织形式——网络模式特征的不了解，下文将通过表 2-1 展现三种模式的特性和异同。

通过细分表 2-1 中网络模式，可以得到模块型、关系型和领导型全球价值链治理模式，因此，这三类治理模式还属于网络治理模式。其中，模块型治理模式主要是通过将产业模块化、环节化，利用自身技术和设备生产满足客户个性化要求的关键性产品与服务，继而减少产业治理成本，降低交易过程需要的监督和控制水平。关系型治理模式更侧重于关系的建立。鉴于该模式中厂商大多依据彼此间关系聚集于一处,依靠声誉进行交易,存在很明显的社会同构性、家族性、种族性等特性,如第三意大利产业区的治理模式就是如此。领导型治理模式则是侧重于技术与经济发展的领导作用。该模式下,拥有高技术、发达经济的大型厂商能够领导众多中小型厂商进行生产活动,其中,大型厂商只需要提供高水平技术以及强大的资源能力给中小型厂商,再领导、管理监督这些中小型厂商进行生产就可以。鉴于付出更多利益才能改变依附大型厂商的现状,很多中小型厂商都是处于被大型厂商领导模式。

表 2-1　三种经济组织形式之间的典型对比

关键因素	经济组织方式(Forms)		
	市场(Market)	等级制(Hierarchy)	网络(Network)
一般基础	合约(产权)	雇佣关系	互补性分工、势力
交易方式	价格	公司规则	网络关系
冲突解决方式	杀价(法律强制执行)	管理命令(监督)	互惠互利(声誉)
弹性程度	高	低	中
经济体中委托数量	低	中到高	中到高
组织氛围	不信任、斤斤计较	官僚体系、照章办事	回旋余地大、互利性
行为体行为选择	独立、转换成本低	从属、依赖上级	相互依赖
相似之处	如同等级制中文件的合约	与市场相似的特性:利润至上、转让价格	正式的规则、关联股东

通过以上分析,我们了解到分析全球价值链治理模式的框架仍缺乏操作性与精确性,因此,表 2-2 中,Gereffi 等通过市场交易过程的复杂程度、识别交易和供应方面能力的差异,对此模式做出了更细致的分析。鉴于模块化模式主要由中型企业构成,对市场的适应能力较强,能够根据市场交易程度识别自身能力,继而满足市场上用户多样化要求。这种经济组织模式并不对应全球价值链的点,而是对应其中的段。关系型模式主要由小型企业组成,能够与全球价值链上的点相互对应。由于这些企业的规模较小,它们对市场的适应能力较弱,难以正确识别市场需求,因此企业只能相互信任、相互扶持、共同发展才能不被市场淘汰。此外,它们在市场供应方面存在优势,但是由于市场供应易受地域影响,这一优势比较局限,无法保证市场发展,新产业区就是如此。领导型模式则是由大型企业主导,主要表现为一个或几个大型企业领导众多小型企业进行生产。在此模式下,小型企业需要在大型企业的领

导下才能得到技术与设备的支持，其一般处于生产的被动地位，因此，市场供应能力比较低。日本战后建立的汽车产业运行的经济组织模式就是这种。

表 2-2 产业集群组织模式的细分和区别

经济组织模式		交易的复杂程度	识别交易的能力	供应能力
市场		低	高	高
网络	模块化	高	高	高
	关系型	高	低	高
	领导型	高	高	低
等级制		高	低	低

鉴于全球价值链治理模式能够反映全球化进程中隐性表现的经济组织变化，对全球价值链进行细分能够更深入展现全球经济组织的变化。这一变化代表我们不仅需要调整治理模式，还需要调整由不同模式决定的产业组织、发展规划、产业机制等。现阶段，全球产业转移带来的问题以及美国等发达国家制造业出现的衰退，与网络治理模式是存在一定联系的。鉴于企业的市场适应能力、供应能力和资源配置能力存在差异，模块化、关系型以及领导型治理模式拥有不同的空间转移进度，存在不同的空间转移结果。其一，模块化模式能够使厂商配备较强市场适应能力。由于这一原因，该模式具有的空间转移能力会比较强。其二，关系型模式空间转移能力较弱。导致这一问题的主要原因在于，市场适应能力的提高是基于空间聚集的，而关系型模式是以小型厂商构成，无法构成集群。领导型模式具有较高市场适应能力，却不具备与之匹配的空间转移能力。导致这一现象发生的原因在于，该模式的运行是由大型企业领导小型企业进行的，故而其适应能力难以与空间转移能力匹配，容易导致全球配置资源时出现产业需要进行转移但是其又不具备空间转移能力的现象。以日本为例，在 30 多年的经济衰退期间，其以领导型模式治理全球价值链中产业，但是随着全球化逐渐发展，产业资源进行重新配置，该模式主导的企业空间转移能力无法跟进产业发展，致使产业崩溃。当然，鉴于这三种不同的治理模式同属于网络治理模式，可以在三者间进行缓慢的动态转换。仍以日本为例，正是全球价值链治理模式从领导型向其他模式转变的行为，缓解了因产业崩溃导致的经济衰退，并促进了经济复苏。加之，自 20 世纪 80 年代，随着各产业集群兼并冲击力的增强，第三意大利全球价值链的治理模式也逐渐由关系型向模块化以及领导型转变。由此不难看

出，对于企业发展过程中出现的问题，我们需要根据不同实际情况，采取不同的治理全球价值链的模式。以领导型模式为例，面临这一模式下的空间产业转移，构建一条能够连通经济行为体与价值转入环节的渠道才是最关键的、最紧迫的，只有如此，发展中国家这些弱小的产业才能得到保护。甚至从更细致的角度来看这一问题，不难发现，外来产业向本地化转变等内容也与之有关。

三、全球价值链的治理者

全球价值链理论存在一个基础框架，即在同一价值链中的各个环节创造的价值并不一定都相同。一般情况下，高附加值的产品或服务只有依靠特定的环节才能生产。但这并不代表除这一环节外的其他环节不重要，事实上，一些辅助性或支撑性的环节对产业发展也具有重要影响。加之，高附加值环节一般属于战略性环节，因而，只要国家针对性发展这些战略环节，就可以控制价值链发展；那么，控制该行业的国家就需要承担治理此条价值链的责任。因此，保持某一产业在世界上竞争优势的关键就在于，控制其在全球价值链中的"战略环节"。从"生产者驱动"和"购买者驱动"两种不同类型的全球价值链角度来看，在不同驱动模式的价值链中战略环节所处领域一般是不同的。如在生产者驱动的价值链中，其处于生产制造领域；在购买者驱动的价值链中，其处于流通领域。以英特尔和戴尔为例，在计算机领域，英特尔的竞争力是由中央处理器决定的，而戴尔的竞争力则由其销售与服务水平决定。

综上，我们可以得出在各环节离散性地分布于全球各地的大背景下，全球价值链能否在现实中应用是由治理全球价值链的模式决定的，在购买份额、增值份额、利润份额、市场品牌和核心技术或独特能力这几个方面不仅拥有不同适用对象，它们还是全球价值链发展过程中的核心。其中，为了反映产业动态的改善和发展，我们在销售份额、利润率等指标方面，采取弱化手段。同时，我们还需要通过实地调研在全球范围治理全球价值链上多加努力。这一点也展现了实证研究对研究全球价值链的意义。当然，细化指标体系和理论概念，不仅可以使我们了解价值链治理者身份以及战略环节地位，还可显示产业升级与发展的目标。

四、全球价值链下的地方产业集群

随着全球化进程的加速，全球价值链成为连接各要素、各区域、各价值环节的一个重要桥梁。然而,在全球价值链中,各价值环节存在着片段化的现象,使得各个环节不再是一个连续的过程,而变成了一个由离散的价值片段组成的结构。此外,这种片段化的现象在全球空间上也呈现出离散分布的特点,表现为各个价值片段在全球空间上呈高度地理集聚的特征。故而,大部分地方产业集群成为该链条中的一个部分,也证明了该集群并不是一个封闭的经济系统,外部联系对于其发展也是十分重要的。由于外部国际市场的各要素会进入产业集群,从而影响产业链上各价值环节,加速了产业升级与竞争力的形成,所以一个区域要想发展成熟的产业集群,必须打造国际化的产业链,成为一个高度开放的经济系统,把产业集群转化成具有全球竞争力的产业群体。表2-3中汇总比较了全球价值链、跨国价值链、国内价值链以及地方价值链几个不同的概念。

表2-3 全球价值链的空间分化和组成

名称	地理范围	学术上相似的其他称谓
全球价值链	全球范围	全球商品链、全球生产网络等
跨国价值链	多国之间	跨国生产网络、跨国营销网络等
国内价值链	一国之内	国家生产系统
地方价值链	国内某一地区	产业区、地方产业集群和区域经济等

加之,随着市场的日益全球化和经济的快速发展,传统的企业形式已经不能满足需求,产业集群逐渐成为一个新的模式,是由一个或多个行业中的企业和相关机构组成的密集、高度相互依存和协同合作的地方性经济体。波特认为,产业集群是一种网络式经济组织模式,这意味着它不仅仅是市场和等级制的中间环节,而是市场和等级制之外的另一种经济治理模式,上文提到的三种网络治理模式存在紧密联系。这是因为,虽然产业集群的发展是地方性的,但在全球价值链的分工合作中,产业集群的网络形式让产业内外的企业之间在信息共享、资源互助、竞争合作等各方面建立起更密切的联系,这对于提高整个集群的竞争力和效率有很大作用。所以,波特强调,产业集群的良好发展是成为发达国家(地区)的必要条件。由于地方产业集群是在全球价值链中,各价值环节存在分散片段化的结果,所以地方产业集群的发展表现出向多元化、国际化和价值链内升级的趋势。更重要的是,这一过程无法自发形成,需要各方面协同发展。

五、全球价值链下的产业升级

现阶段,国际研究中,针对产业升级可分为两派:第一,对产业核心竞争力研究方面投入关注力。这种核心能力是指企业在为最终消费者提供所需价值的能力、相对独特的竞争策略和难以被复制的能力,这种能力来源于两个方面:一是将不符合核心竞争力标准的经济活动从企业体系中剔除;二是加强并积聚核心竞争力所在领域的能力。第二,动态能力的研究。这个学派认为,企业在长期发展中,通过发展自身的动态能力来获取利润是更为有效的方法。而动态能力是指企业加工流程的不断学习和改进,以及企业所处的环境和行业、企业的发展轨迹等因素对于企业提供的支持。动态能力的发展,主要源自企业内部加工流程的学习效应的发挥,这就要求企业不断改进和创新,从而提高其竞争力。同时,企业的发展路径也至关重要,因为变化往往会有路径依赖的效应。换言之,企业的发展需要根据其在市场中的竞争地位和市场所需不断调整。

由于产业升级是一个非常复杂的过程,涉及很多不同的要素,所以这两个研究思路可以很好地支持产业研究。但是这两种研究思路存在缺陷:第一,二者的研究角度皆局限于企业层面;第二,由于产业升级是一个系统性、整体性的过程,所以需要考虑相关企业的变化,但显然这两种思路无法对其进行解释。所以,为了深入研究这个过程,需要采用更加综合的研究思路,以便全面深入地探讨其本质。产业升级的核心由两方面的变动构成。首先,价值环节内在属性。其指产品在生产和销售过程中经历的各个阶段,每个阶段的升级都可以提高产品的质量和服务水平,从而提高企业的核心竞争力。其次,外在组合,指的是产品在市场上的组合方式,包括品牌、渠道、营销等。这些方面的升级可以提高产品的竞争力和市场占有率。它们由同一或不同链条的相互关联连接。一方面,升级价值链内在属性需要加强研发和生产领域的技术创新,以提高产品质量和生产效率。另一方面,外在组合的升级需要注重品牌形象和营销能力的提升,以吸引消费者的眼球。这两个方面的升级需要相互协调,才能实现产业升级的最佳效果。

在产业升级过程中,全球价值链理论重点关注产品升级、工艺流程升级、链条升级和产业功能升级这几个环节。其中,工艺流程升级是指通过提高价值链中某个环节的生产加工工艺,降低成本,获得产业上竞争优势,继而击败竞争对手。工艺流程升级需要结合制造业的"智能化"和"数字化"趋势,以提高生产效率和降低成本。产品升级是指通过引进新产品或改进已有的产品，提高产品的效率和质量，并达到超越竞争对手的目的，另外根据消费者需求的不同，产品升级也可从组合改变、高端化、特色化等方面进行。产业功能升级是指对产业价值链中各环节进行重新组合，以提高链条联动性和韧性，获取竞争优势，达到产业升级的目的。价值链条升级是指随着政策方向的调整和技术进步，产业链出现转移。针对未来的市场需求和技术趋势，企业需要不断寻找新的发展机遇，在原有产业链条上进行转型和升级。研究表明，这四种升级方式存在一种规律，即产业升级将工艺流程升级作为起点，依次实现产品升级、产业功能升级和链条升级。在东亚地区无论是日本，还是中国和东南亚地区，都能体现出这一升级过程。

第三章　数字创意产业全球价值链内涵界定及理论体系解构

现有的全球价值链理论建构于制造业和传统国际贸易模式基础上,在很多情况下已经不能适用于新兴的、基于移动互联平台(如 Apple Store 和 Google Play 应用商店)的新型国际贸易模式和全球虚拟价值链体系;而且现有全球价值链理论是以生产制造环节为重心建立的逻辑框架,而像网络新闻、网络文学、网络短视频等数字创意产业典型行业,内容研发与生产常常混为一体,传统的全球价值链理论将很难适用,亟须构建适用于数字创意产业的全球价值链新的理论范式。在前文界定数字创意产业和全球价值链内涵的基础上,本章节首先分析了数字创意产业全球价值链研究的现实意义和理论价值;其次,界定了数字创意产业全球价值链的基本内涵,并从研究开发、生产制造、产品形态、外部审查、营销环节、物流运输、消费环节、附加环节与生命周期九个方面辨析了数字创意产业全球价值链与传统制造业全球价值链的不同;最后,尝试从市场、技术和文化三个维度构建了数字创意产业全球价值链的功能体系。

第一节　数字创意产业全球价值链的研究意义

数字创意产业全球价值链研究具有非常重要的现实意义和理论价值。从现实意义的层面来看,本书为发达国家和地区在全球价值链中更好地发挥技术优势、为发展中国家和地区实现数字创意产业全球价值链的转型升级,以及为最不发达国家和地区数字创意产业更好地融入和参与全球价值链都提供了实践依据。从理论价值的层面来看,本书提出了数字创意产业全球价值链发展的综合研究框架,构建了数字创意产业全球价值链发展的理论体系,也丰富完善了全球价值链理论体系。

一、数字创意产业全球价值链研究的现实意义

(一) 为发达国家和地区在全球价值链中发挥技术优势提供实践依据

随着数字技术、互联网、通信技术的高速发展,数字经济应运而生,数字化知识和信息开始成为一种新的生产要素,促进生产效率的提升和产业结构的转型升级。由于同时具备数字技术优势和创意产业优势,美国、英国、日本、韩国以及欧洲发达国家的数字创意产业不管从产业规模还是从产业支撑来看,都远远领先于发展中国家,对本国经济发展具有重要意义。当前数字技术革命正在从生产、管理、流通等领域扩展到包括政府宏观调控在内的一切经济领域。在数字创意产业中,电影、娱乐和艺术占主导地位,以城市为中心的数字创意产业发展蒸蒸日上,丰富的创意产业资源也让数字化技术发挥了更大的作用。纽约拥有苏荷(SOHO)现代艺术区、百老汇等著名创意集聚区和世界三大艺术殿堂——大都会艺术博物馆;洛杉矶拥有电影圣地好莱坞和世界上第一个迪士尼乐园;佛罗里达则是全球著名的滨海文化旅游胜地。美国在这些创意产业资源的基础上结合技术优势,大力发展数字创意产业。英国同样如此,围绕广告、建筑、艺术工艺品、设计、影视、广播和出版等,不同城市有自己独具特色的创意产业资源。伦敦以电影为特色,是欧洲的第一大创意产业中心和世界第三大电影摄制中心;曼彻斯特以数字媒体产业为特色,是欧洲第二大创意产业中心;爱丁堡的文化旅游发展蒸蒸日上,在英国旅游城市中名列前茅;伯明翰的国际会议中心吸引了全球众多知名艺术团体;谢菲尔德拥有多个创意文化产业园区。日本则是世界上最大的动漫内容制作和输出国,其动漫产业主要集中在东京都和大阪府,不仅为本国经济增长做出很大贡献,而且全球在播的动漫作品中,日本动漫占60%以上,尤其是在欧美国家,日本动漫更是得到了大众的广泛喜爱,播放占比高达80%以上。如果说东京都和大阪府对日本动漫"走出去"的贡献不容小觑,那么秋叶原地区则凭借其齐全的商务文化旅游设施吸引了全世界大量的动漫爱好者。

（二）为发展中国家和地区实现数字创意产业全球价值链的升级提供实践依据

发展中国家和地区关键核心技术及高端装备对外依存度高、创新体系不完善、世界知名品牌少、产业国际化程度低，这些因素导致发展中国家和地区在参与数字创意产业的国际分工时，大多停留在附加值低、资源消耗多、环境污染重的全球价值链低端。想要突破这种局面，实现向全球价值链高端攀升，发展中国家需要在技术上实现突破性创新。以中国为例，在庞大的网络用户基础上，中国居民的数字文化消费被新政策、新业态持续激活。"90后"与"00后"两代数码"原住民"登上数字文化消费的舞台，以及老年用户的上网普及率不断提高，中国互联网用户规模持续扩大，为数字创意产业发展奠定了消费基础。2017年国务院颁布的《关于进一步扩大和升级信息消费持续释放内需潜力的指导意见》中积极倡导数字文化消费，计划到2020年，信息消费规模达到6万亿元，年均增长11%以上。2019年春节期间，国产科幻电影《流浪地球》在全国爆红，综艺节目《上新了·故宫》的播出、故宫原创彩妆的发布与故宫夜场开放等持续推动了"故宫热"浪潮，文化消费一片繁荣。中国新型文化业态主要基于两种模式产生。第一种模式是由新兴技术推动形成的，如VR、人工智能、云计算、物联网等技术在文化创意领域的应用。根据智研咨询发布的《2021—2027年中国VR/AR行业市场深度评估及投资机会预测报告》，2020年中国VR/AR消费级内容市场规模达128.4亿元，较2019年增加了77.9亿元，同比增长154.3%。第二种模式是由文化产业与其他产业或其他元素融合形成的，如文化产业与金融产业结合而成的影视众筹、传统文化IP"故宫"与彩妆产业的结合等。但目前来看，中国数字文化创意产业还存在市场不成熟、需求不稳定、产业链尚不完整等问题，必须紧紧抓住全球产业分工格局正在重塑这一重大机遇，加强统筹规划和前瞻部署，为把中国建设成为世界数字创意产业强国、实现中华民族伟大复兴的中国梦打下坚实基础。除中国以外，其他发展中国家在数字创意产业发展方面也是机遇与挑战并存。比如印度虽然在数字创意内容和资源等方面有优势，但是印度对数字创意产业的关注不够。因此，在全球价值链背景下，发展中国家需要加强数字技术的创新，实现由全球价值链的低附加值环节向全球价值链的高附加值环节攀升。本书研究内容将为发展中国家在数字创意产业方面实现全球价值链攀升提供重要的现实借鉴意义。

（三）为最不发达国家和地区数字创意产业更好地融入和参与全球价值链提供实践依据

目前，世界上很多国家在经济水平和技术水平上仍相对落后，但数字创意产业全球价值链的发展为这些国家参与全球分工提供了机遇。一方面，随着经济全球化趋势加速发展，发达国家和地区在对外援助中发挥着越来越大的作用，因此在利用资金、技术援助和当地资源的情况下，最不发达国家和地区的技术水平有非常大的上升空间。另一方面，全球价值链的不同环节使不同国家能在合适的位置发挥各自的作用，各国可以充分挖掘自身优势融入全球价值链。由于技术发达的国家在数字化和智能化等方面发展速度较快，这些国家在数字创意产业全球价值链技术依赖度较高的环节占据有利地位。对于技术相对落后的国家来说，参与提供内容创意的环节是一种很好的选择。比如在电影制作中，可以挖掘并提供当地历史故事、神话传说、风土人情或者自然风光等优势资源，进而使之成为电影主题。

二、数字创意产业全球价值链研究的理论价值

（一）提出数字创意产业全球价值链发展的综合研究框架

人类社会已经由工业时代跨进数字经济时代，决定经济增长的主要因素已经发生改变。数字经济带来了生产要素的创新、资源分配的创新、生产组织和商业模式的变革，为文化创意产业的发展提供了更广阔的空间。在数字经济时代，文化创意产业的发展能反过来推动数字经济的发展，在其他产业的转型升级和产业价值链的延伸与拓展方面发挥了重要的推动作用。在这样的背景下，数字创意产业的发展必须与全球价值链相结合，研究新时代数字创意产业全球价值链的特点、发展趋势与功能体系，对比数字创意产业全球价值链和传统产业全球价值链的联系与不同之处，判断其发展困境和未来的选择，对于构建新时代数字创意产业全球价值链的研究框架具有重要意义。

（二）构建数字创意产业全球价值链发展的理论体系

在全球价值链视角下对数字创意产业理论的研究，是对数字创意产业理论体系的丰富和完善，是逐步构建数字创意产业全球价值链发展理论体系的必由之路。目前，学术界在数字创意产业方面已取得了丰富的研究成果，从

对数字创意产业的概念界定到数字创意产业的高质量发展，从数字媒体在创意产业中的具体运用到5G时代如何使本国数字创意产业在全球竞争中脱颖而出，从大力培养数字创意产业人才到数字创意产业财政金融体制的创新研究，各类研究成果层出不穷。但在理论框架下对数字创意产业全球价值链的研究仍相对较少，部分研究聚焦数字创意产业全球价值链重构和中国发展路径的探索，尚未建立完整的理论体系。数字创意产业是传统创意产业在数字技术不断发展过程中的产物，让该产业各环节融入全球分工，既可以使发展中国家发挥比较优势从而获得利益，也可以通过提高文化的生产和传播效率来促进世界各国共同发展。

（三）丰富和完善全球价值链理论体系

本书对数字创意产业全球价值链进行研究，完善了全球价值链体系中的国际分工理论和全球价值链治理理论。目前，学术界对于制造业全球价值链的研究已取得了丰富的成果，但针对数字创意产业全球价值链的研究相对较少。与制造业相比，数字创意产业能够更显著地体现全球化趋势。数字创意产业输出的是核心创意，在互联网如此普及的今天，一国创意产业能够与另一国的创意产业进行有效的联结，推动数字创意产业全球价值链的发展。因此，数字创意产业从内容创作到营销发行，整个链条上的环节吸引两个及以上的国家和地区参与已是常态。对全球价值链的研究，由制造业拓展到数字创意产业具有十分重要的意义。本书在全球价值链的视角下研究数字创意产业，丰富和完善了全球价值链理论。

第二节　数字创意产业全球价值链的内涵界定

长期以来，传统制造业一直是世界经济的重要组成部分。从纺织、制革、钢铁、机械到化工、电子等领域，发达国家通常占据产业链的高附加值环节。由于长期以来在科学技术研究上的投入和技术创新，发达国家拥有了较多的技术积累和较高的技术竞争力。这样的底子为他们在传统制造业中创造附加值提供了良好的条件。并且，发达国家拥有更完善的制造业生态环境，可以通过跨境投资、技术输出和国际贸易等方式，给自己的制造业提供更多的支持和帮助,从而增加其产业规模和附加值。虽然新兴市场国家也在努力提高其在传统制造业附加值链中的地位,但由于科技创新、完善的制造业生态环境和国际合作等方面的种种因素,发达国家在这方面始终处于领先地位。

当前数字创意产业全球价值链的分工也面临相似的情形,发达国家希望复制传统制造业全球价值链中的分工格局,继续对中国等发展中国家的新兴产业进行"低端锁定"和"高端封锁",牢牢掌握数字创意产业全球价值链中具有高附加值的高端环节。然而,随着全球数字化转型的深入推进,数字创意产业的全球价值链正在发生变化。自由开放的数字环境为全球数字创意产业提供了更为广阔的发展空间,数字技术和互联网技术的普及让各国创意人才和企业能够更加自由地交流合作,艺术家和设计师的作品得到更广泛的传播,数字化创意产业正在成为全球经济增长的新引擎。

在这个大背景下,中国等发展中国家同样重视数字创意产业的转型升级,不再局限于低端加工环节的角色,在数字创意产业全球价值链中逐渐发挥着更加重要的作用。中国数字创意产业经过十余年的快速发展,已经成为全球最具潜力的数字创意产业之一。中国优秀的数字技术和创意人才正在走向世界,中国数字创意产业也正在从单纯的创意生产转向整合设计、生产、服务等环节的高附加值业务。同时,一批以腾讯、阿里巴巴、字节跳动等为代表的公司正在成为全球数字创意产业的领军企业,这让中国等发展中国家看到了重构全球价值链的希望。

结合传统制造业全球价值链以及数字创意产业的特点,参考喻国明等人、王绯慈等人、熊澄宇以及臧志彭等人的研究,本书提出,数字创意产业的全球价值链是指经济全球化背景下,数字创意产品或服务通过垂直分工、空间布局、运营管理、利益分配,从创意设计、技术研发到生产、营销推广、消费交付等多种价值的增值循环。数字创意产业全球价值链具有以下特征:

第一,数字创意产业内含创意设计和技术研发。不同于传统行业主要集中于技术研发,数字创意产业更聚焦于创意设计。作为数字创意产业链的核心环节,创意设计包含创意策划和内容设计,其直接影响着数字创意产品的市场竞争力和商业价值;此外,数字创意产业的技术研发也是其全球价值链中的重要环节,技术研发以服务创意设计为宗旨,综合运用多种数字信息技术,整合全球创新人才和资源进行设计开发。

第二,生产制作虽然不是数字创意产业价值链的核心环节,但也是全球价值链中必不可少的一部分。在数字创意产业的生产制作环节中,需要整合全球范围内的各种资源,包括文化、艺术、专业技术,充分发挥相互协作的优势,通过信息化、网络化的专业设备与软件进行生产制作。另外,由于数字创意产业具有意识形态属性,其产品具有向外输出文化价值观的特点。因此,在生产内容的过程中,需要接受政府有关部门的内容审查,以确保文化产品内容的价值观是合法合规的。

第三,数字创意产品的营销推广通过数字化方式。随着智能移动终端设备的发展,授权代理模式、独立运营模式、联合运营模式、全球一体化模式等在全球范围内被广泛运用,用于推广和运营数字创意产品或服务。特别是通过以 iOS 和 Android 操作平台的应用商店为代表的分发渠道对终端消费者进行数字化营销。

第四,大多数数字创意产品的消费和交付方式都基于在线移动平台,这些平台通常采用数字技术来促进在线移动支付费用和交付商品/服务。并且为了增加消费者对产品或服务的使用满意度,这类平台还提供全面和综合的数字化售后支持服务。

第三节　范式辨析:数字创意产业全球价值链与传统制造业全球价值链比较

与传统制造业的全球价值链体系相比,数字创意产业的全球价值链体系是一种范式创新,二者存在诸多差异。具体如表 3-1 所示。

表 3-1　数字创意产业与传统制造业全球价值链范式比较

价值链环节	传统制造业全球价值链	数字创意产业全球价值链
研发环节	技术开发	创意设计和技术研发,且技术研发为创意研发服务
生产环节	硬件设备; 采购物资; 流水线生产(一般而言); 组装包装 (备注:此环节一般很长)	软件设备; 无须采购环节; 非流水线或模块式制作(一般而言); 无须组装包装(或数字化组装包装); (备注:生产环节一般较短,或与内容研发设计融为一体,无单独生产环节)
产品形态	实物产品	虚拟产品

续表

价值链环节	传统制造业全球价值链	数字创意产业全球价值链
外部审查	环保审查、卫生审查、安全审查	内容审查
营销环节	传统媒体宣传； 实体渠道需要物流仓储	新媒体数字化宣传； 数字化渠道无须物流仓储
物流运输	海、陆、空	互联网、手机和移动智能终端等与信息通信技术(ICT)密切相关的新兴媒体
消费环节	实物消费； 配送交付； 拆除包装； 自享消费(无法多人同时消费)； 主要满足生理需求	数字化消费； 无须配送(数字化传播)； 无须拆除包装； 共享消费(可多人多次消费)； 主要满足精神心理需求
附加环节	垃圾回收	无传统垃圾
生命周期	一次性、短周期	多层次延伸拓展、跨界长周期

通过对比二者的差异,本研究认为最主要的区别有以下六个方面:

第一,数字创意产业的生产制作过程通常被统称为"内容创作",它包括网络新闻、网络视频、网络文学、网络动漫等细分行业。相比传统制造业的生产制造环节,内容创作的研发与生产制作的过程是混为一体的。这意味着,数字创意产业在生产制作方面更加灵活,能够更快速地响应市场需求。它不需要像传统制造业那样长期的研发、生产和出口流程。因此,数字创意产业更适合快速发展和更灵活的生产流程。此外,虽然许多游戏公司采用了"代工"生产模式,但即使如此,它们的价值链也比传统制造业短得多。这是因为,数字创意产业的价值链更多地集中在创意和传播层面,而不是在制造和生产层面。因此,数字创意产业的生产不仅更加灵活,在效率和价值上也更具有竞争力。

第二,相对于传统制造业,在国际贸易过程中,数字创意产业的交付方式更加灵活和便捷,可以直接进行线上虚拟贸易,而不需要进行海关查验、审查。数字创意产业的跨境交付适用《服务贸易总协定》(GATS)中的"跨境交付"条款,该条款规定:"当某个服务以电子方式提供或以电子方式传输时,服务的交付发生在服务提供者所在地,而不是服务接收者所在地。"这意味着,数字创意产业的跨境交付只需要在服务提供者的国家进行相应的手续,而不需要经过海关。但是,各国文化部门、国家安全部门等会对数字创意产品进行必要的内容审查,以保证所交付的内容符合当地的法律法规、文化特点,以及信息化安全等要求。

第三，在消费环节上，传统实物产品的消费是排他性的，即一个人购买了某个产品，另一个人就无法再购买同样的产品。这种排他性消费使得消费者不得不在个人消费享受和与他人分享之间进行权衡和取舍。因此在实物消费领域，没有方式可以真正同时让多个人全面共享消费过程中的快乐和满足。然而，数字创意产品的消费则是非排他的、可共享的。数字产品可以不断复制，多人之间可以同时享受同样的消费体验，互不影响对方的使用效果。这使得数字创意产品的消费不会波及其他消费者，且可共享消费，人们可以轻松分享自己的体验和感受，这种分享的交互过程可以为消费增加更多的乐趣和挑战。

第四，相较于传统的制造业价值链，数字创意产业不仅不需要"垃圾回收"的环节，而且还能够通过数字化、智能化的手段，实现资源的高效利用和节约。由于传统制造业的制造过程中需要使用大量的能源、水资源等自然资源，会产生大量的废弃物和污染物，所以传统制造业会对环境带来巨大的破坏。而数字创意产业不需要大量的原材料和自然资源，其产品和服务主要是通过计算机等数字化设备实现完成，基本不会产生对生态环境造成破坏的实体垃圾。

第五，传统制造业的全球价值链是由一条单一的产品链条构成的，这种单一链条产品的生命周期相对较短，往往产品销售后生产就结束了，再没有后续的生命周期。而数字创意产业是一种具备多层次的延伸拓展效应的产业，不仅包括内容创作、技术开发、设计、生产、营销等一系列环节，而且包括其他文化、娱乐、广告等产业的扩展跨界，因而数字创意产业的全球价值链生命周期比较长，显示出跨界性与长周期的特征。

第六，相较于传统制造业的单一产业链核心，数字创意产业不仅要将数字技术与创意有机结合起来，而且还要考虑到产品的衍生扩散效应。因此，数字创意产业的价值链条更加复杂，也更加丰富，这些扩散效应赋予数字创意产品高附加效益，让越来越多的国家对数字创意产业进行战略布局。

第四节　数字创意产业全球价值链发展的功能体系

数字创意产业全球价值链在推动构建新型国际化市场、发展国家经济、促进文化传播、建设和谐社会等方面具有非常重要的作用，世界各国也高度重视数字创意产业的高质量发展,大力推动数字创意产业全球价值链的延伸和拓展。接下来,本章节将重点梳理和分析数字创意产业全球价值链在市场、技术和文化价值方面所发挥的重要功能,进而构建完善的功能体系。

一、市场功能体系

数字创意产业全球价值链突出的特点是其具有衍生效应、共享效应和嫁接效应。由于很多产业转型升级会产生显著的社会经济外部效应,对社会的影响较大,因此数字创意产业全球价值链中的企业在快速成长的过程中,也会产生较大的共享和嫁接效应,对中国等新兴市场国家也会产生较大的衍生效应、共享效应和嫁接效应,进而影响创意产业以及整个创意经济市场的发展。对中国等新兴市场国家而言,数字创意产业的发展需要充分利用产业升级所带来的市场外溢效应,突破现有的全球价值链理论,进行逻辑升级,重构数字创意产业全球价值链的理论范式,建立数字创意产业全球价值链的新型战略模式。新兴市场国家不能完全依靠基于发达国家主导的、以制造业和传统国际贸易模式为基础的全球价值链体系,来获得数字创意产业全球价值链的主导地位。

(一)数字创意产业全球价值链的市场结构

随着互联网企业的加入以及各种新技术的出现,市场竞争不断增大,这为我国数字创意产业提供了更大的发展空间,同时也推动数字创意产业市场结构产生了一系列新的变化。数字创意产业市场的参与者主要包括上游的产品与服务提供商、中间业态的集成企业、产品与服务的设计者、行业经营代理商以及下游行业的经销商和消费者。其中,上游的产品与服务商主要为下游产品与服务提供原材料;中间业态的集成企业主要对上游服务再次进行数字化创意生产,产品与服务的设计者主要为整个业务环节的企业服务人员和客户提供设计和规划,行业经营代理商主要对上游行业所需的产品进行代理和服务;下游行业的经销商和消费者主要对数字创意产品和服务进行不同渠道的分销和消费。数字创意产业全球价值链的各个环节因为互联网的广泛应用而大大缩短,具有覆盖人群规模大、服务用户占比高、市场规模较大等特点。数字创意产业以先进的现代数字技术和现代设计制造理念为技术支撑和理论基础,以强化传统文化产品创意、内容设计制造、版权开发使用为融合发展的技术核心,通过深度融合和双向渗透的方式,有效推动其与周边文化产业各个领域的共同发展。数字创意产业融合网络基础架构是具有全方位连接的三层融合网络,即"输入层作为基础支撑＋中间层作为核心内容＋输出层包括融合渗透行业"。其中输入层作为基础支撑,即为融合数字技术及文化创意的产业内容、产品和技术服务开发提供关键技术和基础支撑;中间层作为核心内容,即中间层由其他行业核心产品制造和技术服务模块构成,旨在为消费者提供高质量的、融合传统文化创意的文化内容,形成原创知识版权;输出层包括融合渗透行业,已经覆盖了数字游戏业、旅游业、体育健康业等多个细分行业,借助新的数字技术和产品设计理念,通过与不同行业的相互融合而逐渐形成新的创意业态。

因此,数字创意产业推动了传统文化创意产业的结构性转型升级,拓展并形成了更具数字化的创意内容产业。数字创意产业的综合特征主要表现为以先进的科学信息技术和文化内容相结合为主要输入、以对经济和文化的影响为主要输出。同时,实现与其他行业的多维度互动和整合发展,输出更多的经济效益,传承并发扬优秀文化传统,能够为中国特色社会主义经济发展带来新的功能,也能为中国到 2035 年建成文化强国提供重要保障。

(二) 数字创意产业全球价值链的市场产品体系

数字创意产业主要是指现代信息网络技术与传统文化创意产业逐步交叉融合而形成的一种产业形态,与目前我国各种以传统创意产业作为实体经济形式和主要生产载体所直接进行的数字艺术作品创造不同,数字创意产业以各种现代化的数字信息技术产品为主要技术手段,通过数字技术、创意与其他产业化经营方式结合,直接进行各种数字创意内容的技术开发,视觉艺术设计、策划以及数字创意综合性的技术服务。数字创意产业全球价值链的产品体系主要指的是以传统数字文化内容为核心、以现代数字科学和技术为基础支持而形成的一系列数字创意产品,这些数字创意产品主要包括从创意设计、技术开发,到生产和制作、市场营销,再到交付消费这一整个全球市场周期的增值循环。以故宫文化创意产品的价值链条为例,从原创文化内容转化到 IP 的价值输出,经过衍生商品的开发和多元场景的数字化延伸,形成系列化的文化创意产品。故宫博物院开发的"故宫"文创系列纪念品、"故宫"文创系列家具产品、"故宫"主题酒店等,这些实体产品的背后都融合了数字化技术的应用,包括产品销售的数字化展示平台和线上的经销渠道等。故宫博物院利用数字技术拓展了文创产业链条,拓宽了文创 IP 的发展空间,因此故宫文创产品价值链条具有数字性、文化性和功能性高度融合的特征。

近年来,文化创意内容与互联网、数字信息网络技术等多种信息手段紧密结合,所产生的数字文化创意产品和服务基本构成了我国创意产业的核心业务和发展主体。不论是当前的中国网络文学、网络游戏还是网络漫画,这些细分领域的蓬勃发展使得整个数字创意产业也呈现快速发展的态势。

数字创意的内容按照内容转化和生产过程的不同而被分为专业生产内容(PGC)、使用者生产内容(UGC)和AI生产内容(AIGC)三种创意内容。其中,PGC仍被认为是推动数字内容创造的重要手段,该方式所转化和生产的文化创意内容在影视综艺中有较多的呈现。UGC则较多出现在短视频平台中,由于短视频平台本身具备移动性、互动性、碎片化、制作简便、视觉冲击大等特点,加之又契合了移动互联网用户对社交及内容消费的需求,因此UGC这种文化生产方式将会获得快速发展。而面对文字、图像、声音、视频等大量内容信息和数据,新一代AI技术具备处理和转化这些信息与数据的强大能力,AIGC将会发展成重要的文化产品和服务的生产方式。此外,利用AI技术和计算机图形学(CG)技术进行虚拟场景和人物角色的生成,也逐渐成为网络影视制作发展的主要方向,为数字创意产业的发展提供了新的市场增长点。数字创意产业以快速更新的数字技术、多样化的创意产品、网络化的媒体传播以及个性化的消费体验为主要特色,更好地满足了广大消费者对于文化消费新方式的需求。当前,数字创意产业已经逐渐成为推动创意产业和数字经济持续健康发展的重要驱动力,也为我国国民经济的高质量发展提供了新的动能。

二、技术功能体系

随着数字技术、金融科技的产生与快速发展,资源配置与集聚的方式也在发生变化。数字技术成为重要生产力,开始介入资源配置过程。资源从物理空间、地理空间的集聚开始转向虚拟空间的集聚。因此,基于快速发展的数字技术,数字创意产业全球价值链正在向多个维度延伸和拓展。中国目前正处在转变发展方式、优化经济结构、转换增长动力的攻关期,数字经济的发展对生产力的提升具有重要推动作用。同时,中国经济已由高速增长阶段转向高质量发展阶段,数字经济将推动中国经济以更快的速度向高质量发展阶段迈进。中国政府积极鼓励、支持和引导数字经济的发展,推动文化内容、资源的创造性转化和创新性发展,促进数字产业化和产业数字化,积极发展以数字技术为核心的重点产业。

（一）数字技术发挥基础支持作用

以 5G 为基础，人工智能、大数据、云计算以及区块链等技术为数字创意产业的转型与发展提供了重要的技术支持服务，各国政府纷纷出台战略，开启数字化转型之路，数字创意产业正在实现高速发展。数字技术的出现让数据成为一种新型资产，在数字创意产业的发展中起着举足轻重的作用，促进社会生活高度智能化和智慧化。一方面为供给侧改革提供生产型便利，不断提高全要素生产率；另一方面为需求侧改革提供消费型便利，为消费者带来更加富有新意的体验。此外，数字技术在与创意产业结合的同时不仅促进了数字创意产业的发展，还催生了其他新型产业，如平台经济、共享经济等。因此，数字技术在人们的社会生活和经济生活，甚至在一国的对外交往中都发挥了重要的支持作用。

然而，数字技术为生产和消费带来便利的同时，也对人们的生活带来一定的威胁。因此，要客观、理性地看待数字技术的作用，不管是政府部门、市场主体，还是消费者个人，都应该在应用数字技术之前基于已有信息做出科学、合理的判断，这是让数字技术引领未来时最重要的一步。

（二）数字技术促进数字化转型

数字技术的发展为一个国家或地区跨国交流合作的开展、就业机会的增加、产业结构的升级以及经济的可持续发展提供了新契机。数字创意产业全球价值链不仅包括数字创意产品和服务的生产，还包括装备制造、技术研发、衍生产品的生产等环节，此外，如金融服务、教育培训服务、咨询服务、营销管理等服务业也可以参与其中。因此，经济社会如同一个拥有无线圈的同心圆，数字创意产业全球价值链可以通过延伸和拓展来覆盖这个同心圆上的每个产业，带动多产业共同发展，形成产业链（网）。在这一发展过程中，政府和企业要重视产业链（网）各节点的发展，比如数字视听、数字装备等的技术研发，互联网、移动互联网和 5G 通信网络的建设、推广与应用。此外，还要解决产业链发展中最关键的人力资源和资本要素的投入问题，以及知识产权保护等问题，不断激发产业链各环节上企业的创新活力。

(三) 数字技术在各领域数字化转型中的应用

数字技术与创意产业及其他相关产业的融合发展，在创意产业数字化转型中发挥着不可替代的作用。将数字技术和创意元素同时融入传统行业，为传统行业的发展带来动力，并且鼓励传统产业创建自己的品牌，形成品牌竞争力，凝聚品牌力量。数字技术在各领域数字化转型的过程中，既可以将传统行业的消费者市场规模扩大、提升市场价值，又可以促进数字创意产业高质量发展。接下来，以音乐产业和旅游产业为代表，探究数字技术在这些领域数字化转型中的具体应用。

第一，数字技术在音乐领域的应用。数字技术对音乐创作、音乐传播过程和方式都产生了较大影响。数字音乐平台的出现使得音乐创作过程发生了很大变化，音乐创作者需要掌握信息技术、互联网技术等，将这些技术应用在不同的音频素材上，进行更加多元化的音乐创作，形成多种类型的音乐创作模式，推动音乐艺术创作进入全新的发展阶段。结合数字化环境的影响，在新技术媒体模式下的音乐传播活动中，声音传播技术得到了革新，从传统的单声道转变为立体声，并且逐步向多声道过渡。同时，数字技术下音乐创作和传播的方式也做出了适当调整，能够实现声音、光影效果的互动，促进了音乐创作过程全方位的革新。

优秀的音乐作品被创作后需要得到有效的传播和推广。目前，数字技术和新媒体的发展使得音乐的传播和推广渠道越来越多样化，不同传播渠道赋予音乐本身不同的价值。传统的音乐传播渠道，主要是通过唱片公司发行制作成磁带、CD来供人们欣赏。后来，互联网的出现使人们可以直接下载音乐欣赏。随着数字技术和大数据的发展，在一些音乐平台上，比如网易云音乐、QQ音乐，人们的音乐偏好更容易被追踪到，平台得以根据用户的音乐偏好推荐一些曲风相似的音乐，大大缩短了用户的搜索时间。因此，在音乐APP或者移动平台上，音乐的传播和推广为人们的生活带来诸多便利。音乐创作者能够更加自由地展示自己的原创作品，通过各类音乐平台发布自己创作的歌曲供大家欣赏。此外，在数字音乐平台上，音乐创作者之间、用户之间、音乐创作者和用户之间都可以进行交流，通过发送私信、发布音乐评论等方式，发表自己的见解，了解对方的观点，这种沟通也是对音乐文化传播的支持。

第二，数字技术在旅游领域的应用。数字旅游以大数据和核心技术为主要的驱动力量，通过整合大数据，分析消费者的个人偏好，进而为其提供个性化服务,将不同的场景连接在一起,让消费者享受到更优质的服务。同时,从供给的角度看,数字旅游也可以通过大数据和核心技术来实现智慧化服务,驱动产业链升级和转型。从需求的角度看,人们对旅游服务的需求,越来越注重场景化和体验化,对以互联网为中介的"互联网+餐饮""互联网+民宿""互联网+演艺""互联网+博物馆"等新业态和新模式的偏好越来越强。

三、文化价值功能体系

数字创意产业全球价值链的文化价值功能主要表现在它对文化传承、文化教化的促进作用,同时其在推动文化创新和加强环境塑造等方面也具有重要意义。数字创意产业的文化价值功能并不仅局限在文化产业和文化事业方面,而且在非文化产业领域也发挥着重要作用。对于国家而言,数字创意产业全球价值链的发展提升了各领域的文化价值创造能力,有助于营造良好的文化氛围,提高国家凝聚力。

(一)文化价值传承功能

数字创意产业全球价值链的发展,对于一国文化的传承具有重要作用,主要表现为传统文化产品的数字化应用,并通过以下两种方式发挥其功能。

第一种方式是国家文化的对外传播。伴随着数字创意产品在全球范围内的快速流通,产品中所包含的文化符号、文化内涵和文化故事传播到其他国家和地区。因此,数字技术的广泛应用以及数字创意产业的快速发展促进了国家文化的对外传播。在传统文化创意产业发展过程中,这种文化价值传承功能也一直存在,在文化创意产品交易和消费过程中潜移默化地发挥作用。随着数字技术的发展和应用,数字创意产业全球价值链在延伸和拓展过程中,为嵌入其中的文化内涵提供了更多、更便捷、更有效的传播渠道。如美国、日本、欧洲等国家和地区的数字创意产业在建立起自己的国际分工地位之后,就高度重视国家文化的对外传播,一直致力于通过创意产品的文化传承功能来实现文化强国的建设。以日本为例,其通过文化创意产品数字化,先后建立起具有重要国际影响力的主机游戏、动漫、电影、网络小说、电视剧等数字创意产业体系,带动了国家数字创意产业的国际化发展。

第二种方式是民族文化的传承。对于本民族内部的文化传承,数字创意产业也能起到较好的促进作用。数字创意产业能促进文化创意与最新数字技术的结合,对传统文化进行深入加工和包装,使其以适应时代变化、符合当代艺术审美的形式呈现在大众面前,更容易被广大消费者尤其是青少年所接受。以中国古典名著《西游记》为例,随着时代发展,美猴王孙悟空的故事通过各种形式表现出来,从早期的人工手绘动画,到后来的电脑智能绘图动画,再到以3D技术呈现的电影《西游记之大圣归来》,数字技术在文化传承方面的功能相当明显,不同年代的观众虽然接触的故事讲述形式存在差异,但讲述的都是同一个故事,美猴王的形象得以经久不衰,始终保持着鲜活的生命力。

(二) 文化价值创新功能

数字创意产业全球价值链不仅传承了国家和民族的传统文化,通过全新的方式加速传统文化的对外传播,还结合时代的发展趋势,对传统文化做出了新的解释,增加了新的文化内涵,这就是数字创意产业的文化价值创新功能。通过这一功能,传统文化价值将更有助于国家的现代化建设,增强民族凝聚力,促进民族团结。

数字创意产业全球价值链主要通过以下两种方式实现文化价值的创新功能。第一,全球价值链的分工与合作促进了来自不同文化体系人群之间的交流,不可避免地会加速不同文化的相互渗透,促进更具多样性和包容性的文化格局的形成。如日本动漫《龙珠》中主角"孙悟空"的形象取材自中国的美猴王孙悟空,结合日本民众对中国四大名著的喜爱创造出完全不同的故事,在日本和中国都广受好评。第二,数字创意产品和服务的消费过程中,人与人之间跨越时间和地区的交流越发频繁,对各种问题会提出各种各样的见解,在频繁的交流中大大促进了多元文化的融合与发展。

(三) 文化价值环境塑造功能

数字创意产业全球价值链的文化价值功能不仅对消费者行为产生了规范作用,而且还有助于塑造良好的文化商业环境,促进数字技术研发和应用、数字创意设计和消费等多个领域的全面健康发展。数字创意产业全球价值链在延伸和拓展中所发挥的文化价值不仅对市场消费者的行为产生了良好的教化功能,而且还有助于塑造良好的文化商业环境,促进数字技术研发和应用、数字创意设计和消费等多个领域全面健康发展。由于数字创意产品的消费主要基于互联网这个虚拟空间,因此数字创意产业发展的同时也在逐步塑造和改善网络虚拟空间的环境,不仅推动和促进了网络道德原则和网络价值观的形成,也对网络环境的规范和治理提出了新的要求。中国一直高度重视网络环境的塑造和规制,2001年9月中共中央发布的《公民道德建设实施纲要》明确提出要"增强网络道德意识,共同建设网络文明";2019年12月15日,国家互联网信息办公室发布《网络信息内容生态治理规定》,明确了以培育和践行社会主义核心价值观为根本,以网络信息内容为主要治理对象,以建立健全网络综合治理体系、营造清朗的网络空间、建设良好的网络生态为目标,开展弘扬正能量、处置违法和不良信息等相关活动,对各类网络行为进行了明确分类,坚决惩处危害国家安全、威胁社会和他人利益的行为,坚决维护良好的网络生态环境、维护人民和国家的利益。所以,国家政策文件的规范和指引将为数字创意产业全球价值链文化价值环境塑造功能的发挥提供良好的政策保障。

发展现状篇

第四章　中国数字创意产业发展概况

作为新兴产业，数字创意产业为我国经济持续发展做出了巨大贡献。探索数字创意产业发展历程、发展逻辑和发展现状，有利于深化对数字创意产业发展进程的了解并预判其未来发展趋势。本章节在分析我国数字创意产业发展进程的基础上，从相关政策、总体规模、创新领域等方面介绍了我国数字创意产业的发展概况，总结了当前我国数字创意产业发展存在的主要问题。

第一节　中国数字创意产业发展进程

作为一个新兴产业，数字创意产业在网络平台上生成了一个虚拟市场，构建了传统文化传播及推广的网络渠道，打破了文化产业原有的发展格局，继而引发了产业政策的变更与发展。数字创意产业发展至今，其历程可划分成三个阶段：以信息为消费主体的萌芽期、用户地位转变的稳步发展期、移动端替代 PC 端盛行的成熟期。

一、萌芽期

自数字创意产业出现至 2003 年这一段时期是数字创意产业发展的萌芽期。从营销领域来看，1994 年，中国正式与国际互联网连接，中国互联网飞速发展。1995 年中国第一家网吧开业，正式拉开了网吧兴起的序幕，为网吧业发展提供了推动力，并降低了使用互联网成本，为网络文化市场的形成奠定了基础。但由于时滞性的存在，政策主体难以充分认识产业发展实际状态，导致互联网发展管制片面化。直至 2000 年，信息化才成为"战略"发展目标，实现进一步发展的目的。2002年，我国才逐渐完善互联网产业管理机制，推动数字创意产业向下一阶段进发。这段时期消费型用户较少，追求休闲型信息的用户占比仅有24.8%，大部分人则是追求与商业、金融、科技、社会、文化等相关的实用性资讯或信息。此外，这一时期主要借助网络进行信息消费，如通过腾讯、谷歌、新浪等网络平台获取所需信息。

从娱乐消费领域来看，1999年，网络文化消费平台当当网创建，吸引了少许文化消费。2000年，卓越网等平台相继创建，为促进产业数字化提供推动力。其中，当当网借助用户搜索物品频率创建关键词链接，继而汇总并分析用户消费倾向；亚马逊则凭借A9算法，设计开发公式以构建可主动搜寻并呈现用户感兴趣的界面，从而提高用户使用体验，提升用户消费欲望。这些网络平台虽然只是人工智能应用的一个分支，却作为早期发展平台及方式在数字创意产业发展中扮演着重要角色。1997年后，"榕树下"话题引发的热议，刺激了国内用户对线下实体书消费，初步打开了文化网络销售市场。由于这一时期网络技术落后，其间主流的网络文学等多注重文字表达。而随着互联网技术逐渐提升，多种网络消费平台、手段层出不穷，网络消费开始兴起，在生产领域，如网络小说家、游戏策划、平台维护、视频创作等新兴职业也相继涌现，为社会矛盾减轻了压力。无论是线下销售还是网络销售，实体书还是数字书，这一时期文化销售市场仍存在很大问题。尽管网络销售手段解决了用户选择匮乏的问题，提供了更多更丰富的商品，但由于这一时期互联网技术比较落后，网络销售模式仍"抄袭"线下，难以支撑庞大的文化消费市场。

二、稳步发展期

自2004年至2012年是数字创意产业的稳步发展期。这一时期盛行与网络平台相关的数字化服务，如网站资讯、网站游戏、网站直播、网站阅读、网站音乐等娱乐服务。尽管这些服务种类多样，能够满足用户个性偏好，但单从体感来看，网络服务还是要弱于线下。借助微信、微博等互动性平台，互联网相关信息广泛传播，用户角色逐渐从消费者转为创作者，为网络服务发展带来了新的推动力。随着用户娱乐时间增加，网络平台逐渐丰富，内容更加充实生动，信息查询方式也更加丰富。因此，在我国较大人口基数的背景下，消费者数量逐渐增加，并借助"一传一"形式扩大网络文化市场，提高互联网规模，到2008年，我国网络普及率就已经正式达到并超过全球平均水平。但是,出于快速发展互联网产业的考虑,我国数字创意产业在这一时期的发展主要以推广数字文化、增强用户偏好以及获取利润为目标。同时,随着互联网兴起,我国数字创意产业逐渐发展,一些矛盾也接踵而至。在2004年后,各种网络平台兴起,我国改变了固有政策管制数字创意产业发展,并逐渐增强对新兴的、有前景的行业的支持力度。例如,设立专业化知识产权保护政策以解决威胁文化创作者创新热情的"抄袭"事件。为此,2006年,我国出台了《信息网络传播权保护条例》。此外,经济危机的存在会在数字创意产业政策发挥效用期间引发各种经济问题。为解决这一问题,促进经济发展,2009年,我国又出台了《文化产业振兴规划》。

三、成熟期

2013年至今是我国数字创意产业发展的成熟期。从发展角度看,2013年以前,存在多种因素制约移动端互联网发展。而随着技术进步与社会发展,互联网模式逐渐转型。2014年,移动端互联网逐渐兴起,正式成为最为热门的终端。手机等移动端成为用户间最为热销的产品,带动了各国、各地区内网民数量增长,继而促进了网络平台深入发展。随着5G、云计算、大数据、人工智能、区块链技术提高,数字经济与共享经济也随之发展,推动了数字技术与文化产业的进一步融合。在此期间,网络平台的发展也带动了网络直播类行业的发展,丰富了移动端娱乐活动。虽然与营销领域相比,互联网在娱乐领域应用种类更加丰富、占比更大,但现今娱乐领域应用却呈现下降趋势。为了缓解这一问题,数字创意产业政策逐渐向多样化、动态化转变,如借助会员制度划分用户类别,提供偏好型消费者更完善的管理制度、更高的服务水平、更优质的内容体验。从政策角度来看,这一时期政策与前两个时期有明显区别。其一,成熟期政策倾向多元均衡发展。由于数字创意产业商业、文化两个领域的价值难以平衡,这一时期政策主要凭借先进技术、完善的服务平台满足用户多方面需求,维护产业利益。其二,成熟期政策可行性明显增强。鉴于灵活政策可以应对各类型问题,实现发展目标,提高政策可行性,这一时期数字创意产业政策能够借助实践、创新、规划等多方面举措应对前两个时期产业遭遇的问题。

第二节　中国数字创意产业发展现状

一、中国数字创意产业总体规模

目前，我国尚缺乏关于数字创意产业整体经济规模的官方权威统计数据，但国家统计局公布的文化及相关产业和数字经济的统计数据，可以相当程度地反映数字创意产业发展总体情况。

近年来，文化及相关产业和数字经济总体规模都稳步提高，其中文化产业增速平稳，而数字经济规模高速发展。国家统计局数据显示，2012年以来，我国文化及相关产业获得快速发展，虽然2020年受新冠疫情的影响存在短期波动，但并没有改变我国数字创意产业发展的势头，其占GDP的比重也稳步增加。截至2021年，文化产业增加值首次突破5万亿大关，达到52 385亿元，十年来平均增速超过11%，高于同期8.4%的GDP增速（如图4-1所示）。

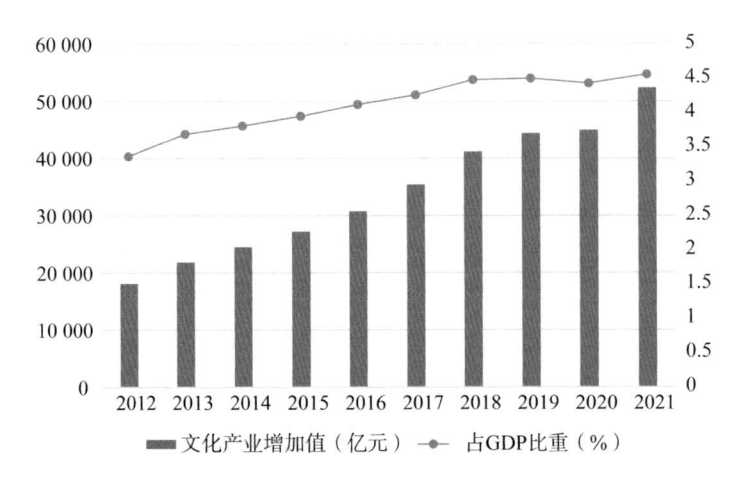

图4-1　2012—2021年中国文化产业增加值及占GDP比重[①]

另外，2022年我国数字经济规模首次突破50万亿元，居世界第二，占

---

① 数据来源：国家统计局。

GDP 的比重也首次突破 40%,达到 41.5%。其年均增长率超过 14%,高于同期 GDP 和文化产业增速(如图 4-2 所示)。由此可知,作为我国战略性新兴产业之一,数字创意产业有力推动了我国的经济社会发展。

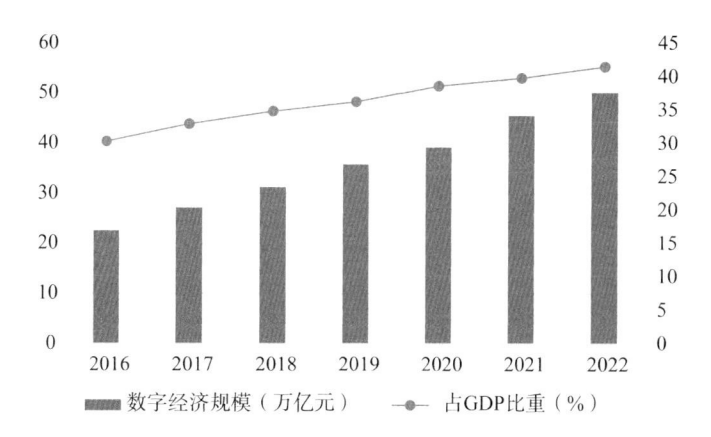

图 4-2　2016—2022 年中国数字经济规模及占 GDP 比重[①]

首先,分区域来看,我国各地区存在较大的不平衡性(如表 4-1 所示)。其中东部地区的文化相关产业企业收入远高于其他三个地区。2022 年,东部地区文化产业收入为 91 714 亿元,占比达到 75%,中部、西部和东北分别占比 15%、9% 和 1%。从增速上看,近五年来中西部地区快速发展,其增速大于东部地区。然而,东北地区无论是绝对数量上还是增速都远远落后于其他地区,显示出东北地区的文化产业发展面临严峻挑战。

表 4-1　2018—2022 年全国分区域文化产业收入统计[②]　　(单位:亿元)

区域	2018 年	2019 年	2020 年	2021 年	2022 年	平均增速(%)
东部	68 688	63 702	73 943	90 429	91 714	7.5
中部	12 008	13 620	14 656	17 036	18 269	11.1
西部	7 618	8 393	9 044	10 557	10 793	9.1
东北	943	909	872	1 042	1 029	2.2
总计	89 257	86 624	98 515	119 064	121 805	8.1

其次,按行业大类分,2022 年文化批发零售业收入 19 376 亿元,占文化产业整体收入的比重为 16%;文化制造业收入为 44 781 亿元,占比为 37%;文

---

① 数据来源:国家统计局。
② 数据来源:国家统计局。

化服务业收入为57 648亿元,占比为47%。从时间跨度上看,近十年来,文化批发零售业收入占比皆小于其他两个细分行业,且呈现出缓慢下降趋势(如图4-3所示)。其收入总体在18 000亿元上下波动,十年来年均增长率4.2%,低于同期GDP增速。文化制造业收入呈现出先上升后下降的趋势,2019年以前,其居于三个细分行业首位,但之后被文化服务业所取代。从占比情况上看,文化制造业整体呈现下降趋势,所占比重从2013年接近60%逐渐下降,最后稳定在38%左右。与之形成鲜明对比的是,文化服务业收入高速增长,2013年其与文化批发零售业相当,2022年其是文化批发零售业收入的3倍,占比达到47%,年均增速为17.5%。可见,经过"十三五"时期,在一系列中央到地方的政策推动下,我国文化产业结构持续优化,逐渐由低端制造业转为以中高端服务业为主的高质量发展。

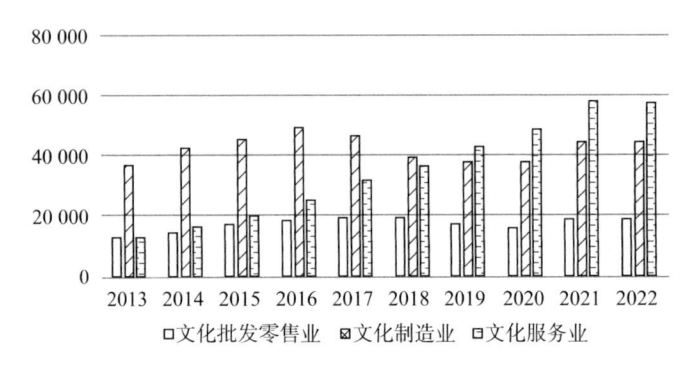

图4-3 2013—2022年我国文化及相关产业按行业大类分的发展情况(单位:亿元)[①]

接着,按细分产业分析,从营收上看,文化产业收入的主要贡献领域是内容创作生产、文化消费终端生产、创意设计服务和文化辅助生产和中介服务,占比超过70%(如表4-2所示)。其中,内容创作生产常年居于首位,贡献了超过五分之一的营收。新闻信息服务虽然在相对比重上不足内容创作生产及相关产业领域,但其拥有15.6%的最高增速,且行业占比也稳步增加。位于总量第三位的创意设计服务,是数字创意产业高质量发展的核心,五年来平均增长率达到15.2%,成为产业发展重要的增长点。此外,在九个细分产业中,只有文化娱乐休闲服务和文化装备生产不仅在相对比重上逐年下降,而且在绝对营收上负增长,年均增长率分别为-6.4%和-4.7%。由此可

---

① 数据来源:《中国文化及相关产业统计年鉴》。

知,近年来我国数字创意产业在产业附加值较高的中高端产业中已初具规模,且呈快速发展态势,同时,诸如文化装备生产、文化辅助生产和中介服务等低端环节的营收占比逐渐走低,表明我国数字创意产业结构逐步优化,获得了更高质量的发展。

表4-2 2018—2022年全国规模以上文化产业领域营收及占比情况[①]

细分产业	2018年(亿元)	(%)	2019年(亿元)	(%)	2020年(亿元)	(%)	2021年(亿元)	(%)	2022年(亿元)	(%)	年均增速(%)
新闻信息服务	8 099	9.1	6 800	7.9	9 382	9.5	13 715	11.5	14 464	11.9	15.6
内容创作生产	18 239	20.4	18 585	21.2	23 275	23.6	25 163	21.2	26 168	21.5	9.4
创意设计服务	11 069	12.4	12 276	14.2	15 645	15.9	19 565	16.4	19 486	15.9	15.2
文化传播渠道	10 193	11.4	11 005	12.7	10 428	10.6	12 962	10.9	13 128	10.8	6.5
文化投资运营	412	0.5	221	0.2	451	0.5	547	0.5	504	0.4	5.2
文化娱乐休闲服务	1 489	1.7	1 583	1.8	1 115	1.1	1 306	1.1	1 141	0.9	−6.4
文化辅助生产和中介服务	15 094	16.9	13 899	16.0	13 519	13.7	16 212	13.6	16 516	13.6	2.3
文化装备生产	8 378	9.4	5 722	6.6	5 893	6.0	6 940	5.8	6 904	5.7	−4.7
文化消费终端生产	16 284	18.2	16 532	19.1	18 808	19.1	22 654	19.0	23 494	19.3	9.6
总计	89 257	100	86 623	100	98 516	100	119 064	100	121 805	100	—

最后,从国际贸易角度分析。中国加入世界贸易组织后,特别是2014年国务院颁布《国务院关于加快发展对外文化贸易的意见》后,中国文化贸易得到了快速发展。并且,随着"一带一路"建设的蓬勃发展,通过与共建国家的数字贸易,我国与众多共建国家构建起数字经济融合发展的命运共同体,走出了影响世界贸易格局的"数字经济带"和"数字丝绸之路"。由此,数字产业化规模迅速扩张,产业数字化态势强劲增长,为全球化产业发展提供新的发展模式。2011年,我国文化产品贸易规模首次超越美国,成为文化产品贸易第一大国。到2021年,中国文化产品进出口总额为2 616亿美元,占全球文化产品进出口总额的23%,高于美国16%的比重(如图4-4所示)。据联合国贸易和发展会议(UNCTAD)数据库数据显示,近年来主要国家中,只有中国处于贸易顺差,其他诸国皆是逆差(韩国缺失2021年数据)。

---

① 数据来源:《中国文化及相关产业统计年鉴》。

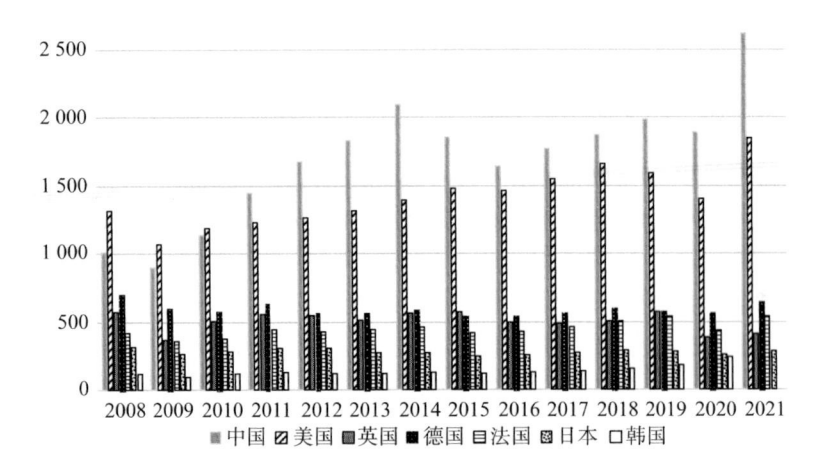

图 4-4　2008—2021年中国及其他主要国家创意产品进出口总额①

然而,从创意产业贸易结构上看,我国创意产业贸易结构不平衡现象较为突出(如表4-3所示)。2021年中国设计出口额占比高达70%,且工艺品也有13.5%的比重,位居第二,核心文化产品的出口占比都较低,合计占比仅16.5%。与中国产业结构类似的是法国,其设计服务出口额占比达到78.2%②。总体而言,美国无论是占比40%的低端产品还是占比超过50%的中高端核心产品,都相较于其他国家更为均衡。从核心文化产品占比情况看,美国、英国、德国和日本的比重均较大,其中日本的比重近71%。韩国2020年数据显示,其新媒体业占比超过70%,远高于其他国家。

表 4-3　2021年中国及其他主要国家文化创意产业各细分领域占比③

(单位:%)

细分产业	中国	美国	英国	德国	法国	日本	韩国(2020年)
工艺品	13.5	3.3	1.6	4.1	2.1	3.4	5.8
影视媒介	0.5	4.0	2.6	5.0	2.5	14.0	3.6
设计	70.0	38.5	41.1	59.0	78.2	25.8	11.3

---

① 数据来源:根据联合国贸易和发展会议(UNCTAD)数据库数据整理。
② 中国商务部《核心文化进出口产品目录》关于核心文化产品的分类中,将新媒体、视觉艺术、表演艺术、出版物、影视媒介五个项目列为高附加值的核心文化产品。
③ 数据来源:根据联合国贸易和发展会议(UNCTAD)数据库数据整理,韩国缺失2021年数据,表中以2020年数据作为替代。

续表

细分产业	中国	美国	英国	德国	法国	日本	韩国（2020年）
新媒体	8.1	19.4	4.6	9.2	3.2	38.5	73.4
表演艺术	0.9	1.6	0.8	2.3	0.8	7.0	0.4
出版业	1.4	7.7	17.2	13.1	5.6	3.1	1.6
视觉艺术	5.6	25.5	32.1	7.3	7.6	8.2	3.9

此外，联合国贸易和发展会议（UNCTAD）数据库数据显示，2021年我国数字经济产品出口额居于全球领先地位，比第二位的美国高出1.5倍，占我国贸易总额的比重达到25.5%（如图4-5所示）。近十多年来，我国数字经济出口额总体呈现波动上升的趋势，虽然先后在2009年、2016年和2019年出现短暂下滑，但没有改变长期增长的基本方向。从所占比重上看，长期维持在26.5%左右上下波动。由此可知，数字经济是我国贸易发展中的重要组成部分，是我国推动产业数字化和数字产业化走向高质量发展之路的助推引擎。

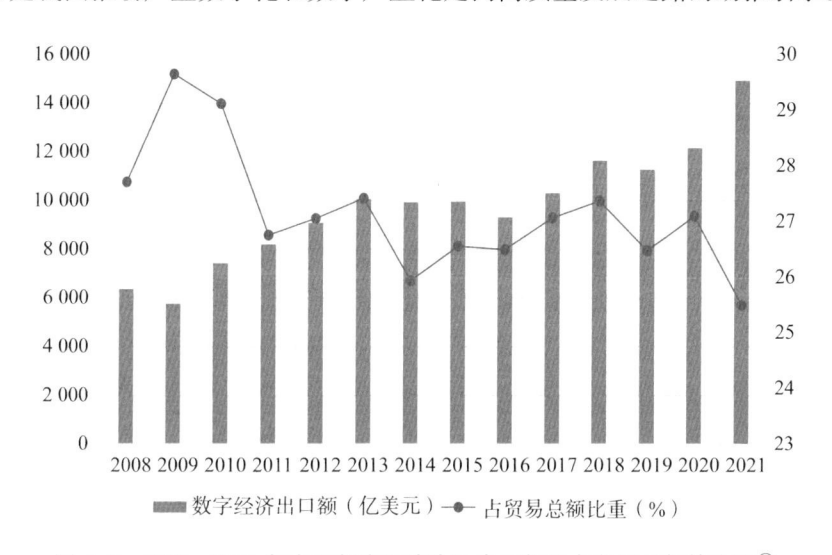

图4-5 2008—2021年中国数字经济产品出口额及占贸易总额的比重[①]

二、数字创意文化活动发展概况

从用户规模上看，网络视频用户规模最大，特别是短视频，在五年时间内

---

① 数据来源：国家统计局。

从无到有,实现飞速发展(如表4-4所示)。截至2022年底,其用户规模首次突破十亿大关,在用户规模上不仅追赶上了发展多年的网络长视频领域,而且高于其他发展多年的创意文化领域。网络文学、网络音乐、网络游戏用户规模虽然不如其他类别,却是数字创意产业链中不可或缺的一环,特别是网络文学,它是后续IP产业衍生发展的策源地。下文将对部分领域分别进行详细阐述。

表4-4 中国数字创意文化活动用户规模[①]　　　　　(单位:万)

类别	2017年12月	2018年12月	2020年3月	2020年12月	2021年12月	2022年12月
网络视频(含短视频)	57 892	72 486	85 044	92 677	97 471	103 057
短视频	—	64 798	77 325	87 335	93 415	101 185
网络新闻	64 689	67 473	73 072	74 274	77 109	78 325
网络音乐	54 809	57 560	63 513	65 825	72 946	68 420
网络直播	42 209	39 676	55 982	61 685	70 337	75 065
网络游戏	44 161	48 384	53 182	51 793	55 354	52 168
网络文学	37 774	43 201	45 538	46 013	50 159	49 233

(一)网络视频

截至2022年12月,我国网络视频(含短视频)用户规模首次突破十亿大关,达到10.31亿,同比增长5 586万,占网民整体的96.5%。其中,短视频用户规模为10.12亿,较上年增长7 770万,占网民整体的94.8%(如图4-6所示)。

首先,以"爱优腾"、芒果TV、B站为代表的五大网络长视频平台,不断推出高质量节目,努力讲好新时代故事。近年来,求"精"不求"量"的制作理念逐渐得到网络视频行业的认可,节目质量较之过去出现大幅度提升,常为人所诟病的"烂剧""神剧""低俗"等问题得到极大改善。在网剧领域,各大平台紧跟时代发展,布局短剧、小品剧、竖屏剧、弹幕互动剧等创新形态,丰富了用户的使用体验,用户的年龄段也得到更广阔的覆盖。2022年,主要网络视听

[①] 数据来源:根据中国互联网络信息中心(CNNIC)历次报告整理,其中中国互联网络信息中心(CNNIC)报告缺少2019年12月数据,以2020年3月数据作为替代。

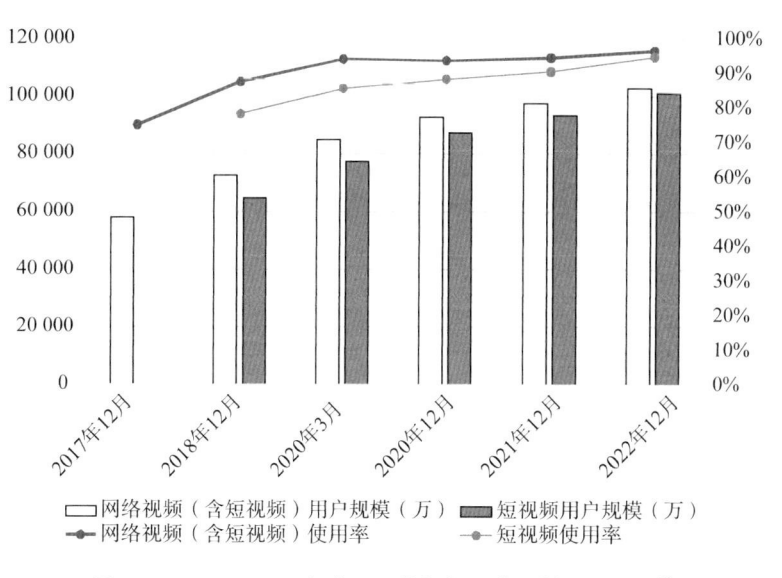

图 4-6　2017—2022 年中国网络视频用户规模及使用率[①]

平台,深入开展"奋进新征程 建功新时代"重大主题宣传和"我们的新时代"主题创作展播活动,加强"首页首屏首条"建设,统筹运用各类形式,策划实施电视剧、纪录片等重点项目,全方面多角度给观众展现了新时代的历史性成就。

其次,随着短视频的不断发展,其与传统长视频业务相互渗透、融合发展。一方面,长视频平台发挥自身的平台优势,通过自有平台或与其他平台进行合作,大力发展短视频业务,吸引用户和流量。各大平台多措并举鼓励短视频的生产,提高短视频内容占比,增加用户黏性。如爱奇艺推出"随刻"的短视频社区赋能创作者。在用户规模不断增长的同时,各短视频平台也在积极探索更多元化和更深层次的商业变现模式,如抖音开设了商品橱窗、引入更多 KOL 直播带货等。据统计,2022 年我国短视频市场规模达到 2 928.3 亿,占泛视听领域的比重为 40.3%,成为网络视频领域最主要的增量来源。经过五年的快速发展,短视频行业形成以抖音、快手为双核心的两强格局,各自形成差异化竞争优势。二者在短视频领域处于绝对领先地位,拥有的用户规模远高于其他短视频平台,并且随着二者内部短视频(即抖音和快手旗下的抖音极速版、西瓜视频、抖音火山版、快手极速版等应用)的发展,市场集中

---

① 数据来源:《中国网络视听发展研究报告(2023)》。

度进一步提升。

除了满足用户信息获取和社交需求外,短视频也逐渐发挥数字化的优势,更好地赋能传统产业,"短视频＋"链接起更多生产生活场景。比如短视频助力文旅产业,成为旅游营销的重要方式,不少文旅局长通过短视频为家乡代言。2022年,四川文旅厅策划"文旅局长说文旅"系列短视频,110条短视频在全网播放量超 3.5 亿次,带动当地文旅产业发展。网红局长刘洪所在的四川甘孜,2023 年春节接待游客 45.66 万人次,旅游综合总收入 5 亿多元,较去年同期增长超过 100%。

(二) 网络音乐

2021 年中国数字音乐产业规模达到 790.68 亿元,同比增长 10.3%。我国网络音乐用户规模首次突破 7 亿,其中 20～29 岁年龄段用户占比更是高达 84%。但是在 2022 年,我国网络音乐用户规模出现近五年来的首次下降,同比降低 6.6%,达到 6.84 亿,占网民整体的比重也出现近五年的新低,为 64.1%。

当前,音乐平台逐步形成以付费模式为核心的生态链,青年群体对优质音乐及衍生内容的消费能力较强,且对互动表达有更高需求,这推动了在线音乐服务向泛娱乐化、社交化创新发展。另外,原创歌曲借助短视频等平台进行传播,在流量引导下出现诸多爆款歌曲;网络音乐头部企业也纷纷涉足短视频等泛视听领域,为用户提供多元化、个性化的增值服务。随着 5G、大数据等数字技术应用场景的不断拓展,音乐产业逐渐进行数字化发展,其服务质量得到不断优化,产业布局也日趋完善。比如中央电视台联合腾讯音乐,在五四青年节特别节目中实现"数实融合虚拟音乐世界"节目体验;抖音集团旗下 VR 设备厂商打造元宇宙演唱会,用户通过佩戴 VR 设备可以感受全新的观演方式。另外,在生成式人工智能技术的加持下,AI 音乐创作平台应运而生。网易推出 AI 音乐创作平台"网易天音",通过人工智能技术赋能音乐创作;腾讯音乐发布虚拟数字人,在 AI 技术加持下,输入歌词后即可自动识别、歌唱,大大提升了用户体验。

经历过 2020 年的短暂下滑,2021 年中国音乐产业总规模接近 3 800 亿元,同比增长 8.5%,增速已恢复至疫情前水平(如图 4-7 所示)。2016 年以来,网络音乐市场规模占全音乐产业市场规模的比重稳中有升,在 2020 年新冠疫情期间,网络音乐获得快速发展,该比重实现跃升,突破 20%,并在 2021 年进一步提高至将近 21%。从长期来看,音乐文化已成为年轻一代美好生活的"刚性"消费,随着数字经济的不断发展,线下音乐消费不断调整以适应新模式,涌现出更多音乐与技术双向赋能的应用场景,中国音乐产业格局进入重构发展的新阶段。

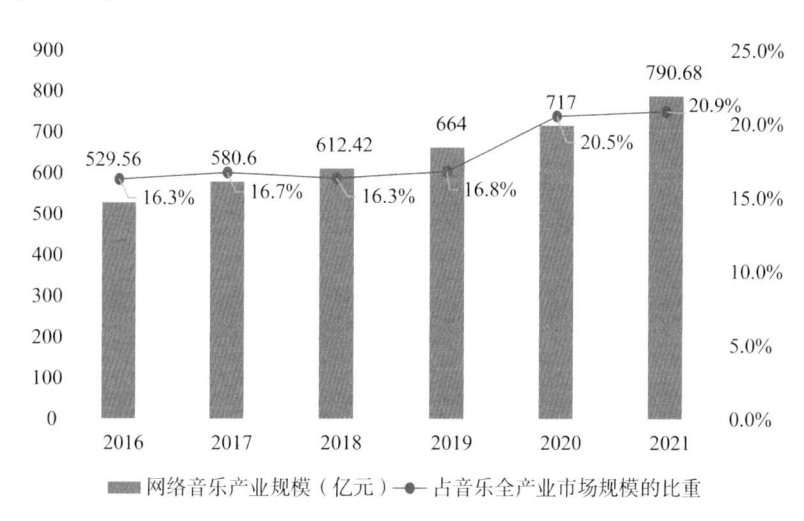

图 4-7 2016—2021 年中国网络音乐产业规模及占音乐全产业市场规模的比重[①]

(三)网络游戏

截至 2022 年 12 月,我国网络游戏用户规模达 5.22 亿,同比降低 5.8%,占网民整体的比重接近 49%。2022 年我国持续颁布关于游戏的利好政策,以此支撑网络游戏行业稳定向好发展。与此同时,VR 设备、辅助游戏加速的硬件或软件设备的普及,已成为网络游戏行业的重要组成部分。截至 2022 年底,国家新闻出版署共审批通过了 512 款游戏,涵盖移动端、客户端、游戏机等多个领域,对稳定网络游戏行业市场预期,保持行业持续发展起到了积极作用。

网络游戏发展高度依赖互联网行业的发展,与互联网的普及程度密切相关。受益于整个互联网行业的高速增长,长期以来我国游戏行业也呈现快速发展的态势。随着互联网普及率的提高及边际增长率的走低,加之人口红利的减退,我国游戏行业进入平稳发展阶段。

与用户规模变化一致的是,中国游戏市场收入无论是绝对数量还是同比

---

① 数据来源:《2022 中国音乐产业发展总报告》。

增速都出现了下滑。根据《2022年中国游戏产业报告》,2020年至2022年,中国游戏市场实际销售收入分别为2 786.87亿元、2 965.13亿元和2 658.84亿元,同比变化20.71%、6.40%和−10.33%(如图4-8所示)。由此可知,游戏行业显现出承压蓄力的态势,行业整体已进入存量竞争的阶段,用户消费习惯趋于理性,产品质量成为用户甄选内容的重要准则。因此,近年来,我国游戏行业逐渐转向高质量、精品化发展,更加注重用户体验。

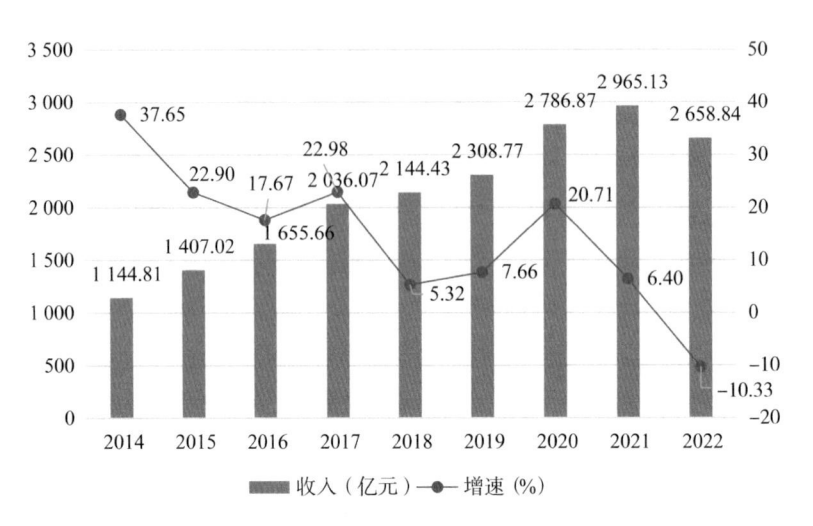

图4-8 2014—2022年中国游戏行业收入及增速[①]

2022年,我国移动游戏收入占游戏市场规模的72.61%,近十年来首次降低,同比降低3.45个百分点。同样,我国自主研发游戏国内市场实际销售收入为2 223.77亿元,同比大幅下降13.07%。原因一方面是在缺少爆款新品的情况下,自主研发游戏的实际销售收入主要由一些长线运营的头部产品带动;另一方面,上线时间较长、处于稳定期的游戏产品,其收入通常会有所下降。但自主研发游戏是中国游戏市场的营收主体,只有持续进行自主研发游戏,改变过去我国游戏市场上游戏产品缺乏创意、游戏类型和题材跟风抄袭严重、同质化突出等现象,才能实现网络游戏行业及相关创意产业的高质量发展。

游戏出口方面,2022年,中国自主研发移动游戏海外市场收入173.46亿美元,地区分布中,占比前三的是美国、日本和韩国,分别占比32.3%、17.1%

---

① 数据来源:《2022年中国游戏产业报告》。

和6.8%,这三个国家是中国游戏企业海外的主要市场,合计占比达56.20%(如图4-9所示)。此外,英、法、德三国的市场占比合计也有9.2%,也是我国的重要目标市场。

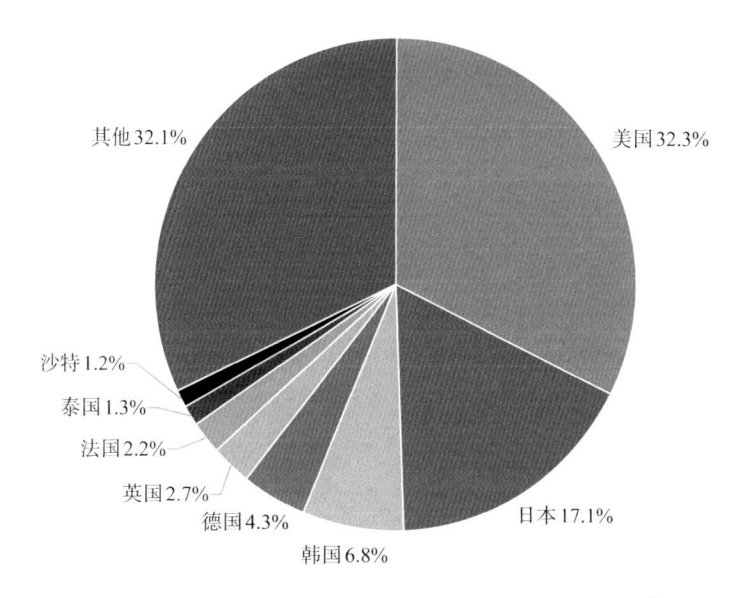

图4-9 中国自主研发移动游戏海外重点地区收入占比[①]

(四) 网络文学

截至2022年12月,我国网络文学用户规模达4.92亿,同比减少925万,占网民整体的比重为46.1%。随着网络文学用户规模的整体走高以及增速放缓,经过近十年的发展,网络文学市场营收规模也呈现整体攀升及增速减退的发展态势(如图4-10所示)。在网络文学消费市场中,免费与付费阅读呈现出共同繁荣的新局面。在各平台付费用户数量、付费收入金额持续跃升的同时,免费阅读量持续增加。据易观数据统计,2022年免费网文平台日活用户数同比增长3.5%;同时,付费阅读重回高增长,起点读书2022年12月的付费月活用户数同比上涨80%。此外,网络文学具有强IP转化特征,是最大化文学价值的"放大器",其转化多元充沛,转化模式和路径也不断升级。

首先,在影视行业"减量提质、降本增效"的背景下,2022年,我国网络文

---

① 数据来源:游戏工委、伽马数据(CNG)。

图 4-10　2012—2021 年中国网络文学市场营收规模及增速①

学影视化向着精品化、主流化、高质量发展的目标迈进。中国社科院发布的《2022 中国网络文学发展研究报告》显示,我国网文 IP 改编现阶段呈现三大趋势:优质 IP 多轮次开发;IP 生态链工业能力提升;开发周期系统性缩短。从题材上看,既有现实、都市、古偶等主力改编题材,也开辟了科幻、悬疑、玄幻等潜力赛道;就形式而言,影视改编的市场热度和活力继续延伸,有声、动漫、游戏、剧本杀、短剧和衍生品等多形式的产业转化不断突破原有路径,凸显了网络文学在产业活力、价值引领和长尾效应等方面的巨大潜力。其次,付费模式产生的网文在精品 IP 孵化率方面更高,催生的产业价值更大。公开数据显示,腾讯视频 2022 热度榜单 TOP10 中,60% 的电视剧改编自付费网文;优酷 2022 热度榜单 TOP10 中,有 50% 的电视剧改编自付费网文;而爱奇艺的 2022 热度值总榜 TOP10 中,则有 30% 改编自付费网文。

此外,随着网络文学题材的日渐丰富及 IP 改编的精品化策略,大量的网络文学作品触达海外用户,使海外受众得到进一步扩大,覆盖了 200 多个国家和地区。仅阅文集团就已向海外多国授权 800 多部网络文学作品,部分海外作品阅读人次达 1.2 亿,培育超 30 万名海外原创作家②。2022 年,《复兴之路》《大国重工》等 16 本中国网络文学作品首次被收录至世界最大的学术图书

---

① 数据来源:《2022 中国网络文学发展研究报告》。
② 中国作家网,http://www.chinawriter.com.cn/n1/2023/0116/c404023-32607584.html,2023 年 1 月 16 日。

馆之一——大英图书馆的中文馆藏书目中①。

三、数字创意产业技术创新领域

新兴的数字创意技术作为中国数字创意产业的基础支撑要素,代表了数字化环境中产生的信息与传播的所有形式,在产业发展过程中有着不可替代的重要地位。数字创意技术作为产业发展引擎,已赋能众多产业,成为设计、影视传媒、动漫游戏、出版等相关产业发展的重要动力。在此影响下,数字创意产业发生着深刻的变革。

数字创意技术大概可分为2层:基础层和应用层。首先,基础层技术是指通用的信息技术基础设施,包括新五代移动通信5G、人工智能、大数据、云计算和区块链等网络技术,这些新兴技术是产业数字化的前提,也是为数字创意产业各细分领域应用的研发提供基础支撑。其次,应用层技术是指各专业技术领域利用工具和资源进行具体应用和开发的技术,如人机交互技术、裸眼3D技术、数字内容加工技术、三维声技术、VR/AR、超高清等技术,应用层面的技术突破可以更直接地带动内容产品质量的提升,进而改善用户体验,带来更为丰富多彩的创意活动,提高终端消费市场的活力。

(一) 基础层技术

1. 5G技术

5G(5th-Generation Mobile Communication Technology)是具有高速率、低时延和大连接特点的新一代宽带移动通信技术。我国是世界上最先布局5G技术的国家之一,我国首次与全球站在同一起跑线,步入第一梯队(如图4-11所示)。2019年,工信部向我国三大运营商和中国广播电视台颁发5G商用牌照,标志着我国正式进入5G时代。同年发布的《全球5G竞赛》报告显示,中国和美国在5G商业部署计划数量上并列世界首位,在5G标准的核心专利声明数量方面,我国主要企业的专利声明总量为3 542件,占世界总声明量的30.3%,表明我国5G技术研发在国际竞争中处于领先水平。

5G时代来临,文娱相关领域有望率先获得高速发展。5G带来数字经济发展新风口,在自动驾驶、远程医疗、工业控制自动化等领域的应用将具

---

① 人民日报,https://wap.peopleapp.com/article/6864251/6729364,2022年9月13日。

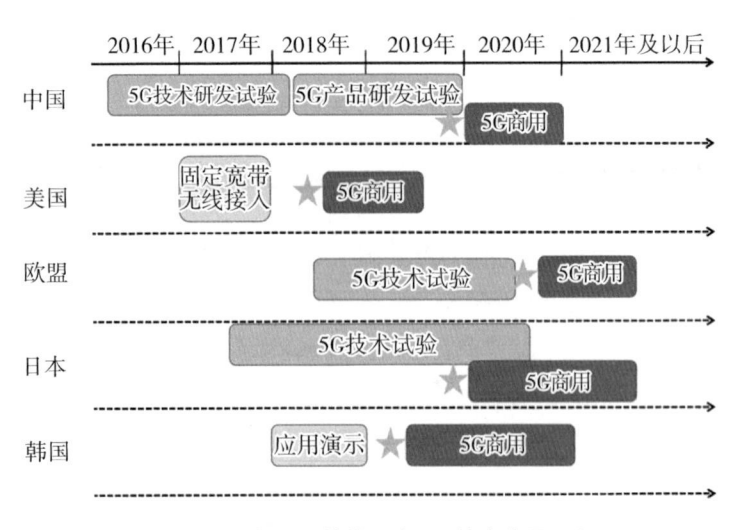

图 4-11 中国及其他国家 5G 技术发展历程

有巨大的商业价值,但考虑到技术可靠性与延时性,文娱应用领域对技术的要求较低,5G 文娱应用有望更早迎来机会,带动文娱产业蓬勃发展。5G+VR/AR 将有力推动新文创发展,拓展大文娱边界。据 2018 年英特尔的《5G 娱乐经济报告》指出,伴随着 5G 的到来,从移动媒体、家庭电视到能提供全新内容渠道的 VR/AR 都将加速内容消费,促进新媒体、VR/AR 的潜力释放。此外,5G 将给视频、游戏等领域带来革命性的变化,人们的娱乐消费模式包括内容、渠道、流量分布将发生巨大变化。例如,5G 可能进一步推动 VR/AR/云游戏普及,推动超高清视频普及,带动融媒体释放潜力,提升万物互联时代文娱的科技感和智能化。

2. AI 技术

人工智能(AI)是研究、开发用于模拟和延伸扩展人类智能的技术以及应用系统的科学,其最终目标是了解人脑智能的实质,研制出一种新的能以与人类智能相似的方式做出反应的智能机器。当前,各国将其视为提高国际竞争力、维护自身利益的战略技术,皆持续投入 AI 研发,已成为国际竞争的新领域。

当前,人工智能已在多个垂直领域获得快速发展,比如金融、医疗、智慧城市。赋能产业发展已成为主流趋势。数据显示[①],2022 年我国人工智能产

---

① 数据来源:艾瑞咨询《2022 年中国人工智能产业研究报告(V)》。

业规模超过1 900亿元,AI的产品形态和应用边界不断拓宽;2022年,人工智能产学研界在通用大模型、行业大模型等促进技术通用性和效率化生产的方向上取得了一定突破。麦肯锡2022年对企业应用AI技术的调研表明,2022年全球企业应用的AI产品的平均数量五年来从1.9个逐渐增加到3.8个,翻了一番。

随着移动互联网的进一步普及化,信息属性已由原先的知识型转为社交型、娱乐型、生活型等多元化特征。同时,AI技术以其高效的生产能力正在彻底改变数字创意行业的内容生产、平台分发、用户消费等链条,覆盖新闻写作、图片生成、视频与音乐创作,以及虚拟歌手、明星换脸、内容智能分发等各内容领域。AI时代,智能机器人不只在象棋和围棋等竞技游戏中陪练,还可以在动漫游戏、新媒体、娱乐及教育行业中承担重要角色,智能AI主播、AI虚拟偶像、AI游戏扮演、AI智能陪练等已成为行业开发热点。如京东数科自主研发的AI主播"小妮",在AI算法的驱动下,用户只需要输入文本,该数字人就能实时进行主持讲解,且表情、动作也非常自然逼真。虚拟偶像近年逐渐兴盛,AI虚拟偶像的亲民化满足了人们的特定情感需求,对粉丝的吸引力逐渐增强,在小说、漫画、动画、时尚、游戏、短视频等行业中将深度延伸,成为人们家庭和社会生活中不可或缺的成员。

3. 大数据技术

大数据技术的悄然兴起极大地冲击了现有的IT架构,也给计算机网络技术的创新发展带来重大机遇。大数据是信息技术发展的新阶段,也是信息化过程的必然产物,大数据的发展推动了数字经济的形成与繁荣。当前,我们正在进入以数据的深度挖掘和融合应用为主要特征的智能化阶段。在"人—机—物"三元融合的大背景下,以"万物均需互联、一切皆可编程"为目标,数字化、网络化和智能化呈融合发展新态势。近年来,我国高度重视大数据在推进经济社会发展中的地位和作用。国家陆续出台了多项政策,鼓励大数据行业发展与创新,如《"十四五"数字经济发展规划》《"十四五"大数据产业发展规划》等。

经过多年发展,我国大数据技术取得重大突破,发展态势良好。首先,大数据产业规模高速增长,2022年的市场规模达到1.57万亿,同比增长2 700亿,成为推动数字经济发展的重要力量。预计到2025年,我国大数据产业测算规模突破3万亿元。从产业结构来看,我国大数据硬件占据主导地位,同时,大数据软件和大数据服务的需求不断提升,2021年占比分别为25.7%、

33.8%。未来,随着技术的成熟与融合以及数据应用和更多场景的落地,软件收入占比将逐渐增加,服务相关收益占比将日趋平稳,而硬件收入在整体的占比则将逐渐减少。硬件、服务、软件三者的比例将逐渐趋近于各占三分之一。

其次,大数据产业生态链持续优化。随着我国大数据产业的快速发展,相关企业数量也迅速增长。2022年,我国大数据市场企业数量超14万家,是2017年的7倍多。最后,从行业垂直应用场景来看,2021年,大数据应用在互联网行业占比最大,达到48.8%,其次在政府、金融、电信等行业(如图4-12所示)。

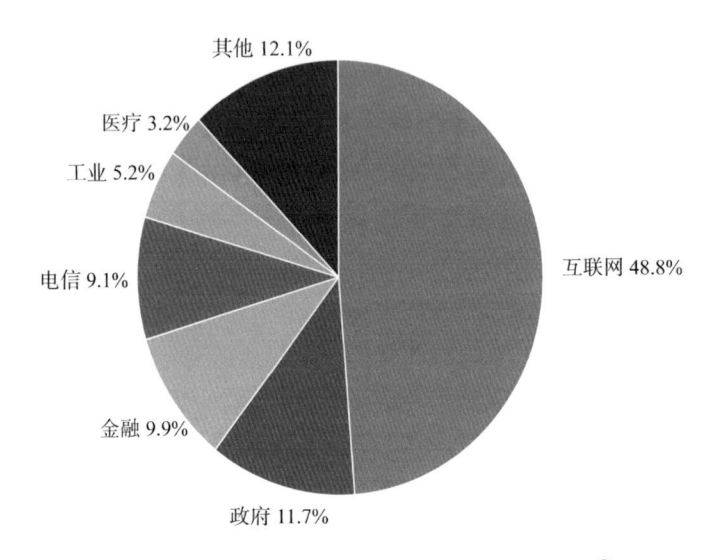

图4-12 2021年中国大数据行业应用结构占比[①]

4. 云计算技术

云计算是一种通过网络的方式获取所需服务的计算模式,是数字创意产业的底层技术支撑。云计算技术引发的企业服务泛云化,叠加用户文化消费行为产生的后端大数据,通过云计算超强的存储和智能处理技术能快速提升创意产业运营效率,促进产品服务创新和精准化。云计算把数字创意产业带入了云时代,为数字创意提供计算和存储平台,内容生产流程在云端实现了云化。基于云计算和云存储技术构建多格式内容云存储中心,可实现专业数字资源的内容集成与共享应用;而资源在云端的共享将极大地推动内容的协

---

① 数据来源:中商情报网。

同生产,降低了制作成本,提升了产出效率,带动内容产业高速发展。我国的云计算服务起步较晚,虽然在全球市场中的占比较小,但增速较快,且随着全社会的数字化转型,云计算的渗透率大幅提升,市场规模持续扩张,我国云计算产业将继续保持稳健发展的良好态势。2022年,我国私有云市场规模1 198.2亿元,公有云市场规模1 785.2亿元。

近年来,我国云计算专利申请数量整体呈增长趋势。中商产业研究院统计数据显示,我国云计算专利申请数量由2018年的3 179项增至2021年的5 795项,年均复合增长率为22.2%。2022年我国云计算相关专利申请数量为5 035项,较2021年有所下降(如图4-13所示)。

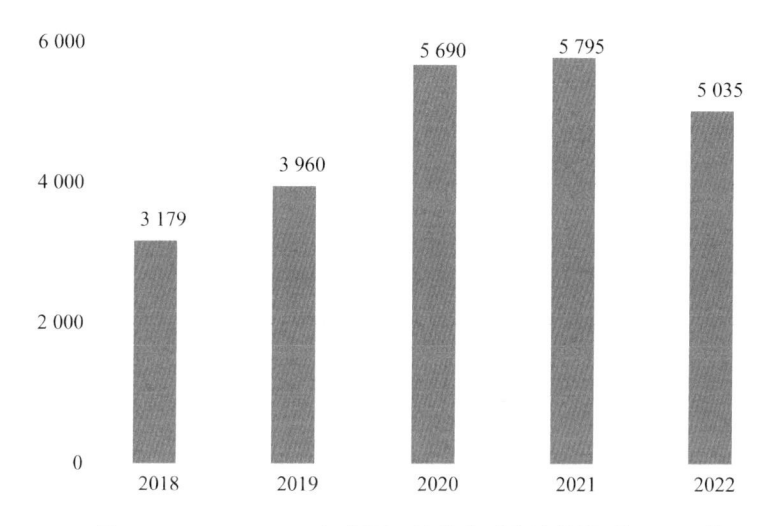

图4-13 2018—2022年中国云计算专利申请数量(单位:项)①

此外,2022年中国前四大云计算厂商(阿里云、华为云、腾讯云和百度智能云)增长9%。其中,阿里云同比增长7%,仍排在第一,在云基础设施服务方面的客户总支出占36%;华为云以19%的市场份额排名第二,但其拥有最高的13%增速,在整个市场中处于领先地位;腾讯云由于受到内部业务重组的影响,收入增长放缓,市场份额为16%,排名第三;2022年百度智能云占据了中国云计算市场的9%,并同比增长11%(如图4-14所示)。

---

① 数据来源:中商产业研究院。

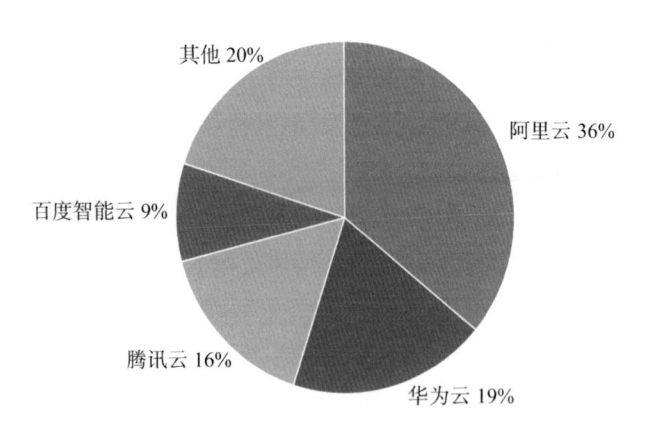

图 4-14　2022 年中国云服务市场份额占比情况[①]

(二) 应用层技术

1. 人机交互技术

人机交互技术是研究人、计算机以及它们之间相互影响的技术。伴随着语音互动、形态识别等技术的发展，人机交互显现出更加广阔的发展前景，其对人类社会的文化、经济领域将带来重大影响。目前，虚拟偶像在实现层面已具备成熟的应用条件，无论是直播还是动漫 IP，都不乏虚拟偶像形象的存在。虚拟偶像是数字交互技术与次元文化联合的产物，已成为新时代青年群体的崇拜对象。元宇宙时代，在智能交互的支持下，人的行为都能够被准确理解和把握，访问信息世界的界面开始涉及人的身心，信息系统所具有的深度意图理解和情境感知能力为我们的生活、工作、娱乐构造出轻松高效的环境。人机交互范式无限接近人类在现实生活中获取信息的自然方式，全世界变成可以点击的桌面和信息展示的面板，人和机器的交互变成人和世界的交互。未来将在游戏、文博、旅游、体育等数字创意产业多领域得到广泛使用，促进传统产业的高质量发展。

2. 裸眼 3D 技术

目前，国内外有很多大型企业都期望在手机、显示器及 LED 等硬件设施中实现裸视三维技术，但是因为研发难度、产品成本等问题的限制，并未实现较大的突破。为此，国内有公司另辟蹊径，避开研发难度大、成本高的硬件设

---

① 数据来源：市场调查机构 Canalys、中商产业研究院。

施,在裸视三维智慧膜上取得了突破。该技术仍然是利用双眼视差及光栅技术原理,普通的智能手机只需要覆盖上三维智慧膜,即可实现裸视三维观看体验。这一技术的问世让移动设备裸视三维行业的发展迈入了一个新的阶段,而且其成本极低,覆盖面广,还有缓解眼睛疲劳的作用,很容易获得普及。

裸眼 3D 显示屏在文化、旅游、商业、传媒等领域的展示项目如火如荼。其中 LED 由于驱动芯片短缺,上游企业涨价,LED 显示产品价格也相应上涨,但市场对裸眼 3D 显示屏需求不减反增。2021 年裸眼 3D 屏市场产值再度上升。裸眼 3D 显示屏市场潜力巨大。未来,其应用场景将涉足通信设施、工业设计、电影娱乐、虚拟购物、安全识别、娱乐游戏、电子商务直播、远程医疗、在线教育等领域,迎来新一轮的蓬勃发展。就国内而言,2021 年裸眼 3D 显示屏市场规模达到 19 亿美元左右,该行业正处于快速发展阶段,到 2025 年 LED 显示屏市场规模将超过 30 亿美元。相信未来裸眼 3D 显示屏以其极致的视觉效果和完美的用户体验,将挖掘出更多的商业价值。

3. 数字内容加工处理技术

现阶段,人工智能技术主要分为两个方向,一是决策性人工智能,二是生成式人工智能(AIGC),且后者更多的是直接面向终端消费,对应用场景的开发也更加多样化,从而形成数字内容加工处理技术。该技术首先将图片、文字、视频、音频等信息转化为数字格式,通过深度学习,形成具备独立生成内容的技术条件,然后再对其进行加工处理和应用,主要分为两个方面:第一,数字内容认知技术,指通过 AI 技术对图片、电子化文本、音频和视频等数字内容进行初步匹配和理解,通过适配文字解读或说明的方式帮助用户进行信息检索,从而减少重复性、机械性工作的人力物力,提高生产生活效率。例如,科大讯飞公司研发的讯飞听见软件,利用语音识别技术可以实现音频转换为文字的功能。第二,数字内容增强技术,指在不实质性地增加数据的情况下,从原始数据加工出更多的表示,提高原数据的数量及质量,以接近于更多数据量产生的价值。

4. 虚拟增强现实技术

虚拟增强现实技术也即 VR/AR 技术,是近十年发展最快的技术之一,这类试图融合虚拟与现实、让人们在两个世界中自由互动的技术代表了电子设备在未来的发展方向。2022 年 11 月,工信部等五部门印发《虚拟现实与行业应用融合发展行动计划(2022—2026 年)》(简称《计划》),指出虚拟现实(含增强现实、混合现实)是新一代信息技术的重要前沿方向,是数字经济的重大前瞻领域,将深刻改变人类的生产生活方式,产业发展战略窗口期已然形成。《计划》还提出,到2026年,我国虚拟现实产业总体规模(含相关硬件、软件、应用等)将超过3 500亿元。VR通过智能计算设备模拟产生虚拟的三维空间世界,为用户提供包括全方位、更真实的模拟感受,其最大特征是接管了我们全部的视觉,我们只能看到VR显示给我们的内容,所以最影响VR体验的就是我们能看到的内容。当前,VR产业已被上升为国家级重点项目,全国已有接近20个省、区、市布局了虚拟现实产业。VR技术被广泛应用在影视、游戏、政务和文博展览中,极大地丰富了数字创意消费服务。此外,央视春晚、国家庆典等重大活动皆陆续开展了VR直播,极大地丰富了虚拟内容资源。相较于VR(虚拟现实)技术集中在游戏、社交等完全虚拟场景中的应用,AR(增强现实)技术在"沉浸感"方面略逊一筹,其关注的是用户在真实场景中与虚拟事物的互动,使得AR不像VR那样具有"距离感",从而AR设备有更大的可能性成为一项更日常化的移动设备。

但是,我国VR/AR产业发展依然存在诸多问题。首先,底层支撑性技术研发能力不足。国内目前片面化地追求芯片、显示器等硬件的单一参数,忽视软硬件协同能力的研发和整体性能的提高。其次,优质内容不足。目前产业仍以硬件生产为主,而内容开发上目前主要在央视春晚和国家级项目中有一定程度的使用,对于面向教育、医疗、电子商务等行业的应用设计存在系列短板,特别是在数字创意产业的使用方面缺乏足够的优质内容。

第三节 中国数字创意产业发展存在的主要问题

在信息化、人工智能化的背景下,在良好政策环境中,文化消费已成为大众消费重心,中国数字创意产业也已具备较强的产业竞争力和良性发展基础。但自2018年世界局势动荡、经济发展不稳的大背景下,我国数字创意产业发展在"十四五"时期的发展浪潮中,仍存在问题和挑战。

一、缺乏创新意识

数字创意产业发展欠缺数字技术创新、内容创新、设计创新的意识。其一,缺乏数字技术创新的意识。技术创新是企业采取的一系列用来扩大市场份额并实现市场价值增值的活动集合,具体包括新技术和新工艺的应用、新产品和新服务的开发、新生产方式和经营管理模式的采用等。与其他类型产品相比,数字创意企业生产的产品价值具有更大的不确定性,因为它主要是为了满足消费者的精神需求,所以企业技术创新面临的风险更大、更复杂。在中国大力推动数字创意产业发展以及数字创意产品国际竞争态势日益激烈的宏观背景下,通过技术创新来培育和提高我国数字创意企业综合国际竞争力刻不容缓。而在中国数字创意产业实际发展过程中,数字创意企业技术创新能力薄弱问题较为突出。作为数字技术与文化产业的融合产业,数字创意产业发展是基于数字技术进步的。现阶段数字创意产业主要在提高虚拟技术、处理自然语言、人机交互实验、热感知以及大规模、高性能图像处理技术上发展,虽然我国该产业缺乏数字技术创新,且这些技术与国际上高端技术还有不小差距,但技术上的差距终归会被时间抹去,我国只需坚守自我,积极创新,尽快提高数字技术,便可将相应的创新服务、高端技术、知识产权、科技产权转化为我国在各数字文化创意领域的成就。

其二,缺乏数字内容创新的意识。虽然作为文化大国,我国文化资源较为丰富,但鉴于数字创意产业"登台"时间较迟,仍未有含中国特色的文化创意产品诞生。同时,我国在数字内容创作上关注度不高,对文化创作内容保护力度较小,容易导致创新能力不足、内容质量低下、文化创意抄袭和内容同质化等问题。例如,视频方面,在抖音、快手等 APP 上,存在一些制作者抄袭创意进行翻拍的情况;绘画方面,一些画家通过网络信息分享功能抄袭前辈设计进行描绘。加之,国外在网络平台、数字技术、数字创作方面占据主导地位,而我国对国外设计数字文化的制作工具依赖性较强,尚且不能独立创作,导致数字创意产业内容创作难以稳定发展。

其三,缺乏设计创新意识。随着我国数字创意产业崛起,创新设计问题接踵而至。这是因为我国缺乏对专利的保护意识,人才缺乏独立创作能力,产业缺少数字创新设计的能力,而我国在数字设计创作上关注度又比较低,因此,我国数字创意产业创作仍处于依赖国外设计的阶段。

二、专业人才不足

随着我国数字创意产业逐渐发展,专业人才不足的问题也逐渐暴露。2019 年公布的《全球数字经济竞争力发展报告》显示我国在数字管理和数字创新方面远落后于国外,不难看出我国管理型以及创新型人才的缺失。而导致这一现象的原因主要分为三类。其一,人才供需不平衡。随着我国数字创意产业快速发展,相关数字技术不断更新,专业化技术人才的供给自然无法满足扩大的数字市场需求,因而,数字市场上经常出现"人才难求"的现象。如人工智能交互创作人才、场景制作人才、原画设计人才等各文化领域创新型人才长期以来都是供不应求的。其二,实现知识与经济效益转换较为困难。鉴于我国数字创意产业大多缺少高端型管理人才,即便拥有创新型人才,企业也很难正确管理并运营,自然无法实现知识与经济效益的转化,充分利用资源。其三,知识产权保护力度小。在我国,由于网络平台数字化特性,"抄袭"手段逐渐多样化,难以防范,文化"抄袭"现象逐渐盛行。据统计,截至2018年,我国5万人中就将有近40%的人被"抄袭"。这一现象不仅导致我国培养创新型人才更加困难,还降低了人才创作动力。

此外,劳动力资源存在跨区域流动壁垒。根据劳动力资源在劳动力市场所得工资的多少,我们可以将劳动力市场划分为一级劳动力市场和二级劳动力市场;在一级劳动力市场,劳动力资源所得工资会高于市场价格,在二级劳动力市场,劳动力资源所得工资会低于市场价格。中国数字创意产业在劳动力资源配置过程中就存在市场分割的现象,从而导致劳动力跨区域流动壁垒的形成。首先,劳动力资源在户籍制度的束缚下无法自由流动,形成区域间劳动力资源的配置扭曲。在中国,劳动力资源流动的主要走向是从农村向城市转移,因为农村存在大量剩余劳动力,而城市则明显表现出劳动力供给不足,但由于城市公共资源有限,为避免劳动力资源出现过度的扩张,一些城市通过制定各种相应政策进行户籍管制,这样一来,虽然大城市资源紧张的矛盾可以得到有效缓解,但也阻碍了市场机制在劳动力资源配置过程中作用的发挥。其次,在中国不同区域间收入差距也非常巨大,东部地区远高于中西部地区,而劳动力资源在选择就业区域过程中,一个最重要的参考因素就是收入水平。因此,相较于欠发达地区,发达地区对劳动力资源的吸引力更大,绝大多数的劳动力都愿意选择离开家乡,到社会保障机制更加完善、基础生活配套更加健全、资源机会更加集聚的大城市发展,这就容易导致东部地区劳动力资源出现过度供给,而中西部地区却存在供给不足的现象。

三、相关机制不完善

首先,由于数字技术更新过快,而机制的完善需要多方考虑,导致机制的完善大多具有滞后性,其速度也难以与技术更新保持同步,容易造成数字创意产业发展不稳定、不平衡。据 2022 年国际作者和作曲者协会联合会（CISAC）发布的《2022 全球版税收入报告》研究统计,2021 年全球各领域文化产业如音乐、游戏、艺术创作者的版税收入总额达到了 95.8 亿欧元,与 2020 年相比较,约增长了 5.8%,却仍低于 2019 年收入总额约 3%。由此可见,数字技术的更新发展给知识产权的保护带来了极大的威胁。而今,我国政府每年都会在严查、严惩侵犯版权方面花费许多金钱和时间精力,侵犯产权的现象有所改善。但是由于侵权手段多样化、数字化,数字创意产业仍存在较多难以避免和搜寻的产权侵犯问题,政府各项资源也因此浪费许多。其次,内部机制不完善对我国数字创意产业发展具有较大影响。现如今,我国数字创意产业发展日趋成熟,但是具体到产业内各细分行业,仍缺乏成熟的运营和管理机制,不利于产业内部的深度融合发展,抑制了数字创意产业发展的推进。再者,政府引导机制不完善对我国数字创意产业发展造成了严重的影响。我国政府先后建立了推进数字创意产业发展的基地,如国家级文化基地、产业基地,地方级文化基地、产业基地等,这些基地的创建虽然在一定程度上推动了产业发展,但由于政府引导机制不完善,部分基地未明确自身定位与目标,仍存在盲目跟风国外发展的情况,很大程度上抑制了基地创新发展。最后,政策不匹配也是机制不完善造成的。由于数字创意产业大类下存在各小类产业,其间存在性质差异,如网游、网文等,如若使用管理网文的机制去管理网游,不仅难以保证效果,还容易产生政策间相互影响的风险。因此,产业间政策应按实际情况进行机制的制定。

四、产业竞争力不足

虽然数字创意产业已经成为我国数字经济发展的重要组成部分,但是在产业竞争力方面还是有所欠缺。其一,我国数字创意产业内容在国际上竞争力不足,企业在品牌发展方面也缺乏支撑力。据中研产业研究院发布的《2022—2027 年中国数字文化创意行业现状及发展趋势报告》统计数据显示,我国数字创意产业市场规模在 2017 年就已达到 1.8 万亿元,近几年也是逐渐扩大,到 2022 年更是超过 4 万亿元。因此,从规模上看,我国数字创意产业位居世界第二,规模不容小觑。从收益上看,2019 年我国数字创意产业平均营业收入达到了 468.7 亿美元,且一直缓慢增长,到 2022 年战略性新兴服务业企业营业收入较 2021 年又增长了 4.8%。但是,从全球视角来看,产业收入不仅连美国一半都未达到,数字经济增加值占 GDP 比重也远低于欧盟等发达国家和地区。导致我国在国际市场上竞争力不足的原因在于,我国数字创意产业在内容创作上支持力不足,抑制创新水平提高;在知识产权保护方面力度不够,侵权行为频发;缺乏龙头企业和品牌支撑,无法得到正确引导;数字技术水平不够,基础设备落后。因此,作为拥有丰富文化资源的世界文明大国,我国在数字创意产业发展方面竞争力却显不足。其二,我国数字创意产业数量众多,质量方面却较为不足。鉴于我国数字创意产业相关内容文化内涵低、市场价值低,制作出的数字文化产品内容不精,我国在国际市场上竞争力明显不足。据相关统计数据显示,我国在数字电视、音乐、游戏等娱乐领域的数据在大数据总量中占据近一半比例,以此发展趋势对 2025 年数据做出预计,其大约能够达到此前数据的 8 倍。但是鉴于粉丝打榜行为、电影院虚假销售电影票等情况,我国部分行业存在伪造数据现象,为产业质量发展带来了极大的威胁。加之,数字技术不成熟,导致数据信息运转不畅,数据在采集、流转、使用过程中安全性不高,相关机制难以完善,我国在数字创意产业上竞争基础要弱于国外。其三,我国企业规模较小,容易遭受风险。与其他企业相比,我国数字创意企业规模较小,且领域内细分行业专注发展点较少,无法兼顾所有。因此,一旦行业内某一环节遭受冲击,与之相关的所有企业都将受到极大冲击,产生的影响也会对其未来发展带来极大的问题,引发各种消极的连锁反应。以电影行业为例,在新冠疫情期间,我国从事线上售卖电影票的企业亏损巨大,如 2020 年,猫眼公司半年时间的亏损就已经达到 4 亿元。

五、区域发展不平衡

从空间上看,我国数字创意产业的分布十分不均衡,各区域产业发展也存在差异。如北上广深等经济发达、文化资源丰富的地区数字创意产业发展比较快,而如中西部等资源匮乏地区则与之相反,产业发展比较落后。导致这一现象的主要原因在于,经济发达地区大多处于优势地带,拥有丰富文化资源和资金、地势优势,交通运输更为便捷,基础设施更为完善,能够吸引外来人才流入,继而形成人才聚集带,推动数字经济进步,为数字创意产业发展提供推动力。而人才外流又会给流出地区带来人手不足、技术难以开发、经济发展落后等问题,造成"5G 鸿沟""云鸿沟"等发展差异。因此,我国区域发展十分不平衡,且强弱分明。据相关数据统计分析,我国数字消费力前三名皆为经济发达地区,如江苏。此外,随着我国发展新兴产业计划,国家和各级地方政府借助相关政策吸引了不少外来资金,导致我国各地区利用现有资源不计后果地设立数字创意园区和基地,引发重复建设、同质化发展风险,继而加剧资源匮乏地区资源短缺问题,进一步扩大区域差距。现阶段,我国产业园区和基地的数量已经超过2 500家,但是其中存在近90%亏损、闲置的产业园或基地。

第四节 主要结论

数字创意产业是随着国家经济增长和互联网发展逐渐登上历史舞台的新兴产业。本章节在分析我国数字创意产业发展进程的基础上,从相关政策、总体规模、创新领域等方面介绍了我国数字创意产业的发展概况,发现"十三五"以来我国数字创意产业发展已取得了一定成绩,但自2018年世界局势动荡、经济发展不稳的大背景下,我国数字创意产业发展在"十四五"时期的发展浪潮中,仍存在问题和挑战,具体包括缺乏创新意识、专业人才不足、相关机制不完善、产业竞争力不足以及区域发展不平衡等。

第五章 中国数字创意产业竞争力测度评价与区域差异研究——基于京津冀、长三角、珠三角三大城市群的比较分析

数字创意产业是数字技术与文化产业深度融合而形成的新兴业态，在"十三五"规划中被首次纳入战略性新兴产业范畴。本章节在文献回顾、评述的基础上，通过构建数字创意产业竞争力综合评价指标体系，基于 AHP-熵值法和 GIS 空间分析法对我国京津冀、长三角、珠三角三大城市群的数字创意产业发展情况进行多维度的比较分析，本章节的研究为促进我国数字创意产业高质量发展提供了重要经验参考。

第一节 问题的提出

20 世纪 90 年代以来，新一轮科技革命的迅速发展，推动着产业结构化转型升级。文化产业以此为契机，与数字技术等进行融合发展，形成以科技创新为翼、文化创意为体的数字创意产业。主要发达经济体将数字创意产业视作未来经济发展的重要产业，认为这是巩固自身地位、扩大文化影响力的重大机遇，于是凭借自身的先进技术、雄厚资本等先发优势，迅速抢占全球市场。根据联合国教科文组织(2017)的数据，创意产业每年在全球产生的收入约为 22 500 亿美元，预计在未来几年将占全球 GDP 的 10% 以上。从 2010 年到 2016 年，英国创意产业实现了 44.8% 的增长，是英国经济平均增长速度的 2 倍，占 GDP 的比重达到 8%。美国的创意经济占 GDP 的 11%，相当于美国

整个制造业的规模和世界制造业的 1/5。

同时期,我国先后制定了一系列政策来推动数字创意产业的高质量发展。2008 年,国务院发布《国务院关于进一步推进长江三角洲地区改革开放和经济社会发展的指导意见》,提出要积极扶持数字创意产业的发展。该意见是继 2007 年有学者第一次提出数字创意产业的概念以来,政府出台的第一个指导文件。2016 年 9 月,中国数字创意产业峰会发布了《2016 中国数字创意产业发展报告》,该报告首次对"数字创意"的产业政策、细分市场、产业指数等进行系统梳理。同年 12 月,国务院正式印发《"十三五"国家战略性新兴产业发展规划》,首次将数字创意产业纳入战略性新兴产业范畴。在"十三五"收官之年的 2020 年,我国文化创意和设计服务相关产业营业收入 98 514 亿元,较 2016 年提升 58.77%,年均增长率 12.25%(如图 5-1 所示)。2020 年,以"互联网+文化"为代表的新业态实现营收 31 425 亿元,比 2019 年增长 22.1%。2020 年 11 月,文化和旅游部发布的《文化和旅游部关于推动数字文化产业高质量发展的意见》提出围绕京津冀协同发展、长三角一体化发展、粤港澳大湾区发展等区域发展战略,推动了数字创意产业与三大城市群发展战略相协调。

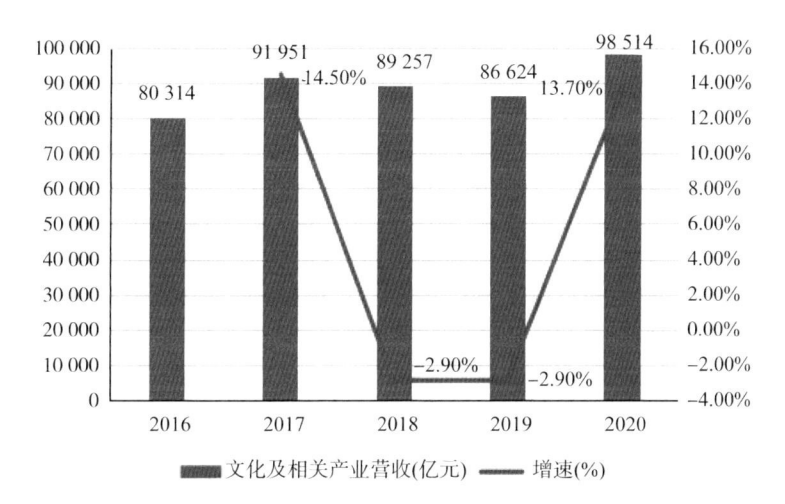

图 5-1　2016—2020 年我国文化及相关产业营业收入及其增速[①]

我国经济已由高速增长阶段转向高质量发展阶段,数字创意产业的发

---

① 数据来源:《中国文化创意行业发展深度调研与未来投资预测报告(2022—2029 年)》。

展是经济高质量发展的重要组成部分。由于数字创意产业具有高附加值、知识产权、高技术、横向协同等特征,所以在"十四五"阶段,从中央到地方都先后出台文件支持数字创意产业的发展(如表5-1所示)。截至2020年,以京津冀、长三角和珠三角为主的三大城市群总体发展较好,全国目前近80家数字/文化创意产业园区,其中北京有36个产业集群,长三角地区有31个,广东有9个,三大城市群总体占比超过九成。然而,现阶段我国各地区数字创意产业发展水平仍然存在不平衡现象。为了更好地了解我国各地区数字创意产业的区域发展情况,本章节聚焦于我国京津冀、长三角和珠三角的三大城市群,通过构建评价指标体系对三大城市群的数字创意产业竞争力进行比较分析。

表5-1 主要地区的"十四五"规划涉及数字创意产业的相关内容

地区	相关内容
北京	实施"文化+"融合发展战略,推动文化与科技、金融、旅游等领域融合发展,实施文化产业数字化战略,开展5G+8K、人工智能、虚拟现实等技术在文化领域应用场景示范,实施超高清、智慧广电行动计划等。
天津	实施文化产业数字化战略,加快发展新型文化企业、文化业态、文化消费模式。推进重点文化项目、优质文化企业向文化园区集聚,培育一批品牌文化园区。
江苏	实施文化产业竞争力提升计划和文化产业数字化战略,积极发展文化创意设计、影视出版等产业,大力发展现代新兴媒体、数字出版、动漫游戏、网络视听等新型业态,建设国家文化大数据体系华东区域中心,形成特色鲜明的江苏文化符号。
浙江	加快数字技术在文化领域的应用,建设现代数字文化产业发展先行区,大力发展数字影视、数字演艺、数字音乐、数字出版、创意设计、动漫游戏等优势产业。以横店影视文化产业集聚区为龙头,打造具有国际影响力的影视文化创新中心。
上海	推动文化、旅游、体育产业提质增效、创新融合,实施文化创意产业数字化战略,加快发展新型文化企业、文化业态、文化消费模式。构建数字化影视文化产业链,建设电竞产业完整生态圈,建设网络文化产业高地等。
广东	推进文化产业数字化,建设岭南文化大数据体系,做优做强4K/8K影视、数字出版、网络视听、动漫游戏、数字文化装备制造等,前瞻布局智慧广电、智慧出版、电竞、直播短视频、云游戏、云音乐、云演艺等引领全国的战略性新兴文化产业。

第二节 文献综述

由于数字创意产业发展时间较短,当前学术界对数字创意产业的概念与内涵还未形成一个标准而明确的界定。相近的概念有数字传媒产业(Digital

Media Industries)、文化创意产业(Cultural and Creative Industries)、数字文化产业(Digital Culture Industries)、创意产业(Creative Sector)等。国外对创意产业的研究最早可追溯到工业革命和城市化及20世纪30年代的文化产业和流行文化。而现今意义上的数字创意产业,最早于1994年出现在澳大利亚。当时澳大利亚通过制定"创意国家"的文化发展战略,希望借助数字媒体的快速发展来帮助澳大利亚实现新的IT机会以及赶上全球文化繁荣发展的浪潮。国外学者普遍认为,数字创意产业的兴起源自于第四次产业革命技术对文化内容产业进行升级,将信息技术融合为文化技术,且随着商业模式的创新,特定创意产业被"拆卸"和"重新组装",并随着大众传媒行业和全球化的发展,带来创意相关产业的企业和员工大幅度的增加,最终为我们的生活提供服务。此外,创意产业和文化产业的融合发展并不是简单的文化和基于文化的普通创意,而必须是以数字化为基础和导向的创新发展。我国对数字创意产业的研究总体较晚,但对于产业的兴起和概念的界定与国外基本一致。数字创意产业是"新兴产业中的新兴产业",是源于新一轮科技革命和产业革命,源于数字技术和文化创意的深度融合,更是源于我国战略性新兴产业的迅猛发展,在国民经济发展中的比重不断提升。它是基于计算机数字处理技术,将创意内容与数字技术融合起来,形成以科学技术和文化艺术为输入、以经济价值和文化影响为输出的新业态。

虽然我国数字创意产业实现连年增长,但在国际竞争中,我国数字创意产业面临内容创意不足、技术开发环节势单力薄、核心分发渠道被美国掌控等劣势。若要提高我国数字创意产业竞争力,需要整合创意人才、文化资源、资金、高新技术、商业生态系统等多项要素,系统构建能和发达国家抗衡的数字创意产业价值链。另外,陈能军和史占中、车树林和石奇等人则强调技术创新和制度创新是"双擎驱动"。Yong等人认为要充分利用数字多媒体技术,发挥信息和通信上的优势,给城市的产业发展提供高效的管理,最终打造基于智慧城市理念的数字创意产业。由于不同的城市存在资源禀赋的差距,高能级大城市具备更好的数字创意产业发展的要素和环境,拥有适宜于文化产业发展的外部条件和区位优势,在高技术生产、商业金融服务及媒体和文化产业等融合下,大城市显示出强大的资源集聚作用。通过集群化实现参与者的互补性,促进了知识的正外部性,为数字创意产业的众多创意者提供广泛互动的环境,最终降低了信息成本。

由于数字创意产业的相关统计数据不足,难以对各地区进行直接的评价分析,所以大多数学者都采用多因素综合分析法进行间接评价。第一,指标体系构建方面,主要以波特的"钻石模型"或改进的"钻石模型"为主。颜姜慧和尤莉娟以钻石模型为基础构建文化产业对外贸易竞争力评价体系,包括两级:一级指标6个,即钻石模型的六要素;二级指标19个,即基于一级指标的详细展开。杨头平和潘桑桑也是基于波特模型,但考虑数据可得性,主要从生产要素、市场需求、政府行为、自身发展情况四个因素考虑,构建基础竞争力、显性竞争力和潜在竞争力三个层面的评价指标体系。沈丽丹和李本乾以波特模型为基础,建立"文化产业竞争力—构成要素—文化政策"的三级指标体系。第二,测度方法方面,现有文献对产业竞争力的测度主要使用层次分析法(AHP)、主成分分析法、熵值法等,赋权方法大多局限于主观或客观赋权法的一种,对组合赋权法的应用较少。第三,研究对象方面,刘键和白素霞从国家层面分析了中国、美国、日本等7个国家的数字创意产业竞争力状况,研究发现中国目前虽然取得了一定成果,但还存在地区发展不均衡、法律法规缺乏灵活性、人才培养与权益保护有缺陷等问题。韩东林和巫政章运用熵权TOPSIS方法对长三角、珠三角、京津冀地区数字文化产业竞争力进行评价和比较分析,发现长三角地区数字文化产业竞争力水平最高,珠三角、京津冀地区数字文化产业竞争力水平差距不大。然而,该研究只是基于省级数据,缺乏对各区域城市群内部的探讨。

综上所述,国内外学者关于数字创意产业竞争力的研究相对较少,现有的研究多关于文化创意产业,且鲜有聚焦城市群层面的比较研究。基于以上分析,为了弥补现有研究的缺陷,本章节运用基于AHP-熵值法的组合赋权法对三大城市群共48个城市的数字创意产业发展水平进行测度分析,再运用GIS空间分析法,从而在空间上更直观地研究三大城市群的数字创意产业发展差异。本章节的边际贡献主要有:第一,为了避免仅使用主观赋权法或客观赋权法带来的数据信息丢失等弊端,本章节采用基于AHP-熵值法的组合赋权法,可以尽可能减少信息丢失,使实证结果更接近真实水平。第二,运用GIS空间分析法,从空间对城市群的地理位置、分布、形态等信息进行分析。第三,不同于以往研究局限于省级数据或个别大城市等中心城市,本章节对三大城市群的所有城市进行分析,不仅可以比较不同城市群间的发展状况,而且可以分析城市群内部的分布特征。

第三节　指标体系、评价方法与数据来源

一、指标体系

目前对产业竞争力评价指标构建的研究,主要以波特的"钻石模型"为主。波特认为影响产业竞争力的因素包括生产要素、相关与支持性产业、市场需求、企业战略,此外还有政府行为和发展机遇两个辅助因素,由此形成具有六个要素的有机整体。

借助已有研究成果,同时考虑数据的可获得性,以波特模型中的要素为基础,构建基础竞争力、核心竞争力和潜在竞争力三个层面的数字创意产业竞争力评价指标体系(如表5-2所示)。

基础竞争力,对于数字创意产业的发展起到基础的支撑性作用,本章节以生产要素作为基础竞争力的替代指标,具体包括基础设施和绿色发展。一方面,数字创意产业的发展依赖于当地的基础设施水平,包括城市基建、城市文化设施以及对数字经济尤为重要的互联网设施;另一方面,文化产业或数字创意产业仍然是存在资源消耗和环境污染的行业,所以强调绿色发展水平显得尤为重要。绿色是新发展理念的重要组成部分,绿色发展体现了人与自然的和谐。我国资源约束趋紧,环境污染严重,需要更高质量、更可持续的发展。良好的城市生态环境,不仅有利于城市居民的生产生活,而且对于旅游业发展、外地人才落户等方面更具吸引力。

核心竞争力,是对数字创意产业发展现状的具体衡量,包括数字创意指数、文化产业规模和相关产业规模三个二级指标。首先,我国官方统计资料缺乏数字创意产业的具体数据,所以难以直接评价其发展水平。本章节采用新华三公司公布的城市数字经济指数和深圳大学发布的城市创意指数作为数字创意产业发展水平的替代指标。其次,文化产业规模。由于数字创意产业主要以文化产业为基础,所以文化产业的规模可以较好地反映其发展水平。文化产业的规模不仅反映一个城市的文化产业的发展现状,还能反映其向新市场的拓展能力,故选取本地区的文体娱就业人数、规模以上文化企业收入和利润总额三个指标来衡量。另外,由于文化产业企业的利润数据难

以搜集,故本章节选取规模以上文教、工美、体育和娱乐用品制造业的利润总额作为替代指标。最后,相关产业规模。数字创意产业已经逐渐形成其产业链,其上下游产业都会随着它的发展而发展,而且数字创意产业依赖于数字信息技术,所以选取旅游业收入、电信业务收入和信息技术软件行业就业人数作为替代指标。

表5-2 三大城市群数字创意产业竞争力指标体系

目标	一级指标	二级指标	三级指标	编号
数字创意产业综合竞争力	基础竞争力	基础设施	城市道路面积	X1
			公共汽电车运营车辆数	X2
			博物馆和图书馆数量	X3
			互联网宽带接入用户数	X4
		绿色发展	单位电量的GDP	X5
			绿地面积	X6
			建成区绿化覆盖率	X7
	核心竞争力	数字创意指数	数字经济指数	X8
			创意指数	X9
		文化产业规模	文体娱就业人数	X10
			文化产业企业总收入	X11
			规上文体娱制造业营业收入	X12
			规上文体娱制造业利润总额	X13
		相关产业规模	信息技术软件业就业人数	X14
			电信业务收入	X15
			旅游收入	X16
	潜在竞争力	市场需求	社零总额	X17
			人均工资	X18
		创新能力	规模以上工业企业R&D经费内部支出	X19
			专利申请数	X20
		政府支持	文化体育与传媒财政支出	X21
			科学技术财政支出	X22
			文化体育与传媒财政支出占总财政支出比重	X23

潜在竞争力,主要反映产业的可持续发展能力。本章节选取市场需求、创新能力和政府支持三个二级指标。第一,市场需求。产业发展的目的是为市场提供产品和服务,从而公众对产品和服务的需求是引导产业快速发展的

关键,故本章节选取人均工资和社零总额作为测度指标。第二,创新能力。创新是发展的第一动力,可以有效提高生产要素的效率。本章节选取规模以上工业企业R&D经费内部支出和发明专利数作为测度指标。第三,政府支持。由于创新活动具有正外部性,新技术和新知识在竞争性市场中的租金为零,私人部门的创新动力受到限制,所以政府对于技术研发、产业创新的财政支出可以一定程度上弥补此缺陷。因此,本章节选取科学技术财政支出、文体传媒财政支出及其占总财政支出的比例来衡量政府对当地数字创意相关产业的支持力度。

二、评价方法

对于综合指标体系的评价,关键在于权重的确定。一般而言,确定权重有三类方法:

第一,主观赋权法。研究者根据其主观价值判断来指定各指标权重的一类方法,主要有德尔菲法和层次分析法。德尔菲法也被称作专家评分法或专家咨询法,采用匿名方式征求专家的意见,经过反复的信息交流与反馈,使专家的意见趋于一致,最后根据专家的综合意见确定指标权重。层次分析法(AHP方法)首先根据研究内容和研究目标,将评价指标按照逻辑和隶属关系分为最高层、中间层和最底层组合排序;然后基于人们对于每一层次中各因素相对重要程度做出判断,这种判断依据1~9分值对比打分(如表5-3所示),做出判断矩阵。

表 5-3 AHP 方法中 1~9 标度的含义

标度	含义
1	因素 i 与因素 j 相同重要
3	因素 i 比因素 j 略微重要
5	因素 i 比因素 j 相当重要
7	因素 i 比因素 j 明显重要
9	因素 i 比因素 j 绝对重要
2、4、6、8	介于上述两个因素判断的中间值
倒数	若因素 i 与因素 j 相比为 a_{ij},则因素 j 与因素 i 相比得 $1/a_{ij}$

第二,客观赋权法。利用数理统计的方法将各个指标值经过分析处理后得到权重,主要有变异系数法、主成分分析法和熵值法。变异系数法首先

将一组数据的标准差与平均值的比值作为变异系数,然后计算各指标的变异系数的比重并将其作为权重。主成分分析法利用降维的思想,把多个指标转化为少数几个综合指标,降低空间维数以获取最主要的信息。指标权重指以主成分的方差贡献率为权重,对该指标在各主成分线性组合中的系数加权平均归一化。熵值法通过计算指标的信息熵,根据指标的相对变化程度对系统整体的影响来决定指标的权重,相对变化程度大的指标具有大的权重。

第三,组合赋权法。将主观与客观赋权法的结果进行组合。权重的组合赋权方法主要有乘法合成和线性加权两种。乘法合成是计算指标主客观权重的乘积之比;线性加权是将主客观赋权法计算出的权重进行线性组合。

现有文献对产业竞争力的测度主要使用层次分析法、主成分分析法、熵值法等,一般局限于主观赋权法或者客观赋权法的一种。借鉴已有研究,本章节使用基于 AHP-熵值法的组合赋权法;层次分析法侧重于决策者的主观偏好,可以更好地体现指标的相对重要程度;熵值法过于依赖样本的离散程度,会使重要指标因离散程度小而权重过小。这两种方法都会造成信息损失,所以采用组合赋权法可以最大限度地减少信息的损失,使赋权的结果尽可能接近实际结果。具体步骤如下:

第一步:层次分析法计算权重 r_i。

(1) 构建判断矩阵 A。采用 1~9 及其倒数标度法构建判断矩阵,表示同级别指标相对重要程度。公式(5.1)中 $a_{ij}(i=1,\cdots,n;j=1,\cdots,n)$ 表示因素 i 对因素 j 的相对重要程度。

$$A = \begin{bmatrix} a_{11} & \cdots & a_{1n} \\ \vdots & \ddots & \vdots \\ a_{n1} & \cdots & a_{nn} \end{bmatrix} \quad (5.1)$$

(2) 采用几何平均值法,首先计算判断矩阵 A 第 i 行的几何平均值为 $b_i = \sqrt[n]{\prod_{j=1}^{n} a_{ij}}$,然后将每一行的几何平均值除以 n 个几何平均值的和,得到每一行指标的权重 r_i,即:

$$r_i = \frac{b_i}{\sum_{i=1}^{n} b_i} \quad (5.2)$$

(3) 构建判断矩阵时可能会产生比较的不一致性,所以需要对判断矩阵进行一致性检验。首先通过公式(5.3)计算判断矩阵(记作矩阵 A)的最大特征根 $\lambda_{\max}$,然后计算 CI 与 RI 的比值,得 CR,若 $CR<0.1$,则通过一致性检验,否则重新构建判断矩阵,直至通过一致性检验。

$$\lambda_{\max} = \sum_{i=1}^{n} \frac{[Ar]_i}{nr_i} \tag{5.3}$$

$$CI = \frac{\lambda_{\max} - n}{n-1} \tag{5.4}$$

$$CR = CI/RI \tag{5.5}$$

式中,RI 为随机性指标,根据对应的矩阵阶数 n 取值,见表5-4。

表5-4 随机一致性指标 RI

n	1	2	3	4	5	6	7	8	9	10
RI	0	0	0.58	0.90	1.12	1.24	1.32	1.41	1.45	1.49

第二步:熵值法计算权重 w_i。

(1) 归一化处理。消除不同指标在数量级与量纲上的不一致性,采用极差法对各指标进行归一化处理。

$$Y_{ij} = \begin{cases} \dfrac{X_{ij} - \min(X_{ij})}{\max(X_{ij}) - \min(X_{ij})}, & X_{ij} \text{ 为正向指标} \\ \dfrac{\max(X_{ij}) - X_{ij}}{\max(X_{ij}) - \min(X_{ij})}, & X_{ij} \text{ 为负向指标} \end{cases} \tag{5.6}$$

正负指标具有不同的归一化方法。i 代表指标,j 代表地区(城市)。X_{ij} 代表指标原始值,Y_{ij} 代表归一化后标准值。$\max(X_{ij})$ 和 $\min(X_{ij})$ 分别代表原始值中的最大值与最小值。

(2) 计算信息熵。根据公式(5.7)计算出 P_{ij},表示第 j 个地区的指标 i 的特征比重或贡献度,然后根据公式(5.8)和(5.9)计算出指标 i 的信息熵 E_i 和信息冗余度 D_i。

$$P_{ij} = \frac{Y_{ij}}{\sum_{j=1}^{n} Y_{ij}} \tag{5.7}$$

$$E_i = -\frac{1}{\ln n} \sum_{j=1}^{n} P_{ij} \ln(P_{ij}) \tag{5.8}$$

$$D_i = 1 - E_i \tag{5.9}$$

(3) 计算权重 w_i。

$$w_i = D_i / \sum_{i=1}^{n} D_i \tag{5.10}$$

第三步：计算指标的综合权重 z_i。

$$z_i = r_i w_i / \sum_{i=1}^{n} r_i w_i \tag{5.11}$$

三、数据来源

本章节选取的研究区域集中在京津冀、长三角和珠三角三大城市群，涉及3个直辖市和5个省份的48个地级及以上城市。其中，京津冀地区包括北京市和天津市两个直辖市以及河北的石家庄市、唐山市、秦皇岛市、邯郸市、邢台市、保定市、张家口市、承德市、沧州市、廊坊市和衡水市共11个地级市；长三角地区涉及上海市1个直辖市，江苏省的南京市、无锡市、常州市、苏州市、南通市、盐城市、扬州市、镇江市和泰州市共9个地级市，浙江省的杭州市、宁波市、嘉兴市、湖州市、绍兴市、金华市、舟山市和台州市共8个地级市，安徽省的合肥市、芜湖市、马鞍山市、铜陵市、安庆市、滁州市、池州市和宣城市共8个地级市；珠三角地区为广东省的广州市、深圳市、珠海市、佛山市、江门市、肇庆市、惠州市、东莞市和中山市共9个地级市。

由于2020年受新冠疫情影响，部分城市的统计年鉴更新相对滞后，且存在大量数据缺失，所以为了保持数据的可得性、可比性、真实性以及评价结果的可信性，本章节收集的主要为2019年各地市的年度数据，数据主要来源于以下几个方面：一是国家统计局联合相关部门公布的数据，包括《中国统计年鉴2020》《中国城市统计年鉴2020》《中国城市建设统计年鉴2020》；二是各省份、地级以上城市公布的统计年鉴、年度统计公报以及各地区相关部门公布的统计报告等统计资料。对于2020—2021年的数据，本章节将选取具有代表性城市的个别指标做进一步分析，探讨我国数字创意产业在新冠疫情冲击下的发展状况。

第四节　实证结果分析

一、指标权重分析

基于 AHP-熵值法的组合赋权法,对归一化的数据进行计算,得到各级指标所占权重情况(表5-5),指标权重越大,表明该指标对数字创意产业竞争力的贡献就越大。

一级指标中,核心竞争力占权重最大,达到 62.74%,体现了该指标对数字创意产业竞争力的核心作用;其次是潜在竞争力,占 31.62%,对数字创意产业竞争力具有重要作用;最后是基础竞争力,只占 5.65%,对整体贡献率较低。

二级指标中,文化产业规模权重占比 36.55%,排列第一位,表明其在数字创意产业发展中处于核心地位。排在第二位的是创新能力,占 20.72%,体现了创新是数字创意产业发展的第一动力。另外,数字创意指数与相关产业规模占比在 12%~14%,分别排在第三和第四位,体现了数字创意产业以文化产业与创意产业为基础,并在科技创新过程中与新兴技术融合发展。接着是市场需求与政府支持,占比分别在 5% 左右,贡献较低。最后为基础设施和绿色发展水平,它们对数字创意产业竞争力的贡献值最小。

最后,从三级指标所占权重分析。前五位中,排在第一位的文化产业企业总收入(18.54%)和第四位的规上文体娱制造业营业收入(8.12%),表明城市数字创意产业竞争主要表现在微观企业层面,表明文化及相关产业企业提供的产品和服务具有最大的贡献值。排在第2~5位中的规模以上工业企业 R&D 经费内部支出(12.69%)、创意指数(9.07%)和专利申请数(8.02%)三个指标,进一步表明创新依然是引领产业发展、提高竞争力的核心动力,是数字创意产业长久发展的重要因素。接着,反映科技发展水平的信息技术软件业就业人数(6.51%)、数字经济指数(5.04%)和电信业务收入(4.80%)排名总体较高,位于第6~9位区间段,反映了信息技术发展对数字创意产业具有非常重要的支持作用。

表 5-5　各级指标所占权重

一级指标	权重	二级指标	权重	三级指标	权重
基础竞争力	5.65%	基础设施	3.59%	城市道路面积	0.50%
				公共汽电车运营车辆数	0.43%
				博物馆和图书馆数量	1.08%
				互联网宽带接入用户数	1.57%
		绿色发展	2.06%	单位电量的 GDP	1.00%
				绿地面积	0.99%
				建成区绿化覆盖率	0.06%
核心竞争力	62.74%	数字创意指数	14.10%	数字经济指数	5.04%
				创意指数	9.07%
		文化产业规模	36.55%	文体娱就业人数	3.78%
				文化产业企业总收入	18.54%
				规上文体娱制造业营业收入	8.12%
				规上文体娱制造业利润总额	6.11%
		相关产业规模	12.08%	信息技术软件业就业人数	6.51%
				电信业务收入	4.80%
				旅游收入	0.78%
潜在竞争力	31.62%	市场需求	5.84%	社零总额	4.77%
				人均工资	1.07%
		创新能力	20.72%	规模以上工业企业 R&D 经费内部支出	12.69%
				专利申请数	8.02%
		政府支持	5.06%	文体传媒财政支出	1.52%
				科学技术财政支出	3.29%
				文体传媒财政支出占总财政支出比重	0.25%

二、三大城市群综合得分情况

首先根据公式 $S_j = 100 \times \sum_{i=1}^{n} Z_i Y_{ij}$ 计算各个城市的综合竞争力得分，得分情况见表 5-6。

从表 5-6 可以看出，三大城市群的数字创意产业竞争力存在巨大差距。60 分以上的有 3 个城市，30～40 分区间段的有 4 个城市，20～30 分区间段的有 5 个城市，10～20 分区间段的有 10 个城市，10 分以下的有 26 个城市，由此可知存在严重的发展不平衡现象。具体而言,北京、上海和深圳处于绝对领先位置,分别代表三大城市群的最高水平。广州、苏州、杭州和南京次之,整体居于第二梯队,其中三市分别为广东省、浙江省与江苏省的省会城市。而同为省会城市的合肥与石家庄分别位列第 14 名与第 20 名,竞争力较弱。

表 5-6　三大城市群数字创意产业竞争力综合得分及排名

排名	城市	得分	排名	城市	得分	排名	城市	得分
1	北京市	76.27	17	嘉兴市	12.54	33	保定市	6.01
2	上海市	74.81	18	珠海市	12.01	34	廊坊市	5.43
3	深圳市	61.25	19	金华市	11.72	35	滁州市	5.34
4	广州市	39.78	20	石家庄市	11.70	36	马鞍山市	5.14
5	苏州市	38.75	21	台州市	11.10	37	沧州市	4.89
6	杭州市	35.59	22	扬州市	10.14	38	邢台市	4.63
7	南京市	30.29	23	盐城市	9.83	39	秦皇岛市	4.61
8	宁波市	27.16	24	镇江市	9.66	40	安庆市	4.54
9	天津市	26.18	25	中山市	9.55	41	铜陵市	4.41
10	绍兴市	25.63	26	泰州市	9.48	42	肇庆市	3.91
11	无锡市	22.12	27	湖州市	9.05	43	舟山市	3.27
12	佛山市	21.71	28	惠州市	8.78	44	张家口市	3.11
13	东莞市	19.70	29	芜湖市	8.61	45	承德市	2.76
14	合肥市	18.16	30	唐山市	7.70	46	衡水市	2.62
15	南通市	15.79	31	邯郸市	6.09	47	宣城市	1.77
16	常州市	15.60	32	江门市	6.06	48	池州市	1.04

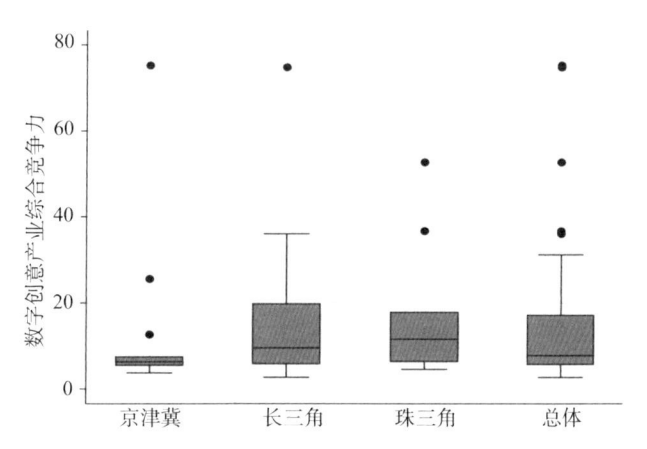

图 5-2　三大城市群数字创意产业综合竞争力箱线图

由图5-2可知，三大城市群在各自区域都存在"异常值"。所以，剔除"异常值"后分析各地区的离散程度具有重要意义。图5-2中，京津冀地区的三个点从上到下分别为北京市、天津市和石家庄市；长三角地区的一个点为上海市；珠三角地区的两个点分别为深圳市和广州市。去除部分"异常值"后，长三角地区的离散程度最高，珠三角地区次之，京津冀地区离散程度最低。但是，京津冀地区整体水平偏低，其"异常值"的存在也表明京津冀区域发展水平悬殊，不平衡性最大。从中位数也可以发现，珠三角地区最高，京津冀地区最低。

接下来使用GIS空间分析方法来从空间的地理位置上分析其区域特征。采用自然间断点分级法将三大城市群共48个城市的综合竞争力得分情况分为5类，分别为"最弱"、"较弱"、"一般"、"较强"和"最强"五个等级，结果如图5-3所示。竞争力"较强"和"最强"的城市长三角地区有4个，京津冀地区有1个，珠三角地区有2个。而"最弱"的城市，京津冀地区有9个，长三角地区有6个，珠三角地区有2个。总体而言，京津冀地区发展情况差异最大，其中河北省竞争力最弱；长三角地区，除了安徽省整体较弱外，江苏和浙江区域较强且较为均衡；珠三角地区城市数量较之另外两个地区较少，但区域特征较为"立体"，每个层级城市都有，不像京津冀地区呈现"一强多弱"的分布格局。

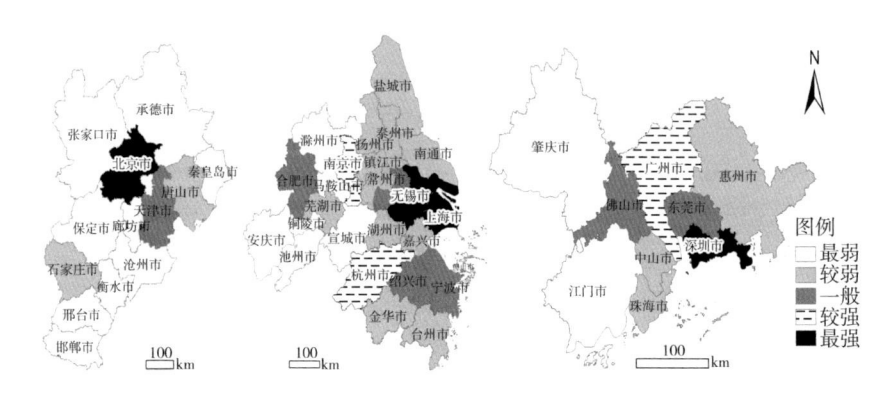

图5-3 三大城市群数字创意产业竞争力空间分布

另外，从图5-3中还可以发现，竞争力较强的城市主要为区域中心城市，以直辖市与省会城市为主；中等水平的城市围绕着中心城市，一般与中心城市地理邻近；较弱水平及以下的城市主要是三大城市群的外围城市，一般位于中等水平城市周边。总体来看，三大城市群的数字创意产业竞争力水平呈现出由中心向四周递减的空间分布格局。

三．各区域内部情况分析

接下来对三大城市群各自内部的综合得分以及3个一级指标得分情况做进一步分析。

（一）京津冀城市群得分情况

结果如表5-7所示,北京和天津两个直辖市处于领先位置。其中,北京市处于绝对领先地位,其得分接近第二名天津市的3倍,表现出北京市的区域中心地位。然后是河北省内城市比较,省会城市石家庄虽然弱于北京和天津,但是在省内也处于核心地位。而除了省会城市外的其他地级市,竞争力水平总体相差不大。分析3个一级指标,即基础竞争力、核心竞争力和潜在竞争力,前三名依然是北京、天津和石家庄。第四名以后的城市排名只是小范围波动,整体竞争力都很弱。由此可知,京津冀地区发展极度不平衡,北京的地位处于绝对优势,而河北省几乎全部处于绝对劣势,石家庄市在省内也只具有微弱优势。

表5-7 京津冀城市群各市数字创意产业竞争力得分及排序

城市	综合竞争力 得分	排名	基础竞争力 得分	排名	核心竞争力 得分	排名	潜在竞争力 得分	排名
北京市	76.27	1	4.42	1	49.62	1	22.23	1
天津市	26.18	2	2.75	2	13.63	2	9.79	2
石家庄市	11.70	3	1.30	3	7.01	3	3.39	3
唐山市	7.70	4	0.82	5	3.69	5	3.19	4
邯郸市	6.09	5	0.76	6	3.97	4	1.36	6
保定市	6.01	6	1.01	4	3.25	7	1.76	5
廊坊市	5.43	7	0.48	9	3.64	6	1.30	8
沧州市	4.89	8	0.54	7	3.01	10	1.34	7
邢台市	4.63	9	0.51	8	3.19	8	0.93	10
秦皇岛市	4.61	10	0.44	11	3.16	9	1.01	9
张家口市	3.11	11	0.44	10	2.41	11	0.26	13
承德市	2.76	12	0.29	13	1.89	12	0.58	11
衡水市	2.62	13	0.34	12	1.75	13	0.53	12

（二）长三角城市群得分情况

结果如表5-8所示,上海市处于绝对领先地位,其得分接近第二名苏州的2倍,这与其作为区域经济金融中心的城市地位相匹配。其次苏州、杭州和南京以30分以上的水平处于第二梯队。在前十名中,江苏省占有5个席位,浙江省占有3个,而安徽省仅有省会城市合肥市位居前十,排在第八位。而排名最后的10个城市中,江苏省有1个城市,浙江省有2个城市,安徽省有7个城市。由此可知,除了上海的绝对核心地位外,江苏处于优势地位,浙江省居中,而安徽省的数字创意产业在长三角地区处于相对劣势,反映了安徽省整体竞争力不强,即便是省会城市合肥市在头部竞争中也缺乏竞争力。在3个一级指标中,除了上海市处于绝对领先地位外,其他城市的排名波动较大。基础竞争力方面,南京仅次于上海,杭州次之,苏州与合肥居后;核心竞争力方面,杭州与绍兴位居前列,宁波居于第6位,而且竞争力得分大幅高于江苏省的城市,显示出浙江地区现阶段核心竞争力较强。而潜在竞争力方面,前5位城市中,浙江只有杭州1个城市,江苏有3个城市,表明在未来发展潜力方面,江苏具有更强的竞争力。

表5-8 长三角城市群各市数字创意产业竞争力得分及排序

城市	综合竞争力 得分	排名	基础竞争力 得分	排名	核心竞争力 得分	排名	潜在竞争力 得分	排名
上海市	74.81	1	4.75	1	43.81	1	26.25	1
苏州市	38.75	2	2.11	4	16.43	5	20.21	2
杭州市	35.59	3	2.60	3	20.22	2	12.77	3
南京市	30.29	4	3.21	2	16.45	4	10.63	4
宁波市	27.16	5	1.69	6	16.16	6	9.31	6
绍兴市	25.63	6	0.93	13	19.96	3	4.74	11
无锡市	22.12	7	1.59	7	10.67	7	9.86	5
合肥市	18.16	8	1.75	5	9.14	8	7.26	7
南通市	15.79	9	1.13	9	8.74	9	5.92	9
常州市	15.60	10	1.20	8	7.83	10	6.57	8
嘉兴市	12.54	11	0.59	20	7.07	12	4.87	10
金华市	11.72	12	0.96	11	7.15	11	3.61	13
台州市	11.10	13	0.97	10	6.55	13	3.58	14

续表

城市	综合竞争力 得分	排名	基础竞争力 得分	排名	核心竞争力 得分	排名	潜在竞争力 得分	排名
扬州市	10.14	14	0.95	12	6.09	15	3.10	17
盐城市	9.83	15	0.90	14	5.38	17	3.54	15
镇江市	9.66	16	0.65	19	6.43	14	2.58	19
泰州市	9.48	17	0.79	15	5.06	18	3.64	12
湖州市	9.05	18	0.73	17	5.50	16	2.83	18
芜湖市	8.61	19	0.76	16	4.61	19	3.24	16
滁州市	5.34	20	0.44	22	3.50	20	1.40	21
马鞍山市	5.14	21	0.38	23	3.15	22	1.60	20
安庆市	4.54	22	0.52	21	3.07	23	0.94	22
铜陵市	4.41	23	0.34	24	3.30	21	0.76	25
舟山市	3.27	24	0.71	18	1.72	24	0.84	23
宣城市	1.77	25	0.27	25	0.72	25	0.79	24
池州市	1.04	26	0.23	26	0.40	26	0.41	26

(三)珠三角城市群得分情况

结果如表5-9所示,深圳市综合竞争力以61.25分高居珠三角城市群第一位,比第二名广州高约54%,处于绝对领先地位。虽然深圳市的基础竞争力以微弱差距次于广州市,但深圳市的核心竞争力与潜在竞争力皆较大幅度地高于广州市。广州市整体处于第二名,与深圳总体位于第一梯队。然后佛山市、东莞市和珠海市的综合竞争力水平基本位于10~20分,列在第二梯队。最后中山市、惠州市、江门市和肇庆市综合竞争力低于10分,处于第三梯队。整体来看,核心竞争力与潜在竞争力的排名情况与综合竞争力的排名完全一致,只有基础竞争力的排名有些许不同,波动浮动不大。这表明珠三角城市群内部的发展水平整体呈现出金字塔形,核心城市的发展也较为均衡,没有过多的"偏科"问题。

表5-9 珠三角城市群各市数字创意产业竞争力得分及排序

城市	综合竞争力 得分	排名	基础竞争力 得分	排名	核心竞争力 得分	排名	潜在竞争力 得分	排名
深圳市	61.25	1	3.49	2	42.73	1	15.03	1

续表

城市	综合竞争力		基础竞争力		核心竞争力		潜在竞争力	
	得分	排名	得分	排名	得分	排名	得分	排名
广州市	39.78	2	3.58	1	25.60	2	10.60	2
佛山市	21.71	3	1.59	3	15.66	3	4.45	3
东莞市	19.70	4	1.54	4	14.34	4	3.82	4
珠海市	12.01	5	1.03	5	9.07	5	1.90	6
中山市	9.55	6	0.70	7	6.70	6	2.15	5
惠州市	8.78	7	0.78	6	6.65	7	1.35	7
江门市	6.06	8	0.57	9	4.45	8	1.04	8
肇庆市	3.91	9	0.60	8	2.79	9	0.53	9

第五节 主要结论

本章节通过构建中国数字创意产业竞争力评价指标体系,基于AHP-熵值法和GIS空间分析法对我国三大城市群(京津冀、长三角、珠三角)的数字创意产业发展情况进行比较分析。得出以下结论:第一,文化产业规模和创新能力对数字创意产业竞争力的贡献最大,数字创意指数和相关产业规模贡献值次之。第二,珠三角地区平均竞争力最强;长三角地区江苏和浙江最为均衡;京津冀地区不仅平均竞争力最弱,而且不平衡问题最为突出。第三,从省市角度分析,河北省和安徽省整体竞争力较弱,不仅反映在其省会城市在大城市的比较中居于末尾,更反映排名靠后的城市数量中,安徽省和河北省占比最多。第四,从空间分布格局上看,总体呈现出由中心城市向四周递减的格局。综合竞争力强的城市基本是区域中心城市,比如北京、上海和深圳,其次是省会城市。城市群内部的差距也较为明显,京津冀地区总体显示出北京市的优势地位,其他城市与其差距巨大;长三角地区以上海市为核心,向周边辐射发展,并且在区域大核心——上海以外,还有区域性的小核心——南京、杭州和合肥,总体上长三角地区分布最为均衡;珠三角地区以深圳和广州为核心向四周递减,核心城市的邻近城市处于第二梯队,而在第二梯队城市的外围则是竞争力最弱的第三梯队,珠三角地区分布呈现"金字塔"状的立体分布格局。

从本章节的研究结果看,三大经济圈的数字创意产业发展并不均衡,三大经济圈之间以及各经济圈内部都存在较为严重的失衡问题,为了缓解失衡问题,本书提出以下建议:

一是加大对数字技术创新的支持。由于创新具有正外部性,单纯依靠市场主体难以有效促进创新,所以政府需要建立"竞争+产权保护"双支柱市场管理框架,强化对企业创新的支持与保护。一方面,通过颁发反垄断的法律法规,维护正常市场竞争力;另一方面,完善产权保护体制,从而有利于激发全社会的创新动力和活力,促进市场交易与深化分工,最终促进数字创意产业及相关产业的高质量发展。

二是完善数字创意产业内容体系。数字创意产业的长期发展离不开核心的特色内容。首先加强数字内容建设,发掘本地特色历史传统文化,并加快数字化进程和数字化内容的再创造,通过数字新技术的利用,构建基于本地优秀文化资源的影视、书籍、旅游、游戏等的全局性、立体化的数字创意内容产业链,最终形成完善的产业体系。

三是加大区域间协同发展。要继续发挥区域核心城市的引领示范作用。大城市具有资源集聚的规模效应,可以降低信息流通成本。而竞争力较弱的城市在立足于本地特色的前提下,挖掘比较优势,形成差异化发展。各地区通过细化经济圈内部的职能分工,区域核心保持产业发展核心领导地位,发挥规模效应,促进核心信息技术创新突破。由于技术的正外部性,外围城市与核心城市及企业合作,结合本地特色,利用先进技术与资源的优势,形成具有差异化特征的协同发展格局。

四是打造地区的龙头企业和品牌。在总体竞争力较弱地区,可以集中优势资源打造本地区的龙头企业,通过龙头企业的品牌影响力,将本地区的优质文化资源输出到全国乃至全球市场。然后通过龙头企业带动本地数字内容的中小企业规模化发展,形成"一大多小"的发展格局。

第六章 中国数字创意产业全球价值链位置测度及驱动因素研究

近年来,大数据、云计算、物联网、人工智能等新一代数字技术迅猛发展,同时推动新一轮科技革命和产业变革,促使数字成果渗透至全球多行业、多领域。在文化消费不断普及的当下,数字创意阶层火速崛起,带动数字创意产业新业态的发展,并日渐成为世界各国各地区经济发展的新引擎。因此,明晰中国数字创意产业在全球价值链中的位置及影响因素对新常态下中国经济发展具有重要意义。本章节拟基于 TiVA 数据库提供的数据,利用附加值贸易法构建 GVC 地位指数,测度分析中国数字创意产业在全球价值链中的位置及其动态演变,在此基础上,理论分析中国数字创意产业全球价值链嵌入位置的影响因素,并构建计量模型,实证检验中国数字创意产业全球价值链位置的影响因素。

第一节 问题的提出

在经济全球化背景下,世界经济格局与国际分工体系长期由西方发达国家所主导,而以中国为代表的新兴经济体作为承接西方国家产业转移、供应链布局的重要基地,长期处于产业链和价值链的低端位置。随着经济全球化深入发展,新兴经济体对世界经济局势的影响不断增强,日益成为国际分工体系调整的重要力量。而国际贸易体系逐渐走向碎片化,单一产品的生产链分散布局至世界范围内,以谋求高效的资源配置和单一环节参与国的低成本优势。与此同时,信息技术的飞速发展加快了全球服务业的产业布局,其中,得益于科技与创意的多元化发展,数字创意产业正成为各国经济发展的新引擎。联合国贸易和发展会议(UNCTAD)公布的数据显示,全球创意商品市场规模从2002年的2080亿美元涨至2015年的5090亿美元,全球创意商品贸易增长率超7%,且发展中经济体的创意商品全球贸易参与度高于发达经济体。以中国为例,近年来,从顶层设计到各省市区的地方部署,综合性与地方性政策合力推动数字创意产业向好向上发展,中国的数字创意产品贸易迎来政策性机遇期。

"创意产业"概念诞生于20世纪90年代的英国,之后,在世界范围内掀起热潮,各国针对创意产业的政策和研究不断落实、深化,加之互联网的繁荣、大数据、云计算、区块链等数字技术的演化成熟,数字内容产业、数字艺术产业、数字娱乐产业等新兴概念随之兴起,与此同时,实体文创产品在营销环节引入互联网渠道又催生出数字创意产业。作为数字经济时代文化产业与信息技术的融合产物,数字创意产业满足了现代居民文化消费与信息消费的多元化需求,是一种新兴的知识密集型服务业。我国对数字创意产业的范围界定源于国家统计局公布的《战略性新兴产业分类(2018)》:数字创意产业主要包含数字创意技术设备制造、数字文化创意活动、设计服务、数字创意与融合服务四大类。其细分行业中规模及占比较大的主要是网络新闻媒体、网络游戏、网络短视频、网络动漫、网络音乐等,国内发展态势良好的数字创意企业主要有阿里巴巴、腾讯、百度、网易等。

全球创意产业作为数字技术的衍生产物,其发展并不均衡,从地域上看,主要集中分布在以美国为核心的北美地区、以英国为核心的欧洲地区、以日本、韩国、中国为核心的亚洲地区。关于数字创意产业的明确统一定义,学界尚未形成一致结论。我国目前关于数字创意产业的概念界定与相关研究较少,国内学者臧志彭将其视为"数字""创意""产业"的有机组合,是一类基于"互联网+"的全球互联互通的新兴产业。

在市场供给方面,人工智能、大数据、物联网、5G等数字技术逐渐普及、渗透,历史文化、民间艺术、现代原创IP等不断传承与兴起,数字创意产业作为信息技术与创意内容融合发展的新兴经济形态,依靠强劲的科技变革和丰富的文化IP资源实现了产业的跨越式发展,同时良好的市场环境促使一批数字内容创造者涌入,加速了创意市场有效供给的推进。另外,我国网络能力持续提升,互联网持续释放普惠效应,信息无障碍建设持续推进,数字技术与内容产业的融合也将更加紧密、深入。

在市场需求方面,据中国互联网络信息中心(CNNIC)发布的第49次《中国互联网络发展状况统计报告》，我国数字创意网络消费势头良好，截至2021年12月，中国网民（是指过去半年内使用过互联网的6周岁及以上的我国居民）规模达10.32亿，互联网普及率达73.0%，网络游戏、网络直播、网络音乐等应用的用户规模分别为5.54亿、7.03亿、7.29亿，增长率分别为6.9%、14.0%、10.8%。消费人口的基数优势将为创意市场的发展提供有利的条件。

强大的内容生产体系和庞大的产业需求基数造就数字创意产业成为新形势下城市、国家或地区发展的"朝阳产业"。为此，明晰中国数字创意产业在全球价值链中的位置及影响因素对新形势下中国经济发展及捍卫数字"主权"具有重要意义，也为中国全面融入全球价值链实现产业升级具有重大的现实意义。

第二节　文献综述

一、关于全球价值链位置测度的研究

自全球价值链概念诞生以来，国内外学者围绕全球价值链进行了大量探讨，其中，关于产业全球价值链位置测度的研究引起国内外学者的高度关注。

现有文献的国内研究视角按产业类别分为两大类。第一类是中国服务业。王厚双等人依据 WTO-OECD 发布的 TiVA（增加值贸易，Trade in Value Added）统计数据和 Koopman 等人的结论，测算中国服务业及下设多个行业的"GVC 地位指数"和"GVC 参与度指数"，结果显示，1995—2009 年期间我国服务业整体 GVC 地位指数呈"V"形结构。原小能依据联合国商品贸易统计数据库（UN Comtrade）测算 91 个国家（或地区）的整体服务业、生产性服务业、生活性服务业的"出口复杂度"指标，发现生活性服务业具有一定的国际竞争优势，但生产性服务业的低端化导致我国整体服务处于价值链低端位置。陈贵富等人则从产出价值链和投入需求链两个视角利用 WIOD（国际投入产出数据库，World Input-Output Database）的统计数据，构建"产出上游度""投入下游度"两大指标对我国服务业的全球价值链位置进行研判。第二类是中国制造业。周升起等人，尹彦罡、李晓华及尚涛也同样基于 TiVA 数据库和"GVC 地位指数"测算了中国制造业的国际分工地位，其中，周升起研究

发现 1995—2009 年间,我国制造业整体及内部各部门的 GVC 分工地位的演变呈"L"形变化趋势,劳动密集型部门的地位明显高于资本、技术、资源密集型部门。尹彦罡等人则就指标结果进行横向比较,认为与一国产业整体分工地位相比,GVC 地位指数更能准确反映分行业的测算效果。对于我国制造业中的高技术产业或高技术复杂度产业,郭晶、赵越运用非竞争型投入占用产出模型(剔除进口中间产品)建立"完全国内增加值率"指标来衡量高技术产业的国际分工地位;胡昭玲和宋佳则利用不同国家不同产品的出口价格来测度,认为出口价格与国家间的技术差异相关,即发达国家出口高价高端产品或高技术复杂度产品,发展中国家出口低价低端产品或技术简单的产品;黄先海、杨高举出于"统计假象"的考虑,采用改进后的非竞争型投入占用产出模型计算"加权的增加值-生产率"指数以分析一国高技术产业的国际分工地位。此外,王岚采用"附加值贸易法"测算国内价值增值在我国出口中的占比以度量制造业国际分工地位。与之相对应,王直等人则从"总贸易核算法"的视角,利用 WIOD 构建研究产业相关问题的时间序列面板数据集。尹伟华也基于 WIOD 并依据我国出口品的最终吸收地和吸收渠道的不同对制造业的全球价值链进行分解分析,剖析了我国整体及不同技术级别制造业的国际地位。

此外,也存在部分对整个宏观产业全球价值链所处地位进行测算的研究。例如,于津平、邓娟利用"出口品国内技术含量(DTC)"指标衡量中国产业的国际分工地位。刘海云、毛海欧依据 WIOD 和 GVC 地位指数,以电子产业为生产者驱动型价值链、以服装产业为购买者驱动型价值链的典例来衡量各国国际分工地位的演变。

二、关于全球价值链位置影响因素的研究

于津平和邓娟通过实证研究得出垂直专业化分工、研发投入、人均资本、市场竞争等会影响产业国际地位的结论。刘海云和毛海欧运用面板回归、门槛回归法分析技术创新水平、交易费用、人力资本和外商直接投资对一国国际分工地位的影响。郭晶和赵越将经济规模、要素构成、研究经验纳入计量模型,对高技术产业的国际分工地位进行跨国实证。胡昭玲和宋佳则将一国国际分工地位的影响因素等价于出口价格的影响因素,包括生产成本(受物质资源和规模经济的影响)和产品品质(受产品创新性和技术含量的影响)两类。刘斌等人表示,对外直接投资能显著提升企业在全球价值链中的地位。

王岚表示在我国充分嵌入全球价值链分工体系的前提下,国内出口增加值对我国国际分工地位的提升有正向作用。王厚双等人以其样本期内的两个时间点2000年和2005年为例,认为2005年GVC地位指数比2000年低,其原因是受当时国内体制因素影响,一方面,我国当时服务业对外直接投资的全球份额较低、投资质量不佳;另一方面,外商依靠廉价劳动力在国内开展加工贸易中将我国长期置于全球价值链的低端位置,且产品研发和营销环节也由外资控制,长此以往,不利于我国服务产业国际竞争力的提高。通过构建包含劳动生产率、成熟劳动力的相对投入比、产品国内增加值比例和研发强度的多元回归模型,马风涛认为这四种因素对提升中国制造业部门的上游度有促进作用,且上游度指数用于衡量某部门的国际分工地位。尹彦罡和李晓华认为一国产业完整度或产业参与垂直分工程度对该国在全球价值链中所处地位有重大影响。李强和郑江淮从产品内分工的视角进行实证研究,表明研发水平、制度环境和人力资本对制造业整体和技术、资本、劳动密集型三类制造业的国际分工地位的攀升均有显著促进作用。倪红福表示,应将全球价值链纳入理论模型,进而理解决定GVC位置的原始因素以探究贸易成本或经济环境变化对GVC位置的影响。

三、文献评价

关于全球价值链的理论研究迄今已持续二三十年,得益于垂直专业化(Vertical Specialization)分工理论的完善,全球价值链的研究方法从传统的总量贸易统计法到近年来深入推广的增加值贸易法,研究视角也从产业内细化到产品生产领域,这些实质性转变提高了中国等传统出口贸易大国的国际分工地位测算效果。已有文献运用不同方法从制造业、服务业、一国整体宏观产业的分类角度对中国在全球价值链中所处位置进行了理论或实证分析。但是现有研究仍然存在一定缺陷:一是产业分类研究不全面,基本只聚焦于制造业、服务业展开,对于农业、工业等产业整体及细分产业的全球价值链位置测度的研究鲜少。二是关于中国战略性新兴业态的GVC地位测度研究更是不多,就数字创意产业而言,目前可检索到的研究基本是针对创意产业、文化产业而言的,且数据源大多选择联合国贸易和发展会议(UNCTAD)数据库。例如,周升起和张鹏构建"相对复杂度"来考察中国创意服务的国际分工地位;尚涛和陶蕴芳通过计算创意产业及各分类产业的显示性比较优势指数(RCA指数)、贸易竞争力指数(TC指数)和拉菲指数(Lafay指数)来分析我国创意产业的国际竞争力。三是目前几乎所有关于一国及该国一产品部门的 GVC 地位测度方法都是基于投入产出模型来计算的,而现实的产业或产品价值链位置与模型存在差异甚至是矛盾。

综合来看,本书研究的贡献主要体现在以下几点:第一,从全球价值链的视角,利用 TiVA 统计数据和"GVC 地位指数"对中国数字创意产业的国际分工地位进行测度,丰富中国创意产业的全球价值链地位测度研究体系;第二,探究影响数字创意产业全球分工地位的因素,为数字创意产业全球价值链的重构与升级提供实证基础。另外,在实证分析部分,考虑到数据显著性问题,采用了时间固定效应模型,未控制国家固定效应和行业固定效应,可能会遗漏国家与行业层面不随时间变化的重要变量。

第三节 数字创意产业全球价值链位置测度方法选择

一、数据说明

为测度中国数字创意产业嵌入全球价值链的位置,本章节拟采用 WTO-OECD 联合发布的最新贸易增加值数据库(TiVA)进行指数测度。该数据库包含了丰富的国际贸易中间产品和最终产品需求数据,TiVA 数据库逐渐成为研究各国(或地区)在参与全球生产网络过程中创造的实际价值的最佳基础数据库。由于 TiVA 数据库最新数据年份为 2018 年(TiVA 数据库 2021 版),因此,本章节研究样本时间跨度为 2009—2018 年。同时,因数字创意产业的特殊属性,其下属细分产业主要包括数字技术和文化创意两类,本章节依据数据库结构选取了两类相关产业进行分析,分别是"信息通信(包括'出版、音像、广播活动''电信''计算机编程、咨询和信息服务活动'三个细分行业)"和"艺术、娱乐和休闲"。

二、全球价值链位置的测度指标及方法

21 世纪以来,国内外研究不断丰富和发展全球价值链位置测度的方法,如垂直专业化指数、出口产品价格指数、出口技术复杂度、GVC 地位指数和上游度指数。本章在已有研究的基础上,对各测度方法进行理论阐释和国内的

相关研究进行综述,然后根据数字创意产业的产业特点确定数字创意产业全球价值链位置的最佳测度方法。

(一) 垂直专业化指数

1. 测度方法

该方法最早由 Hummels 等人提出,其认为随着全球化的深入发展,不同国家之间的贸易关系越来越紧密,以中间品为连接的贸易愈发重要,并且随着全球垂直贸易链的不断延长,国家间的产业分工越来越专业化,每个国家只需要专注于某个或某几个环节的生产,就可以将最终产品生产出来。所以,垂直专业化指数是一个用于衡量不同国家之间产业专业化程度的指标。具体公式如下:

$$VSS_i = \frac{VS_i}{X_i} \tag{6.1}$$

由式(6.1)可知,垂直专业化指数 VSS_i 由 i 行业出口中进口产品投入价值 VS_i 与行业总出口额 X_i 之比来计算。另外,若生产同等价值的出口产品与非出口产品需要同等价值的进口投入,则出口 X_i 产品所需的进口投入价值 VS_i 可由以下公式进行计算:

$$VS_i = \left(\frac{X_i}{Y_i}\right) \cdot M_i \tag{6.2}$$

其中,Y_i 代表行业 i 总产值,M_i 代表进口中间品的价值。由此可知,垂直专业化指数将贸易中的进口和出口联系起来,若一国垂直专业化指数越低,意味着出口产品的进口中间投入越多,即本国产生的价值占比越少,表示处于产业链的下游。反之,指数高则处于上游。

2. 国内运用情况

当前,相关学者使用 OECD 等数据库,借助基本或改进的垂直专业化指数从多角度对我国垂直专业化分工进行测度与评价,发现我国制造业处于全球价值链分工的下游,垂直专业化指数较低,但是具有较高的增速,呈现出强劲的追赶态势,并且出口中的国外增加值贡献比例接近三成。从产品技术含量上看,虽然中国出口产品总体技术含量逐渐增加,但是大多来自国外的技术增长,且增速高于我国国内技术含量,所以我国的国际分工地位并没有明显提高。不同的是,于津平和邓娟基于改进的垂直专业化分工方法,认为参与国际分工使出口技术含量稳步提高,提升了我国的分工地位,但只有一般贸易具有促进作用,加工贸易会抑制我国的产业链升级。此外,李跟强和潘文卿从区域视角和增加值供给偏好方面创新了分工地位研究,研究发现1997—2007年间,我国大部分地区的垂直专业化生产偏好由内向型转变为外向型,并且沿海地区高于内陆地区。

(二) 出口产品价格指数

1. 测度方法

出口产品价格指数最早由 Schott 提出,后经施炳展等学者进一步完善。该方法认为国际贸易中,产品价格的差异体现了不同国家的产业分工地位。基于此,学者提出使用一国出口产品价格与国际市场该产品平均价格的差异作为该国的分工地位替代指标。本书借鉴施炳展提出的测算公式:

$$rP_{ci} = \frac{(P_{ci} - \overline{P}_{wi})}{\overline{P}_{wi}} \tag{6.3}$$

其中,c 指国家,i 指出口产品;rP_{ci} 代表 c 国 i 产品的出口价格 P_{ci} 与世界平均价格 $\overline{P}_{wi}$ 的差别程度。rP_{ci} 的值介于 $(-1,1)$。当 $P_{ci} < \overline{P}_{wi}$ 时,即 $rP_{ci} < 0$,表示 c 国 i 产品的出口价格低于世界平均水平,那么国际分工地位也处于全球价值链较低端;反之,当 $P_{ci} > \overline{P}_{wi}$ 时,$rP_{ci} > 0$,则该国出口产品价格高于世界平均水平。该理论认为,当出口产品价格指数为正,且越接近于1,表明越接近全球价值链高端位置。相关研究也证实了这一点,发达国家的出口产品价格较高,有更高的价值链地位,而发展中国家的出口产品价格低于发达国家,也低于世界平均水平,处于价值链低端。

2. 国内运用情况

施炳展基于出口产品价格指数研究发现,我国大部分出口产品价格指数为负,低于发达国家,处于全球价值链分工的低端,并且,他发现产品技术含量与行业分工地位呈负相关关系,即在高技术含量产品生产中,我国的分工地位更加恶化,存在一定程度的"悲惨增长"。这一结论得到胡昭玲等人的认同,但胡昭玲同时指出,我国在加入 WTO 后,国际分工地位明显改善。蒲华林和张捷基于出口产品价格指数分析中国零部件产业,结果表明该行业贸易失衡,逆差严重,并且以低水平零部件贸易为主,其产品单位价值偏低,表明在该行业我国处于全球价值链低端。他继续提出,由于零部件是制造业发展的重要一环,尤其是核心零部件大多被发达国家所掌控,所以我国制造业升级必须从零部件开始。综合国内现有研究发现,学者们较少使用出口产品价格指数法,因为它的计算过于简单,且测量误差较大,使用场景十分受限。

(三)出口技术复杂度指数

1. 测度方法

出口技术复杂度指数方法最早由 Michaely 提出,后经众多学者加以完善,是一种衡量国家或企业出口产品技术水平的方法,并以此为基础测量全球价值链分工地位。该方法指出,一国在全球价值链分工中的地位取决于其出口产品的技术复杂度,若产品的技术复杂度越高,代表产品附加值更高,那么就处于全球价值链分工的高端位置;反之,则处于低端。Hausmann 等人从产品、行业、国家三个层面给出了测算公式,具体如表 6-1 所示。

表 6-1 出口技术复杂度指标分类及测度公式

指标	公式	具体解释
产品出口技术复杂度	$PRODY_k = \sum_j \dfrac{X_k/X_j}{\sum_j (X_k/X_j)} \cdot Y_j$	k 和 j 分别为产品和国家,X_k 为 j 国 k 产品的出口额,X_j 为 j 国所有产品的总出口,X_k/X_j 为 j 国 k 产品的出口份额,Y_j 为 j 国人均生产总值。
行业出口技术复杂度	$ESI_{ji} = \sum_k \dfrac{X_{jk}}{X_{ji}} \cdot PRODY_k$	X_{jk}/X_{ji} 为 j 国 i 行业 k 产品出口在该国 i 行业总出口中所占的比重,$PRODY_k$ 即产品出口技术复杂度。
国家出口技术复杂度	$EXPY_j = \sum_i \dfrac{X_i}{\sum_i X_i} \cdot ESI_{ji}$	$EXPY_j$ 为 j 国的出口技术复杂度,权重即行业出口额占该国出口额的比例,ESI_{ji} 即行业出口技术复杂度。

2. 国内运用情况

目前,我国学术界较多采用 Hausmann 等人的方法对我国的出口技术复杂度进行测度。产品层面上,中国从低端产品到高端产品的整体出口技术复杂度呈上升趋势,表示我国产品的技术含量逐渐提高;与此相似,行业层面上,黄先海等人研究中国制造业的出口技术复杂度,发现我国行业的技术水平不断提高;国家层面上,刘琳和盛斌基于投入产出表测算 1995—2011 年中国 16 个工业行业的出口技术复杂度,研究发现,虽然国内技术复杂度稳步上升,但依然低于全部技术复杂度,并且二者差异有扩大趋势,此外国内技术的增长主要来自低技术行业,中高技术行业增速较低;另外,李建军等人根据丝绸之路经济带国家的实际情况,从产业、国家和区域三个维度构建 GVCP 测度指数,结果显示,丝绸之路经济带的 GVCP 具有资源导向性、显著梯度性、依附性和被动性等特征。

虽然关志雄、樊纲等人、黄先海等人和邱斌等人的研究一致认为我国出口技术含量显著增加,但是戴翔等人和陈丽丽等人给出相反的观点:戴翔等人采用出口重叠指数及商品相对平均单位价值对 OECD 人均收入较高的部分国家进行出口技术复杂度测量,其结果与大多数研究结论不同,发现中国出口技术复杂度与发达国家相比尚存在差距,特别是高技术密集型产品出口技术复杂度的差距更大,只是在中低技术密集型产品上实现了追赶。同样,陈丽丽等人指出中国出口技术复杂度的上升只局限在中低端产品,而高端产品的出口技术复杂度仍在下降。

综合现有研究发现,学者们存在以下分歧:第一,在测算技术复杂度时,是否考虑到中国使用外资的情况;第二,中国出口产品中内含的技术是来源于我国自身的技术进步,还是依赖于国外技术。因此,后续研究需要对此进行更深入的探究,全面考虑中国的技术水平和相关政策,为我国未来的贸易发展提供参考。

(四) 全球价值链地位指数

1. 测度方法

Koopmann 等人提出全球价值链地位指数(GVC 地位指数),基于投入产出法评估一国的全球价值链分工地位。相比之前的衡量方式,该指数更准确地反映了参与国际分工的国家之间的差异。价值链地位的不同反映了国家在全球分工中的具体地位。GVC 地位指数可由下式测算:

$$GVC\_Position_{ij} = \ln\left(1 + \frac{IV_{ij}}{E_{ij}}\right) - \ln\left(1 + \frac{FV_{ij}}{E_{ij}}\right) \qquad (6.4)$$

其中,i 表示测算的产业,j 代表测算的国家;$GVC\_Position_{ij}$ 即 GVC 位置指数,反映 j 国 i 产业在全球价值链中的位置,该值越大,表明在全球价值链所处位置越高。IV_{ij} 表示 j 国 i 产业出口的中间产品中包含的国内增加值部分;FV_{ij} 表示 j 国 i 产业出口的最终产品中包含的国外增加值部分;E_{ij} 表示 j 国 i 产业基于出口增加值计算的出口总量。在全球价值链分工中,一些国家扮演着中间投入品的供应商角色,而另一些国家则扮演着终端消费品的制造商角色,这些不同的角色在全球价值链中体现不同的价值贡献。其中,扮演中间品供应商的国家处于产业上游,因为其出口产品是其他国家制造业所必需的中间投入品,从而掌握议价权,具有更高的产业附加值;同理,扮演终端消费品的制造国,其最终产品依赖中间投入品的进口,处于更低的分工地位。一般而言,GVC地位指数越大表示国际地位越高,越靠近上游位置,反之则靠近下游。

2. 国内运用情况

对于分析全球价值链分工地位,国内学者主要从TiVA数据库和WIOD数据库对其进行量化分析,而对后者的使用更为广泛。周升起等人分析发现我国1995—2009年期间的制造业分工地位较低,并且较之资本密集型、技术密集型和资源密集型行业,我国劳动密集型行业的分工地位相对更高;刘琳进一步发现,我国GVC地位指数为负,整体地位较低,特别是中高技术制造业的指数还有下降趋势,但是低技术制造业在国际分工中的地位稳步攀升,并逐渐靠近上游位置,这说明我国制造业技术水平存在不平衡现象。在国际比较上,吴博文基于WIOD数据库结合HS制度,将所有产业分为技术密集型、资本密集型和劳动密集型,从贸易附加值的角度来测算中国及主要贸易伙伴不同产品的地位,对比发现,中国劳动密集型产业的地位较高,而技术密集型产业依然落后于发达国家和地区,大量的贸易附加值被发达国家掌控。另外,吴博文采用Koopman的两个指数从整体、细分行业和国际三个层面测度GVC地位,主要结论如下:第一,相较于发达国家,新兴经济体在全球价值链上的参与程度更高;第二,劳动力和资源禀赋是新兴经济体的主要比较优势,帮助其在中低技术产业中占据上游位置,而研发、设计环节等高技术行业被发达国家所掌控;第三,在细分行业上,相较于高技术行业,中国也只是在中低技术行业存在比较优势,高技术行业则被发达国家所掌控。类似的,黄光灿同样立足于上述三个层面,发现中国制造业的GVC地位较低,但存在向上攀升趋势,结论与吴博文的研究基本一致。

(五) 上游度指数

1. 测度方法

上游度由Antràs等人提出,作为评估国家产业链现状以及衡量经济国际化程度的重要工具,表示某行业到达最终消费的加权平均距离。公式如下:

$$D_{im} = 1 + \sum jn\, g_{imjn} \cdot D_{jn} \tag{6.5}$$

其中，D 表示上游度指数，m 和 n 表示国家，i 和 j 表示产品；g_{imjn} 表示 m 国 i 产品作为中间品出口到 n 国 j 产品生产中的价值占 i 产品价值的比重。鉴于产业的贸易额和存货量，g_{imjn} 进一步表示为：

$$\frac{d_{ij} \cdot Y_j}{Y_j} - X_i + M_i - I_i \tag{6.6}$$

式(6.6)中，Y_j 为 j 产业总产出；X_i 为 i 产品的出口额；M_i 为 i 产品的进口额；I_i 为 i 产品的存货；d_{ij} 为直接消耗系数，表示 j 产业产出增加 1 美元所需要增加 i 产品的中间投入量，从而 $d_{ij} \cdot Y_j$ 表示生产 Y_j 单位 j 产品所需要投入的 i 产品价值。将式(6.5)表示为 $\boldsymbol{D} = \boldsymbol{u} + \boldsymbol{G} \cdot \boldsymbol{D}$，$\boldsymbol{D}$ 为各部门上游度列向量；$\boldsymbol{u}$ 为单位列向量；$\boldsymbol{G}$ 表示一个矩阵，其中的对应元素就是 g_{imjn}（存货调整后）。然后对该式进行移项整理，得上游度 $\boldsymbol{D} = (\boldsymbol{I} - \boldsymbol{G})^{-1}\boldsymbol{u}$。上游度指数越大，说明该国的产业结构更倾向于生产中间商品，而非终端消费品，故越靠近产业上游，那么也就具有更高的全球价值链地位。反之，上游度指数越小，则全球价值链地位越低。

2. 国内运用情况

刘洪铎较早地使用上游度指数研究北京市的分工地位，研究发现，北京市的 42 个行业分工地位存在较大差异，大部分行业的分工地位呈上升趋势，但部分第二、第三产业的行业分工地位略有下降，此外，北京的整体分工地位不如上海。近年来，经济全球化趋势更加明显，国内的研究也更关注国际层面的国家或地区间的发展状况。何祚宇等人基于 1995—2011 年的行业投入产出数据测算了中国、美国、印度、巴西等 41 个经济体的上游度，结果显示，2000 年以来，全球价值链的长度和复杂度都快速增加，但链条韧性相应降低，易受到金融危机的冲击，且中国处于较上游位置，此外，研究结果并未发现上游度指数大小与全球价值链分工地位之间存在明显联系。相反，邓光耀等人认为二者之间存在联系，即中国大部分行业上游度较高，意味着我国在国际市场中处于价值链低端。陈晓珊从中国和日本的对比分析中发现，以 2003 年为界，中国向全球价值链低端转移先是以行业间效应为主，此后则更多的是行业内效应，但行业间和行业内效应对日本的产业向高端转移具有同等作用。此外，还有将上游度指标改为下游度指标的相关研究，其本质上仍是上游度指数的测度思想。

综上所述，全球价值链位置测度的五大指标各有其使用范围和特点，可以为全球价值链地位测度提供不同的视角和方法。垂直专业化指数作为最早的全球价值链地位测度指标，在宏观经济研究中扮演了重要角色，该指数强调了贸易进出口的关联性，揭示了不同国家和地区在全球价值链中的地位和角色。随着世界投入产出表的出现，垂直专业化指数的应用变得更加广泛和深入。出口产品价格指数解释了行业或产品在不同国家出口时的价格差异，测量过程最为简单，只需要比较产品的出口或国际市场的价格即可。与此相反，出口技术复杂度指数显得更为复杂，需要考虑诸多因素，时间跨度也更长。当前，更多学者采用 GVC 地位指数，适用性更广，可用于宏观、中观、微观多层面的测度。该指数的应用可以促进贸易增加值的测算和分析，为各国优化贸易结构提供参考。最后是上游度指数，它考虑了如今中间品贸易的繁荣现状，反映了各国在全球价值链中的定位，它的出现填补了宏观和微观层面之间的空缺，为更加全面的贸易增加值测算和评估提供了支持。因此，本章节拟采用 Koopman 等人的 GVC 地位指数来测度数字创意产业全球价值链位置。

式(6.4)中，j 表示从数据库中选取的各个国家(或地区)[①]；i 表示从数据库中选取的数字创意产业典型行业，分别是 D58T63 信息通信(Information and Communication)和 D90T93 艺术、娱乐和休闲(Arts, Entertainment and Recreation)，其中，前者包括 D58T60 出版、音像、广播活动(Publishing, Audiovisual and Broadcasting Activities)，D61 电信(Telecommunications)，D62T63 计算机编程、咨询和信息服务活动(Computer Programming, Consultancy and Information Services Activities)三个细分行业。三个计算指标分别是 FV_{ij}，对应数据集中的 EXGR_FVA(Foreign Value Added Content of Gross Exports)，表示 j 国 i 产业总出口中的外国来源增加值；IV_{ij}，对应 EXGR_IDV(Indirect Domestic Value Added Content of Gross Exports)，表示 j 国 i 产业总出口中的间接国内增加值；E_{ij}，对应 EXGR(Gross Exports)，表示 j 国 i 产业的出口总额。出口总额 E_{ij} 可以分解为国外增加值

---

① 本章节选取了 TiVA 数据库中 66 个国家或地区：澳大利亚、奥地利、比利时、加拿大、智利、哥伦比亚、哥斯达黎加、捷克、丹麦、爱沙尼亚、芬兰、法国、德国、希腊、匈牙利、冰岛、爱尔兰、以色列、意大利、日本、韩国、拉脱维亚、立陶宛、卢森堡、墨西哥、荷兰、新西兰、挪威、波兰、葡萄牙、斯洛伐克、斯洛文尼亚、西班牙、瑞典、瑞士、土耳其、英国、美国、阿根廷、巴西、文莱、保加利亚、柬埔寨、中国、克罗地亚、塞浦路斯、印度、印度尼西亚、中国香港、哈萨克斯坦、老挝、马来西亚、马耳他、摩洛哥、缅甸、秘鲁、菲律宾、罗马尼亚、俄罗斯、沙特阿拉伯、新加坡、南非、中国台湾、泰国、突尼斯、越南。

FV_{ij}（Foreign Value Added）和国内增加值 DV_{ij}（Domestic Value Added）。另外，因国际统计数据库的数据获取方式较特殊，本章节采用的数据存在较为明显的滞后性。

第四节 中国数字创意产业全球价值链的位置测度及其演变趋势

本部分主要对中国数字创意产业的全球价值链位置测度结果进行简单分析，再对其位置演变趋势进行分析。

一、中国数字创意产业嵌入全球价值链位置的演变

图 6-1 和表 6-2 为 2005—2018 年间中国数字创意产业整体和五大细分行业[①]的 GVC 地位指数情况。这一阶段中国数字创意产业五大知识、技术密集型行业均实现了国际分工地位的稳定攀升，从侧面体现了我国科技与文化的蓬勃发展与持续输出。第一阶段为金融危机前的 2005—2007 年，21 世纪初加入 WTO 加速我国融入全球价值链，深度参与国际贸易体系，我国数字创意产业的国际分工地位逐年上升；第二阶段为金融危机期间的 2008—2009 年，金融危机下的全球价值链受到一定程度的破坏，我国数字创意产业正处于上升成长期，受到欧美等西方国家的波动影响，导致我国数字创意产业全球价值链位置呈现先下降后回升的状态；第三阶段为后金融危机时期 2010—2015 年，金融危机的负面影响逐渐消退，全球贸易体系以及国家间、产业间、企业间合作日渐复苏，我国数字创意产业的对外贸易热度逐步回升，产业国际分工地位总体呈上升趋势；第四阶段为 2015—2018 年，受到国内新常态经济发展形势、"一带一路"的提出与兴起、人民币汇率改革和国际大环境波动起伏等的叠加影响，我国对外贸易下降态势明显，包括上升发展期的数字创意产业。

---

① 本章节将"信息通信"行业下三大细分行业"出版、音像、广播活动""电信""计算机编程、咨询和信息服务"单列出来，与"信息通信""艺术、娱乐和休闲"并列组成五大数字创意相关行业。

指数

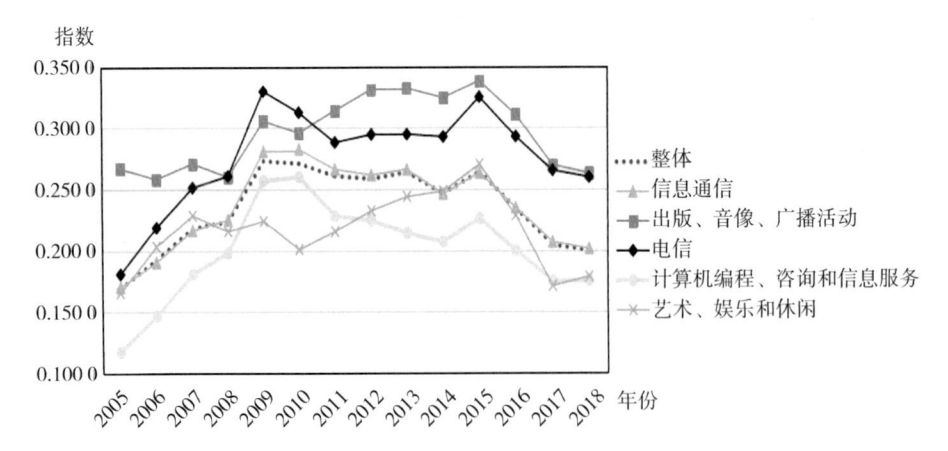

图 6-1 2005—2018 年中国数字创意产业整体及细分行业 GVC 地位指数演化趋势

表 6-2 2005—2018 年中国数字创意产业整体及细分行业的 GVC 地位指数变化

行业	2005	2006	2007	2008	2009	2010	2011
信息通信	0.170 0	0.190 1	0.216 3	0.225 0	0.280 9	0.282 6	0.266 3
出版、音像、广播活动	0.266 8	0.258 3	0.270 9	0.260 1	0.305 5	0.295 9	0.313 9
电信	0.180 6	0.218 7	0.251 3	0.260 7	0.329 8	0.312 5	0.288 1
计算机编程、咨询和信息服务	0.117 3	0.146 6	0.180 5	0.197 9	0.257 0	0.260 1	0.228 3
艺术、娱乐和休闲	0.165 3	0.203 0	0.228 5	0.215 5	0.224 0	0.200 6	0.215 3
整体	0.169 2	0.192 2	0.218 1	0.223 6	0.273 0	0.271 0	0.260 8

行业	2012	2013	2014	2015	2016	2017	2018
信息通信	0.261 6	0.266 2	0.246 2	0.263 4	0.235 0	0.206 8	0.201 3
出版、音像、广播活动	0.331 2	0.332 3	0.324 2	0.338 1	0.310 8	0.269 8	0.263 0
电信	0.294 5	0.294 7	0.292 7	0.325 0	0.292 9	0.265 3	0.259 7
计算机编程、咨询和信息服务	0.224 2	0.214 0	0.206 9	0.226 0	0.199 8	0.175 0	0.175 3
艺术、娱乐和休闲	0.232 5	0.243 9	0.248 3	0.270 3	0.228 5	0.170 9	0.178 7
整体	0.258 4	0.263 9	0.246 4	0.264 0	0.234 5	0.204 2	0.200 0

二、中国不同类型数字创意产业价值链位置的演变特征

由图 6-1 可知,由于行业服务对象、服务形式、发展要求等的不同,本章节选取的数字创意产业不同类型的行业在 2005—2018 年的升降变化节点值并不一致。在此将五大细分行业分为两类——数字类和创意类产业,前者包

括"信息通信""电信""计算机编程、咨询和信息服务"行业,后者包括"出版、音像、广播活动""艺术、娱乐和休闲"行业。数字类产业的三个行业的发展重合率较高,受互联网信息技术发展的影响呈现良好发展态势,故三者的明显变化差异仅在年度指数值上,节点升降变动大致相同,其中,"信息通信"行业与产业整体的 GVC 地位指数大致相近,可认为该行业基本代表数字创意产业整体的发展情况。创意类产业的两个行业在 2005 年和 2018 年的国际分工地位大致相近,而在 2005—2018 年间有过更为繁荣的发展,该产业偏向于享受型消费,受民众文化消费需求的影响较大,与国民经济发展和人均收入的多少密切相关。其分工地位分别在 2005—2007 年和 2010—2015 年两个阶段呈现逐年攀升的走向,当时正处于金融危机前后的经济发展与复苏期,受益于国际贸易环境和国内贸易改革的双重叠加影响,创意类产业在产业上升成长期发展良好。

三、中国与其他部分国家数字创意产业全球价值链嵌入位置比较分析

GVC 地位指数越大,表示该国该产业在全球价值链中所处地位越高。表 6-3 是根据 TiVA 数据库计算出的日、韩、中、英、美五国在 2005—2018 年间数字创意产业整体[①]的 GVC 地位指数变化。数据显示,日、韩、英、美四个数字创意产业代表国的 GVC 地位指数总体呈下降趋势,仅中国一国在 14 年内实现了指数正增长。作为发展中经济体的中国,数字创意产业国际分工地位历年来随着经济和科技的发展稳中有进。

表 6-3　五国数字创意产业整体 GVC 地位指数的变化

国家	2005	2006	2007	2008	2009	2010	2011
日本	0.249 5	0.253 0	0.248 2	0.256 1	0.274 3	0.263 9	0.255 2
韩国	0.137 3	0.147 3	0.143 6	0.103 5	0.104 8	0.101 1	0.086 8
中国	0.169 2	0.192 2	0.218 1	0.223 6	0.273 0	0.271 0	0.260 8
英国	0.148 9	0.145 5	0.147 4	0.134 8	0.137 4	0.130 0	0.122 4
美国	0.237 8	0.248 3	0.225 3	0.215 3	0.219 6	0.209 0	0.210 7

---

① 本章节中的数字创意产业整体是基于数据库中的两大主要行业类型:信息通信行业和艺术、娱乐和休闲行业。

续表

国家	2012	2013	2014	2015	2016	2017	2018
日本	0.261 5	0.246 7	0.230 7	0.237 6	0.251 9	0.246 7	0.232 2
韩国	0.082 8	0.099 9	0.110 5	0.127 2	0.128 9	0.117 7	0.116 7
中国	0.258 4	0.263 9	0.246 4	0.264 0	0.234 5	0.204 2	0.200 0
英国	0.122 2	0.124 8	0.124 8	0.128 1	0.121 5	0.119 0	0.110 8
美国	0.219 4	0.213 7	0.221 2	0.212 0	0.208 5	0.204 9	0.214 5

表6-4展示了2018年世界前十位国家的数字创意产业整体及细分行业的GVC地位指数，在"信息通信""出版、音像、广播活动""电信""计算机编程、咨询和信息服务"四个行业及数字创意整体产业中，我国GVC地位指数均位列全球前十，可见我国在数字创意产业的国际竞争优势明显，个别行业已是国际领先水准，同时仍具备国际分工地位提升的巨大空间。

表6-4 2018年世界前十位国家数字创意整体及细分行业的GVC地位指数

行业	(1)	(2)	(3)	(4)	(5)	(6)	(7)	(8)	(9)	(10)
信息通信	哥伦比亚	澳大利亚	阿根廷	日本	智利	美国	中国	希腊	巴西	秘鲁
	0.261 2	0.242 8	0.240 0	0.234 2	0.214 7	0.212 7	0.201 3	0.198 1	0.194 9	0.185 0
出版、音像、广播活动	哥伦比亚	中国	巴西	日本	老挝	意大利	智利	澳大利亚	阿根廷	美国
	0.299 9	0.263 0	0.251 5	0.243 8	0.237 7	0.235 6	0.235 3	0.227 8	0.217 6	0.208 6
电信	智利	巴西	中国	澳大利亚	美国	日本	希腊	哥伦比亚	阿根廷	哥斯达黎加
	0.303 6	0.277 0	0.259 7	0.258 5	0.255 5	0.246 5	0.245 0	0.231 2	0.228 3	0.208 1
计算机编程、咨询和信息服务	阿根廷	澳大利亚	日本	美国	老挝	中国	墨西哥	印度	希腊	哥伦比亚
	0.267 0	0.241 5	0.202 2	0.200 9	0.184 4	0.175 3	0.163 5	0.159 2	0.158 7	0.155 3
艺术、娱乐和休闲	巴西	阿根廷	缅甸	美国	新西兰	印度	秘鲁	日本	意大利	哈萨克斯坦
	0.274 4	0.273 7	0.252 8	0.242 9	0.219 7	0.212 8	0.192 5	0.191 4	0.189 7	0.181 5
整体	哥伦比亚	阿根廷	日本	澳大利亚	美国	巴西	智利	中国	秘鲁	希腊
	0.246 6	0.243 4	0.232 2	0.221 5	0.214 5	0.204 4	0.202 8	0.200 0	0.187 1	0.177 8

第五节　中国数字创意产业全球价值链位置变化的驱动因素

世界各国都企图在全球价值链分工合作与竞争体系中占领高端位势,从而提高在全球分工体系的地位、获利能力和竞争优势。全球价值链位置变动是指在全球生产网络中,国家在全球价值链低端和高端位势变动的过程;是指劳动密集型、资本密集型、技术密集型和知识密集型产业变动的过程;也是指产品低附加值和高附加值变动的过程。现有的数字创意产业国际分工地位影响因素的研究鲜少,如国内学者陈能军、史占中基于我国现有的5G前沿技术,认为提升数字创意产业的技术复杂度有利于提高该产业全球价值链中我国的附加值。而垄断组织与技术壁垒又作为关键因素影响数字创意产业价值链中我国主导性环节的GVC租金,进而影响我国数字创意产业的GVC地位。

一、理论分析

结合上述内容,本章节认为影响中国数字创意产业全球价值链位置的因素主要有:技术进步、外商直接投资、人力资源、产业政策。

(一)技术进步

数字创意产业以内容创造为内核,以数字技术为内驱力,利用人工智能、大数据、物联网、云计算和区块链等技术构建联动交互的数字创意生态,突破时空界限以联结各类主体实现融合创新。以美国为例,人工智能已作为政府财政优先支出项,注重科技研发和基础研究工作的财政投入,2020年科技研发项目的政府总预算约为203亿美元,基础研究工作的总预算约为135亿美元。以好莱坞电影产业为基础发展而来的娱乐产业,在细节刻画、画面处理、声音配置方面均采用了最先进的电脑技术进行剪辑、宣传、推广,在世界范围内占据领导地位。美国数字创意产业的一大特色是内容创作环节与数字技术研发环节均占据世界高地,以迪士尼、21世纪福克斯、华纳媒体为代表的内容创作企业和以苹果、微软、谷歌为代表的数字互联网企业在全球产业链中均有明显优势,依托于此,产业间的融合协同发展也引领着世界产业的升级趋势。就全球发展现状来看,先进技术的研发应用将依旧是各国数字创意产业发展的重中之重。一方面,加速可穿戴设备、创意软件与设备等上游数字创意产品的研发升级;另一方面,加强创意领域的科技赋能,将 VR/AR 等技术深度融入中下游的创意内容生产,如加快网络游戏、动漫影视、办公教育等领域与创意技术的紧密融合,或开拓线下创意产业链以发展线下创意娱乐场所,加强民众的线上线下文化消费体验感。

(二) 外商直接投资

外商直接投资流入对企业在全球价值链、全球生产链位置可能存在两个相反方向的影响。一方面,部分学者指出外商直接投资流入可以显著提升全球价值链分工位势。外商直接投资流入在显著影响国家和地区经济增长的同时,也将通过技术进步、加深全球价值链嵌入度等提升产业的全球价值链位势。外商直接投资流入可以产生技术溢出效应和学习效应,跨国公司领先的生产技术和经营管理经验等溢出到东道国企业,促进本土企业技术水平提高,优化生产结构并提升产品品质。推动上下游配套产业协同互动发展以及产业功能升级,从而促进企业实现全球价值链位势提升。Manova 等人指出外商直接投资流入可以缓解生产链上游如研发、设计等高附加值、资本密集型环节的融资约束。此外,外商直接投资将产生竞争效应,即加剧东道国国内市场的竞争程度,倒逼企业加速更新升级生产技术和设备,进一步促进企业整体技术水平和产品品质的提升,最终提高全球价值链位势。另一方面,部分学者认为外商直接投资流入未能提升全球价值链位势,甚至是抑制了全球价值链位势的攀升。出于中国等发展中国家的劳动力成本优势,外商投资企业放置大量加工组装环节在中国等国家,从而导致其嵌入全球价值链低端环节。外商投资企业发展造成中国装备制造业产业关联的"外泄",中国此前"为出口而进口"的贸易模式是抑制装备制造业的自主创新动力和发展规模的重要因素,大部分企业集中于单一环节,导致中国装备制造业难以实现投入要素高级化发展以及垂直分工深化。马野青等人指出外商直接投资流入产生的"低端锁定"效应有可能超过技术溢出效应,外商直接投资流入与劳动密集型、技术密集型产业的全球价值链位势呈负向影响关系,其中技术密集型产业的负向影响更明显。

（三）人力资源

人力资源禀赋是影响技术进步、产业升级的关键因素，由于各国或地区的劳动力尤其是高技能劳动力规模存在差异，其在全球价值链分工体系中获得的经济增长效应和位势攀升效应也会存在显著差异。一方面，部分学者指出当前产品生产渐趋复杂化、技术日益升级，国家人力资源越丰富和优势越明显，其技术吸收速度和效率则越快，所生产的产品则具有更高技术含量，全球价值链位势也就较高。魏龙和王磊指出高技术人才等高级生产要素对制造业在全球价值链位势升级的促进作用强于廉价劳动力等传统生产要素，与人口红利相比，增加中、高技术员工比更能提升全球价值链位势。在向全球价值链高端攀升的过程中，随着中国制造业高技能劳动力不断增长，中间产品创新对全球价值链攀升的正向影响增强。另一方面，有学者认为发展中国家依托低成本劳动力优势的支撑从而参与全球价值链分工有可能难以摆脱"低端嵌入"。例如，低技术劳动力仍然是中国制造业的主体，但目前在部分生产制造环节，中国低技术劳动力成本优势不再，而中高端人才规模和质量有待提升，未能解决中国"低端锁定"和"挤出效应"困境。

对于数字创意产业而言，人力资源也是必不可少的要素之一。首先，创意产业劳动人口规模作为产业发展的"量"起着重要作用，例如，英美等西方发达国家凭借先进的工业基础和现代化城市发展优势，吸引不同文化背景的各国移民前往，促进社会文化的多元化融合，为创意相关产业的崛起提供契机。其次，人口受教育程度则作为"质"为数字创意产业发展提供强劲动能。劳动力水平与教育水平、科技进步息息相关，目前，我国专业人才的创意素质与欧美发达国家以及日韩等尚有较大差距，包括高校专业的培养计划和产学研的融合等。当然，数字创意产业作为我国战略性新兴产业之一，仍处于起步成长阶段，必然面临高端人才稀缺、供需结构失衡等问题，但人才或人的智慧与思维是创意内容最根本的来源，培育有多学科背景的复合型创意人才，充分利用我国的人力资源对数字创意产业的发展具有重要影响。

（四）产业政策

英、美、日、韩各国凭借优越的工业化基础、信息化资源和前瞻性政策，长期处于产业发展前沿，全球分工地位靠前，其数字创意相关产业早已具备强劲的国际竞争优势。例如，英国政府在 1998 年发布《英国创意产业路径文件》，首次明确"创意产业"的概念，且此后在法律法规、资金税收优惠等方面做出重要举措以促进国内创意产业的繁荣发展，并计划将伦敦建设成为国际创意中心。美国也早在1976年就通过立法将版权产业作为国内重要产业进行培育，现已形成一整套完备的包含知识产权法及其他相关法律法规的创意产业保障体系，同时鼓励非文化部门和资金积极投入版权产业，加速产业融合发展。日本也如此，动漫产业作为其国民经济支柱产业占据世界主导地位，从国内宏观战略到地方政府、行业、企业的内部条例，均为确保动漫产业的健康发展而积极推进一系列政策主张，且根据产业动向做出适时调整以护航产业的可持续发展。

而我国数字创意产业起步较晚，在2016年《政府工作报告》中首次提出"数字创意产业"，在此之后，数字创意产业逐渐迎来政策利好黄金期（如表6-5所示），而我国数字创意产业也兼具国际分工地位的提升潜力和发展基础。而阿里巴巴、腾讯、华为、网易等一系列中国互联网标杆企业的崛起，也为中国抢占世界创意市场、充分融入数字创意产业全球价值链提供了有力保障。另外，我国历史文化资源储备量位于世界前列，一定程度上提供了富足的创意来源，但囿于相关政策法规的不完善，创新性产品和原创要素应用仍存在较大发展空间，知识产权保护亟须推进以保障创意内容的创新式转化。

表6-5 "十三五"以来中国数字创意产业国家政策汇总

时间	部门	文件名	重点内容
2016年11月	国务院	《"十三五"国家战略性新兴产业发展规划》	首次将数字创意产业纳入战略性新兴产业发展规划；促进数字创意产业蓬勃发展，创造引领新消费，到2020年，形成文化引领、技术先进、链条完整的数字创意产业发展格局，相关行业产值规模达到8万亿元。
2017年4月	文化和旅游部	《"十三五"时期文化产业发展规划》	培育新型业态，加快发展以文化创意内容为核心，依托数字技术进行创作、生产、传播和服务的数字文化产业，提升动漫、游戏、创意设计、网络文化等新兴文化产业发展水平；推动优秀文化内容数字化转化和创新，丰富数字文化创意内容创作与供给；落实创新驱动发展战略，促进娱乐、动漫、游戏、创意设计、网络文化、文化装备制造等行业全面协调发展。
2018年11月	国家统计局	《战略性新兴产业分类(2018)》	明确数字创意产业的覆盖范围：数字创意技术设备制造、数字文化创意活动、设计服务、数字创意与融合服务。

续表

时间	部门	文件名	重点内容
2020年9月	国家发改委、科技部、工信部、财政部	《关于扩大战略性新兴产业投资培育壮大新增长点增长极的指导意见》	加快数字创意产业融合发展;建设一批数字创业产业集群;加强数字内容供给和技术装备研发平台,提供多元化消费体验;构建新时代大视听全产业链市场发展格局。
2021年5月	文化和旅游部	《"十四五"文化产业发展规划》	顺应数字产业化和产业数字化发展趋势,深度应用5G、大数据、云计算、人工智能、超高清、物联网、虚拟现实、增强现实等技术,推动数字文化产业高质量发展,培育壮大线上演播、数字创意、数字艺术、数字娱乐、沉浸式体验等新型文化业态。
2022年8月	中共中央办公厅、国务院办公厅	《"十四五"文化发展规划》	实施网络精品出版、网络音乐产业扶持计划;加强数字版权保护;加快发展数字出版、数字影视、数字创意等新型文化业态。

二、计量模型设定与实证结果讨论

(一) 模型设定、变量选取及数据来源

为考察技术进步、外商直接投资、人力资源、产业政策对中国数字创意产业在全球价值链中所处位置的影响,本章节拟构建如下固定效应回归模型:

$$GVC_{it} = \beta_0 + \beta_1 tech_{it} + \beta_2 fdi_{it} + \beta_3 human_{it} + \beta_4 policy_{it} + \lambda_t + \varepsilon_{it} \tag{6.7}$$

其中,被解释变量 GVC_{it} 代表 i 国数字创意产业 t 年度(t 为 2005—2018 年中的一年)在全球价值链中所处的地位,数据经 WTO-OECD 联合发布的 TiVA 数据库计算而得;解释变量为技术进步($tech_{it}$),以各国 R&D 研发人员数量来衡量;影响数字创意产业发展的生产因素——外商直接投资(fdi_{it})以各国外商直接投资净流入占 GDP 比重来衡量,人力资源($human_{it}$)以各国劳动人口中高等院校学历的占比来衡量,影响数字创意产业发展的政府因素——产业政策($policy_{it}$)以一般政府最终消费支出占 GDP 比重来衡量,以上变量所选数据均来源于世界银行数据库;λ_t 代表时间固定效应;ε_{it} 代表随机误差项。表 6-6 中为相关变量描述性统计结果。

表 6-6　变量描述性统计

变量		均值	标准差	最小值	最大值	观测值
GVC	总体	0.059 5	0.125 2	−0.428 1	0.278 2	$N=560$
	组间		0.121 5	−0.315 6	0.239 0	$n=40$
	组内		0.035 5	−0.080 9	0.235 3	$T=14$
tech	总体	101 464.6	235 403.1	478.030 5	1 833 578	$N=560$
	组间		234 914.9	718.798 2	1 425 618	$n=40$
	组内		38 896.84	−228 200.2	509 423.9	$T=14$
fdi	总体	10.336 2	37.158 2	−40.086 6	449.080 9	$N=560$
	组间		24.184 6	0.850 8	119.840 8	$n=40$
	组内		28.450 7	−108.163 9	339.576 3	$T=14$
human	总体	128.969 1	40.281 4	0.009 2	321.425 8	$N=560$
	组间		34.128 0	55.756 5	212.282 1	$n=40$
	组内		22.021 7	−40.881 9	238.112 8	$T=14$
policy	总体	18.701 6	3.777 0	8.321 2	27.935 0	$N=560$
	组间		3.649 2	10.723 5	25.521 2	$n=40$
	组内		1.122 0	14.508 1	22.534 7	$T=14$

（二）实证结果分析

1. 基准回归结果

利用 F 检验、LM 检验和 Hausman 检验对 40 个国家[①] 14 年间的面板数据进行模型选择检验，结果显示：固定效应模型优于随机效应模型。故在控制时间固定效应的基础上进行回归分析，结果如表 6-7 所示。

表 6-7　基准回归结果

变量	GVC			
	(1)	(2)	(3)	(4)
tech	1.79e−07***	1.64e−07***	1.85e−07***	1.85e−07***
	(8.41)	(8.38)	(9.34)	(9.32)

---

① 40 个国家分别是奥地利、比利时、加拿大、智利、捷克、丹麦、爱沙尼亚、芬兰、法国、希腊、匈牙利、冰岛、爱尔兰、意大利、韩国、拉脱维亚、立陶宛、墨西哥、荷兰、挪威、波兰、葡萄牙、斯洛伐克、斯洛文尼亚、西班牙、瑞典、英国、阿根廷、巴西、保加利亚、中国、克罗地亚、塞浦路斯、哈萨克斯坦、马来西亚、马耳他、罗马尼亚、俄罗斯、泰国、突尼斯。

续表

变量	GVC			
	(1)	(2)	(3)	(4)
fdi		−0.001 3*** (−10.33)	−0.001 2*** (−9.66)	−0.001 2*** (−9.63)
$human$			0.000 5*** (4.42)	0.000 5*** (4.36)
$policy$				−0.000 6 (−0.46)
常数项	0.068 3*** (3.64)	0.089 9*** (5.19)	0.027 1 (1.22)	0.035 7 (1.23)
观测值	560	560	560	560
时间	是	是	是	是
F 值	5.77	13.55	14.36	13.50
R^2	0.106 7	0.251 9	0.276 5	0.275 5

注：*、**、***分别表示在10%、5%、1%的统计水平上显著,括号内的为 z 值。以下各表同。

依据回归结果可以得出如下结论：

第一,技术进步在0.01的显著性水平上对数字创意产业的国际分工地位有显著的正向影响,即技术进步尤其是一国的研发人员数量或比重的提高能显著促进该国数字创意产业在全球价值链中的地位。专业研发人才、研发投入的增加能有效加大核心专利和先进技术的产出,为企业转型和产业革新提供硬核动力,提升相关企业在产销研各阶段的信息整合能力和资源配置效率,进而提升一国出口产品的附加值与国际竞争力。

第二,外商直接投资净流入占GDP比重在0.01的显著性水平上对数字创意产业的国际分工地位提升起负向作用,这可能是因为外商直接投资的技术溢出存在负向效应。一方面,数字创意产业作为引领经济发展的风口产业,发达经济体的创意内容局限于该国国内的集聚发展,并对先进技术实行严密保护以保持产业内的领先地位,而大规模的国际合作与交流共享尚未开展,使得大多数国家对发达经济体的技术与创意依赖性较高,自主创新能力不足,对外商直接投资的吸收转化能力不强;另一方面,在全球化分工协作体系下,数字创意跨国企业实行纵向垂直化的生产模式,导致单一国家的数字创意产业与跨国企业对该国投资布局的产业关联度低,各国对外商直接投资的吸收利用率与数字创意产业的均衡发展也存在明显差异。

第三,一国劳动人口中高等院校学历的占比对该国数字创意产业在全球价值链中的地位有显著的正向影响。高等学历的占比一定程度上反映了该国高素质人才的储备及整体国民的素质水平,占比高表明该国从事数字创意相关产业的人员基础这一优势较为明显,能为新兴产业的繁荣提供相应支持。

第四,产业政策即一般政府最终消费支出占GDP比重对数字创意产业的国际分工地位无显著影响。这可能是由于大多数国家对数字创意产业的政策导向尚处于文字宣发阶段,而未普遍落于实处,政府最终消费支出自然对数字创意产业的影响尚不明显。

2. 稳健性检验

考虑到核心解释变量的指标选取也可能影响回归结果,故将原核心解释变量 $tech$ 的指标替换为各国科技期刊的文章数量再进行回归分析,结果如表6-8所示。

表6-8 稳健性检验结果 I

变量	(1) GVC	(2) GVC	(3) GVC	(4) GVC
$tech$	7.85e−07*** (8.92)	7.23e−07*** (8.96)	8.15e−07*** (9.96)	8.18e−07*** (10.00)
fdi		−0.001 3*** (−10.40)	−0.001 2*** (−9.72)	−0.001 2*** (−9.66)
$human$			0.000 5*** (4.59)	0.000 6*** (4.68)
$policy$				−0.001 3 (−1.02)
常数项	0.068 8*** (3.69)	0.090 2*** (5.26)	0.025 7 (1.17)	0.044 3 (1.55)
观测值	560	560	560	560
时间	是	是	是	是
F 值	6.41	14.37	15.28	14.44
R^2	0.119 3	0.264 0	0.290 2	0.290 2

对比表6-8和表6-9可知,更换核心解释变量的衡量指标后回归结果基本一致,故可认为模型具有良好的稳健性。

现将样本期缩短至距今最近的十年(2009—2018年)进行回归,具体结果如表6-9所示。

对比表6-7和表6-9可知,缩短样本期后与原样本期的回归结果基本一致,故可认为模型具有良好的稳健性。

表 6-9　稳健性检验结果 Ⅱ

变量	(1) GVC	(2) GVC	(3) GVC	(4) GVC
tech	1.86e−07*** (7.16)	1.70e−07*** (7.11)	1.91e−07*** (7.88)	1.90e−07*** (7.85)
fdi		−0.001 9*** (−8.82)	−0.001 8*** (−8.26)	−0.001 8*** (−8.27)
human			0.000 6*** (3.60)	0.000 6*** (3.66)
policy				−0.001 1 (−0.72)
常数项	0.066 0*** (3.30)	0.086 1*** (4.67)	0.016 2 (0.61)	0.035 0 (0.94)
观测值	400	400	400	400
时间	是	是	是	是
F 值	5.55	13.12	13.48	12.46
R^2	0.102 3	0.250 5	0.272 9	0.271 9

现将 40 个样本国家按世界银行官网公布的标准划分为高等收入国家和中等收入国家(包括中低等和中高等收入国家)进行分样本回归,结果如表 6-10 和表 6-11 所示。

表 6-10　稳健性检验结果 Ⅲ

变量	(1) GVC	(2) GVC	(3) GVC	(4) GVC
tech	5.50e−07*** (7.83)	4.66e−07*** (7.24)	4.62e−07*** (7.36)	4.57e−07*** (7.32)
fdi		−0.001 2*** (−9.47)	−0.001 0*** (−8.28)	−0.001 0*** (−8.12)
human			0.000 7*** (4.69)	0.000 7*** (4.73)
policy				0.003 5** (2.23)
常数项	0.051 0** (2.34)	0.078 3*** (3.93)	−0.014 4 (−0.52)	−0.082 1** (−2.00)
观测值	420	420	420	420
时间	是	是	是	是
F 值	5.38	12.10	13.31	12.94
R^2	0.127 8	0.284 4	0.319 7	0.326 3

表 6-11　稳健性检验结果 Ⅳ

变量	(1) GVC	(2) GVC	(3) GVC	(4) GVC
$tech$	1.13e−07*** (5.49)	1.06e−07*** (5.25)	1.25e−07*** (6.24)	1.22e−07*** (5.84)
fdi		−0.006 2** (−2.58)	−0.005 5** (−2.38)	−0.005 6** (−2.40)
$human$			0.000 8*** (3.60)	0.000 8*** (3.10)
$policy$				0.001 6 (0.50)
常数项	0.078 8** (2.40)	0.105 7*** (3.13)	0.037 7 (1.01)	0.018 9 (0.36)
观测值	140	140	140	140
时间	是	是	是	是
F 值	2.23	2.61	3.49	3.28
R^2	0.109 9	0.148 3	0.223 1	0.218 4

高等收入国家和中等收入国家在技术进步、外商直接投资、人力资源三个因素上的显著性结果与基准回归结果基本一致,但在产业政策上有明显差异,其对高等收入国家的正向影响较显著,而对中等收入国家的影响系数为正,但不显著,这可能是因为高等收入国家较早制定了相对健全的产业政策,扶助数字创意产业的发展,且在政策落实方面也成效显著。

3. 异质性分析

(1) 基于行业层面的异质性分析

将数字创意产业依据 TiVA 数据库的数据选取门类细分为五类行业——"出版、音像、广播活动""信息通信""电信""计算机编程、咨询和信息服务活动""艺术、娱乐和休闲"进行异质性分析,结果如表 6-12 所示。

表 6-12　异质性分析结果

变量	被解释变量 GVC						
	行业					国家	
	(1)	(2)	(3)	(4)	(5)	(6)	(7)
	出版、音像、广播活动	信息通信	电信	计算机编程、咨询和信息服务活动	艺术、娱乐和休闲	高等收入国家	中等收入国家
$tech$	2.22e−07*** (10.88)	1.93e−07*** (9.58)	2.18e−07*** (12.24)	1.57e−07*** (7.74)	1.23e−07*** (8.04)	4.57e−07*** (7.32)	1.22e−07*** (5.84)

续表

变量	被解释变量 GVC							
	行业						国家	
	(1)	(2)	(3)	(4)	(5)	(6)	(7)
	出版、音像、广播活动	信息通信	电信	计算机编程、咨询和信息服务活动	艺术、娱乐和休闲	高等收入国家	中等收入国家
fdi	−0.001 2*** (−9.28)	−0.001 3*** (−10.04)	−0.000 8*** (−6.85)	−0.001 4*** (−10.75)	−0.000 9*** (−9.11)	−0.001 0*** (−8.12)	−0.005 6** (−2.40)
$human$	0.000 6*** (4.93)	0.000 6*** (4.59)	0.000 7*** (6.64)	0.000 5*** (3.81)	0.000 5*** (5.07)	0.000 7*** (4.73)	0.000 8*** (3.10)
$policy$	−0.002 9* (−2.22)	−0.000 69 (−0.43)	−0.002 1* (−1.86)	−0.000 3 (−0.22)	−0.001 6 (−1.66)	0.003 5** (2.23)	0.001 6 (0.50)
常数项	0.070 1** (2.34)	0.024 5 (0.83)	0.016 5 (0.63)	0.029 5 (1.00)	0.095 9*** (4.26)	−0.082 1** (−2.00)	0.018 9 (0.36)
观测值	560	560	560	560	560	420	140
时间	是	是	是	是	是	是	是
R^2	0.304 8	0.290 7	0.292 3	0.271 6	0.238 9	0.326 3	0.218 4

对比表6-7的第(4)列回归结果可知,技术进步和人力资源对数字创意产业整体及五大细分行业的国际分工地位均有显著的正效应,外商直接投资则对其有显著的反向作用,与基准回归结果一致。而产业政策在0.05的水平上对"出版、音像、广播活动"行业的国际分工地位的影响较显著,在0.1的水平上则对"电信"行业的国际分工地位的影响显著,对"信息通信""计算机编程、咨询和信息服务活动""艺术、娱乐和休闲"行业的负向影响并不显著。由于数字创意产业各行业的重合度较高,行业关联性较为密切,各因素对产业内各行业影响的异质性不明显。

(2) 基于国家层面的异质性分析

依据世界银行官网的标准对原样本进行分类,将40个国家划分为高等收入国家和中等收入国家(包括中低等和中高等收入国家)并进行分组回归,结果见表6-12。产业政策这一因素对高等收入国家的影响较中等收入国家更显著。高等收入国家基本为发达经济体,国内数字创意产业孕育已久,一系列产业政策和治理措施具备前瞻性,引导实施也具备良好基础,而大多数中等收入国家产业基础相对薄弱,各方面资源、技术、人才缺口大,产业尚处于萌芽期。

第六节　主要结论

　　本章节基于国际国内双重视角分析中国数字创意产业的国际分工地位。经 TiVA 数据库分析发现：横向对比，2005—2018 年，四大数字创意产业代表国——日、韩、英、美在数字创意产业及细分行业中的 GVC 地位指数总体呈下降趋势，而中国在 14 年间地位稳定攀升，其中，2018 年我国"信息通信""出版、音像、广播活动""电信""计算机编程、咨询和信息服务活动"四大行业及数字创意整体产业的 GVC 地位指数均位列全球前十。纵向对比，14 年间数字类产业的变动节点大致相同，且"信息通信"行业可基本代表数字创意产业整体的发展情况。创意类产业在 2005 年和 2018 年的国际分工地位相近，其间发展更为繁荣。

　　在此基础上，依据世界银行相关数据进一步构建时间固定效应模型，探究技术进步、外商直接投资、人力资源、产业政策对中国数字创意产业在全球价值链中所处位置的影响。结果表明：技术进步和人力资源对数字创意产业的国际分工地位有显著的正向影响，外商直接投资对数字创意产业国际分工地位的提升起负向作用，产业政策对数字创意产业的国际分工地位无显著影响。经替换核心解释变量、缩短样本期、分样本回归等检验后，模型依旧稳健。在异质性分析中，产业政策这一因素在不同收入类型国家间存在异质性，行业异质性不明显。

　　基于上述结论，发挥数字创意产业对中国经济乃至世界经济的主引擎作用、推进中国数字创意产业向全球价值链高端攀升还需从以下几个方面着手：(1) 加大 R&D 投入比重，提升企业及社会的自主创新能力——技术创新与内容创新，减少国际依赖，增加专业人员供给规模，促进科研成果与创意内容有机融合；(2) 利用大数据、人工智能、物联网等数字技术响应消费者需求，释放国内市场规模红利，提振市场信心，重点发展文旅、会展等文化创意产业，注重发展国内大循环；(3) 进一步破除贸易壁垒，加快国际产业合作与业务交流，深化开放策略吸引中高端外资进入中国市场，促进国内外同水平企业间的有效竞争和正向的资源流动与技术溢出，加大差异化市场的扶持力度。

路径对策篇

第七章　全球价值链嵌入影响数字创意产业高质量发展的理论分析

本章节首先构建全球价值链嵌入影响产业升级的理论框架,在此基础上,深入分析全球价值链嵌入影响数字创意产业高质量发展的作用机制,并据此提出研究假设以待后续章节结合经验数据进行实证检验。

第一节　全球价值链嵌入影响产业升级的理论框架

在 Hallak 和 Sivadasan 的质量内生决定理论模型以及遇芳、易信和刘凤良运用的内生经济增长模型的基础上,本章节构建一般均衡模型,从而更好地阐述部门技术水平对工艺升级和产品升级的影响。

一、消费者效用最大化选择

借鉴 Hallak 和 Sivadasan,我们认为消费者效用水平不仅取决于产品数量,也与产品质量有关,因此消费者最优选择是由产品价格与产品质量的比值决定的。为此,本章节设代表性消费者的效用函数为考虑产品垂直差异性的常替代弹性效用函数,则消费者的效用最大化问题可以表示为:

$$\max U = \left[\int_0^n (\lambda_{it\omega} q_{it\omega})^\rho d\omega \right]^{\frac{1}{\rho}}, 0 < \rho < 1 \quad (7.1)$$

$$s.t. \int_0^n p_{it\omega} q_{it\omega} d\omega = I \quad (7.2)$$

其中,i 表示行业,t 表示时间,ω 为产品的种类,假定每个部门仅生产一种产品,因此 ω 也表示部门。$\lambda_{it\omega}$ 表示消费者在时间 t 消费的 i 行业产品种类的质量，$q_{it\omega}$ 表示消费者在时间 t 消费的 i 行业产品种类的数量，$p_{it\omega}$ 表示消费者在时间 t 消费的 i 行业产品价格。I 为消费者购买消费商品的支出，即消费者的预算约束。

在式(7.1)和式(7.2)的基础上，本章节构建拉格朗日函数，根据消费者效用最大化一阶条件，可得产品间的替代弹性 $\sigma=1/(\rho-1)$，其中 $\sigma>1$。同时，结合价格指数 $P_{it}=\int_0^n p_{it\omega}^{1-\sigma}\lambda_{it\omega}^{\sigma-1}\mathrm{d}\omega$，可得消费者对产品 ω 的需求函数，如下：

$$q_{it\omega}=\lambda_{it\omega}^{\sigma-1}p_{it\omega}^{-\sigma}\frac{1}{P_{it}^{1-\sigma}} \tag{7.3}$$

二、生产者的最优生产行为

(1) 最终产品部门的最优生产行为。本章节借鉴易信和刘凤良的做法，假设最终产品市场和要素市场都完全竞争，并且最终产品由劳动和连续统为 1 的专业化中间产品生产而成，同时设定部门生产技术规模报酬不变，满足凹性特征与稻田条件。因此，本章节设定最终产品部门的生产函数如下：

$$Y_{it}=L_{it}^{1-\alpha}\int_0^1 A_{it\nu}^{1-\alpha}x_{it\nu}^{\alpha}\mathrm{d}\nu \tag{7.4}$$

其中，i 表示行业，t 表示时间。Y_{it} 是行业 i 在时间 t 的最终产品产量，L_{it} 是行业 i 在时间 t 的劳动投入量，$x_{it\nu}$ 为行业 i 在时间 t 生产最终产品的中间产品 ν 的最新或最近系列，$A_{it\nu}$ 则为与之相关的生产效率系数。

在完全竞争的市场环境下，最终产品部门通过选择最优的劳动和中间品要素投入组合实现利润最大化。因此最终产品部门的最优化目标函数表示如下：

$$\max_{(L_{it},x_{it\nu})}\pi_{it}=p_{it}Y_{it}-W_t L_{it}-\int_0^1 p_{it\nu}x_{it\nu}\mathrm{d}\nu \tag{7.5}$$

其中，$p_{it\nu}$ 表示行业 i 在时间 t 的中间品要素价格。根据利润最大化条件，即要素价格等于其边际产品价值，可得：

$$p_{it\nu}=\alpha p_{it}L_{it}^{1-\alpha}A_{it\nu}^{1-\alpha}x_{it\nu}^{\alpha-1} \tag{7.6}$$

(2) 中间品部门的最优生产行为。中间产品部门通过选择最优行业最终产品投入量实现利润最大化，因此中间品部门的最优化的目标函数表示如下：

$$\max_{x_{itv}} p_{itv} x_{itv} - p_{it} x_{itv} \qquad (7.7)$$

结合式(7.6)和式(7.7),可得中间品厂商生产的最优中间品产量为:

$$x_{itv}^* = L_{it} \alpha^{\frac{2}{1-\alpha}} A_{itv} \qquad (7.8)$$

其中,中间品包括企业自身生产和从国外进口两部分。

将式(7.8)代入最终产品部门生产函数式(7.4),则可得到最终产品部门在劳动力投入量为 L_{it} 时的最优产量为:

$$Y_{it} = L_{it} \alpha^{\frac{2\alpha}{1-\alpha}} A_{it} \qquad (7.9)$$

其中,$A_{it} = \int_0^1 A_{itv} \mathrm{d}v$,表示行业 i 在时间 t 的中间品的技术水平。需要说明的是,为了能够使企业利润最大化,开放条件下中间品厂商一方面可以通过自主研发方式提升中间品技术水平;另一方面根据比较优势理论可知,企业生产中间品的成本可能大于国外进口中间品的成本。但是,中间品厂商进行的研发活动能否成功存在不确定性。具体而言,假定行业 i 在时间 t 改进生产水平程度 $\theta_i(\theta_i \geq 1)$ 的概率为 μ_{itv},而未改进生产水平的概率为 $1-\mu_{itv}$,则:

$$A_{itv} = \begin{cases} \theta_i A_{i,t-1,v}, & \text{概率为 } \mu_{itv} \\ A_{i,t-1,v}, & \text{概率为 } 1-\mu_{itv} \end{cases} \qquad (7.10)$$

中间品厂商通过增加研发投入提高改进生产水平的概率。参考易信和刘凤良的研究,设定研发生产函数如下:

$$\mu_{itv} = \lambda_i \left(\frac{R_{itv}}{L_{it} A_{itv}^*} \right)^{\frac{1}{2}} \qquad (7.11)$$

其中,R_{itv} 为研发投入量;λ_i 为研发效率参数,且 $\lambda_i > 0$;A_{itv}^* 为创新目标。假定中间品厂商研发活动成功时的创新收益为 π_{itv},失败时的创新收益为 0。假定全球市场完全竞争,均衡时部门的期望利润为 0,则中间品厂商通过参与全球价值链提升其技术水平的成本为 $C_{itv} = p_{it}(GVC_{it} R_{itv}/\tau_i)$,其中 GVC_{it} 反映了行业嵌入全球价值链后获取新技术的难度;τ_i 表示研发项目带来正向回报的概率。则中间品厂商创新的最优化行为如下:

$$\begin{aligned} \max_{\mu_{itv}} \mu_{itv} \pi_{itv} - p_{it} R_{itv} - p_{it} \frac{GVC_{it} R_{itv}}{\tau_i} \\ = p_{it} \left\{ L_{it} A_{itv}^* \mu_{itv} \left[(1-\alpha) \alpha^{\frac{1+\alpha}{1-\alpha}} - \left(\frac{\mu_{itv}}{\lambda_i} \right)^2 \right] - \frac{GVC_{it} R_{itv}}{\tau_i} \right\} \end{aligned} \qquad (7.12)$$

求解上述无约束最优化问题,可以得到最优创新概率如下:

$$\mu_{it\nu} = \frac{1}{2} \frac{(1-\alpha)\alpha^{\frac{1+\alpha}{1-\alpha}}\lambda_i^2}{1+GVC_{it}/\tau_i} \quad (7.13)$$

根据式(7.13)可知,创新成功的概率与中间品密集使用程度 α、研发效率 λ_i、行业嵌入全球价值链后获取新技术的难度 GVC_{it} 和研发项目的可行概率 τ_i 有关。同时也表明行业 i 的各类中间品 ν 的创新概率均相同。因此,在最优创新概率下,中间品的平均生产效率 A_{it} 如下:

$$A_{it} = \int_0^1 \theta_i A_{i,t-1,\nu} \mu_{it\nu} \mathrm{d}\nu + \int_0^1 A_{i,t-1,\nu}(1-\mu_{it\nu}) \mathrm{d}\nu = \theta_i A_{i,t-1} \mu_{it\nu} + A_{i,t-1}(1-\mu_{it\nu}) \quad (7.14)$$

根据式(7.14)可得,行业 i 的技术进步增长率如下:

$$g_{it} = \frac{1}{2}(\theta_i - 1)\frac{(1-\alpha)\alpha^{\frac{1+\alpha}{1-\alpha}}\lambda_i^2}{1+GVC_{it}/\tau_i} \quad (7.15)$$

根据式(7.15)可得:

$$\frac{\partial g_{it}}{\partial GVC_{it}} = -\frac{1}{2}(\theta_i - 1)\frac{(1-\alpha)\alpha^{\frac{1+\alpha}{1-\alpha}}\lambda_i^2}{\theta_i(1+GVC_{it}/\tau_i)} < 0 \quad (7.16)$$

根据式(7.16)可知,随着行业嵌入全球价值链后获取新技术的难度增加,行业技术进步的增长率将降低。

三、技术创新对产业升级的影响

(一) 技术创新对工艺升级的影响

根据式(7.9)可得:

$$y_{it} = \alpha^{2\alpha/(1-\alpha)} A_{it} \quad (7.17)$$

其中,$y_{it} = Y_{it}/L_{it}$ 为人均产出,表示劳动生产率,用以衡量工艺升级。
根据式(7.17)可知,人均产出由技术水平决定,通过一阶求导可得:

$$\frac{\mathrm{d}y_{it}}{\mathrm{d}A_{it}} = \alpha^{2\alpha/(1-\alpha)} > 0 \quad (7.18)$$

根据式(7.18)可知,中间品技术水平的提升有助于工艺升级。

(二) 技术创新对产品升级的影响

根据市场出清条件,将式(7.9)代入式(7.3)可得:

$$\lambda_{itv} = L_{it}^{\frac{1}{\sigma-1}} \alpha^{\frac{2a}{(1-a)(\sigma-1)}} p_{it\omega}^{\frac{\sigma}{\sigma-1}} I^{\frac{1}{1-\sigma}} P_{it}^{-1} A_{it}^{\frac{1}{\sigma-1}} \qquad (7.19)$$

根据式(7.19)可知,在劳动力数量和产品价格不变的情况下,产品质量由技术水平决定,通过一阶求导可得:

$$\frac{\mathrm{d}\lambda_{itv}}{\mathrm{d}A_{it}} = \frac{1}{\sigma-1} L_{it}^{\frac{1}{\sigma-1}} \alpha^{\frac{2a}{(1-a)(\sigma-1)}} p_{it\omega}^{\frac{\sigma}{\sigma-1}} I^{\frac{1}{1-\sigma}} P_{it}^{-1} A_{it}^{\frac{2-\sigma}{\sigma-1}} > 0 \qquad (7.20)$$

根据式(7.20)可知,中间品技术水平的提升有助于产品升级。

根据上述分析可知,参与全球价值链通过技术创新能够影响工艺升级和产品升级。

第二节 全球价值链嵌入影响数字创意产业高质量发展的内在机制

Gereffi 指出国际联系对发展中国家增强学习、创新能力和获得技术具有重要作用,发展中国家参与全球价值链分工是实现产业升级的必要环节。通过梳理既有文献,我们发现全球价值链嵌入对数字创意产业高质量发展可能存在促进和抑制的双重作用机制(如图 7-1 所示)。

一、全球价值链嵌入对数字创意产业高质量发展的促进作用

全球价值链嵌入促进数字创意产业高质量发展的作用机制包括全球价值链嵌入的竞争创新效应、产业关联效应和规模经济效应。

(一) 竞争创新效应

全球价值链嵌入的竞争创新效应是指在嵌入全球价值链过程中,企业会面临来自海外的竞争压力,且这种压力会随着嵌入全球价值链地位的上升而

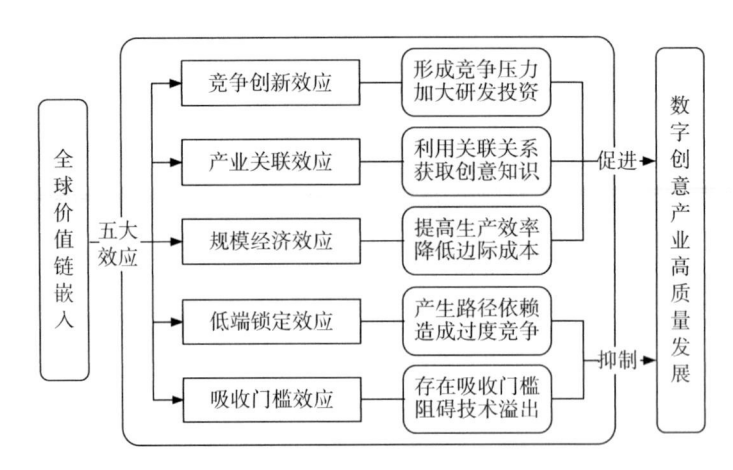

图 7-1　全球价值链嵌入影响数字创意产业高质量发展的理论机制

增加,为了更好地参与竞争,企业在模仿学习国外先进技术的同时,也会加大研发投资,不断提高自主创新力度,从而提升工艺水平和新产品技术含量,最终达到高质量发展的目标。Aghion 等人认为技术水平差距较大的企业间的竞争创新效应是指发展中国家跨国企业利用人口红利等具有比较优势的资源融入全球价值链,抢占了发达国家跨国企业原有的低端制造环节,均有利于两种企业的产业升级。刘仕国等人认为发展中国家嵌入发达国家主导的全球价值链的低附加值环节,这为发展中国家进行产业升级提供了可能性。对于数字创意产业而言,数字创意产业全球价值链可分解为三个层次:一是直接面向终端消费者的内容创意环节;二是为内容创意提供传输通道和消费平台的环节;三是技术开发环节。相应的,数字创意产业的三个层次也面临程度不同的竞争,且主要来源于两个方面:一方面是数字信息技术的竞争,全球价值链的嵌入让中国虽然在第二层形成较为完善的软硬件媒介体系,但核心分发渠道和第三层的技术开发环节依然被欧美等发达国家所垄断,中国本土企业面临巨大的竞争压力,从而倒逼本土企业采取措施提升研发创新力度,扩大企业的增值能力。另一方面是文化创意内容核心环节的竞争,在信息技术时代,传统国界对文化产品、数字产品和服务消费的限制被大幅削弱,优质的产品可以通过互联网迅速地传播到全球各个角落,这对数字创意产业既是机遇也是挑战。基于全球大市场的竞争,数字创意企业将充分利用最先进的技术,积极在商业模式和设计理念上进行创新,提升自身竞争力。

（二）产业关联效应

Gereffi 和 Lee、杨红丽和陈钊等人认为全球价值链的细化分工加深了上下游行业的垂直联系,促进了中间品贸易的繁荣发展。产业关联效应是指全球价值链中的数字创意企业利用与其他企业的关联关系,获取关联企业产生的创意知识和数字技术,进而提高数字创意企业自身的生产技术能力,带动整体数字创意产业发展质量水平的提升。全球价值链嵌入的产业关联效应包括数字创意企业与其上游企业的关联,也包括与其下游企业的关联。数字创意产业的上游为技术设备供应以及软件开发,是典型的资本密集型行业。这些数字创意上游企业往往更加专注于研发创新,同时为保证技术设备以及软件开发的质量,他们也愿意与下游数字创意企业分享知识,向下游数字创意企业提供先进的技术指导和管理经验,从而提高技术水平以适应数字创意产业转型升级。数字创意产业的下游是实体形式,包括主题乐园、内容衍生品等行业。为了能够保持与下游企业的长期合作,数字创意企业也会增加研发创新费用,提升创意产品质量和数字技术水平,加快数字创意产业高质量发展。通过与上游企业或下游企业的关联企业发生竞争,促进技术水平提升,有助于产业升级,实现高质量发展。全球价值链中的数字创意企业为了能够长期保持与上游企业或下游企业的联系,会不断增加研发费用,提升自主研发创新能力。

（三）规模经济效应

全球价值链的兴起主要得益于交易运输成本的大幅降低和信息通信技术的发展,将更多的发展中国家纳入全球分工体系,使参与全球价值链分工的企业可以同时拥有国内和国外两个市场,实现全球大市场各环节的规模经济效应。一方面,规模效应有助于企业从事研发创新活动。Bøler 等人认为规模效应能够增加企业的边际利润率,提高企业增加研发创新活动费用的可能性,如加大技术改造经费的投入,从而保证企业进行持续的技术改进和产品创新。吕越等人认为企业进入全球市场,通过规模经济学习新技术以及生产新产品,提升生产效率。对于数字创意产业而言,全球价值链嵌入的规模经济效应在提高企业生产效率的同时,可以让数字创意企业更易获取先进技术知识,降低创新边际成本,从而提高数字创意企业自主创新的动力。数字创意企业通过利用互联网、大数据等技术,实现传统文化产业的供需快速匹配,提升专业化、个性化、精准化水平,从而减少信息不对称,优化资源错配问题,有效降低企业的信息搜集和交易成本。并且由于数字创意产业具有的衍生性和共享性,其本身所构建的市场分发渠道可与其衍生的新内容价值链实现共享,大幅降低了数字创意产业的运营成本,同时也降低了消费者的学习成本,极大地提高了数字创意产业的传播扩散能力。此外,全球价值链嵌入的规模经济效应还有利于发挥数字创意产业创意属性的溢出效应。不同于其他行业领域,数字创意产业兼具数字经济和文化经济的双重特征,进而在产业内外可以不断越界、渗透、横向扩散、纵向延伸,产生强大的溢出效应,从而拉动其他产业的协同发展。

二、全球价值链嵌入对数字创意产业高质量发展的抑制作用

全球价值链嵌入抑制数字创意产业高质量发展的作用机制包括全球价值链嵌入的低端锁定效应和吸收门槛效应。

(一)低端锁定效应

全球价值链嵌入的低端锁定效应是指在国际交往中,关键的核心技术和专利大多掌握在处于价值链中高端的发达国家手里,而发展中国家的企业往往受到发达国家企业的阻碍,使其难以向价值链的中高端攀升,从而被锁定在低附加值的产业链底端。具体而言,发达国家跨国企业往往掌握核心技术,通过研发、营销等环节获取高额利润,从而阻止发展中国家跨国企业向全球价值链中高端攀升;而发展中国家因缺乏核心技术,被发达国家跨国企业锁定在利润较低的低端制造环节,使其难以实现产业升级。Humphrey和Schmitz认为发展中国家通过全球价值链层级型治理模式在长期内不利于改善国际分工地位。长期以来,凭借在传统行业领域多年累积的市场优势和知识产权优势,以美国为首的发达国家牢牢掌握着全球价值链的高附加值环节,而以中国为代表的发展中国家则长期处于"低端锁定"的困境,虽然以较大生产规模嵌入传统行业全球价值链,但都是处于低附加值环节,获得的价值回报远远低于美国等发达国家。

近些年来,发达国家正试图以对待传统行业的方法控制新兴的数字创意产业全球价值链,继续抑制中国等发展中国家的发展,并且已经在数字创意产业的诸多领域形成了垄断优势。与发达国家相比,中国等发展中国家在数字经济发展、数字技术创新等体现数字创意产业竞争优势方面仍存在一定差

距,在破除旧的全球数字创意产业垄断组织方面还有很长的路要走,这些均会导致中国等发展中国家的数字创意企业在参与全球价值链过程中,容易形成路径依赖,不会主动向价值链中高端环节攀升,反而集中在低端环节进行过度竞争,严重阻碍了数字创意产业的高质量发展。

(二) 吸收门槛效应

全球价值链嵌入的吸收门槛效应是指发展中国家通过嵌入全球价值链可以获得发达国家的先进知识和技术溢出,但这些先进知识和技术存在吸收门槛,如果发展中国家的企业不具备相应的吸收能力,那么也无法掌握这些外溢知识和技术,进而也就无法运用到具体的生产实践中。Cohen 和 Levinthal、黄凌云等人认为技术吸收能力较强的企业更有能力吸收外部扩散的技术。此后,Molinari 等人认为通过吸收引进发达国家的技术可以实现发展中国家的技术升级,但是技术吸收能力的门槛效应阻碍了国家进行产品创新,与本土创新的关系表现为替代关系。Feenstra 和 Sasahara 指出当面临产业技术升级时,发展中国家可以通过吸收和引进发达国家的技术来替代本土创新,但技术的吸收门槛效应会阻碍这种行为的发生。谢建国和周露昭、吕越等人认为技术吸收能力主要取决于人力资本水平,人力资本水平越高,企业对外溢技术的吸收程度也就越高,吸收门槛效应也就越不明显。数字创意产业是高度体现创意思维、展示、体验的领域,具有较高的人才壁垒。而长期以来,中国等发展中国家数字创意企业在参与全球价值链分工中一直处于低端环节,对人力资本积累的重视程度不高,导致对外来先进技术的吸收能力不强,限制了本土企业的技术创新。要想有效消化外来先进技术,必须突破技术吸收门槛,此时嵌入全球价值链才能更好地促进产业高质量发展。

基于上述分析,本章节提出如下研究假设:

研究假设1:全球价值链嵌入对数字创意产业高质量发展存在显著影响,既可能是促进作用也可能是抑制作用,二者之前存在非线性关系。

研究假设2:全球价值链嵌入通过竞争创新效应、产业关联效应和规模经济效应三个机制促进数字创意产业高质量发展。

研究假设3:全球价值链嵌入通过低端锁定效应和吸收门槛效应两个机制抑制数字创意产业高质量发展。

第三节　主要结论

现有文献主要指出全球价值链嵌入对产业升级具有重要影响,尚缺乏对这一不确定性影响的机制分析。为此,本章节在构建全球价值链嵌入影响产业升级理论框架的基础上,深入分析了全球价值链嵌入影响数字创意产业高质量发展的作用机制,并据此提出研究假设,以待后续章节结合经验数据进行实证检验。通过研究,我们发现全球价值链嵌入对数字创意产业高质量发展可能存在促进和抑制的双重作用机制,促进机制主要包括竞争创新效应、产业关联效应和规模经济效应,抑制机制主要包括低端锁定效应和吸收门槛效应。

第八章　全球价值链嵌入影响数字创意产业高质量发展的实证检验——来自跨国面板数据的经验证据

近几年,腾讯、网易、阿里巴巴、字节跳动等中国企业在全球范围内的VR、新闻、游戏、电影等领域攻城略地,让我们看到了中国企业在数字创意产业全球价值链重构中的希望。那么,全球价值链嵌入究竟会对数字创意产业高质量发展产生什么影响?主要通过何种渠道产生影响?对上述问题的回答显得尤为迫切且重要。鉴于此,本章节在理论分析全球价值链嵌入影响数字创意产业高质量发展内在机理的基础上,利用 TiVA 最新数据库以及2009—2018 年间 WIOD 世界投入产出表与世界银行 WDI 数据库的合并数据,实证考察了全球价值链嵌入对数字创意产业高质量发展的影响效应与机制。

第一节　问题的提出

在全球价值链(Global Value Chain,GVC)分工体系下,一个国家的经济增长和产业发展不仅取决于其自身的市场规模和要素禀赋,还与该国参与全球价值链分工的程度和地位密切相关。长期以来,世界经济格局与国际分工体系为西方发达国家所主导,而以中国为代表的新兴经济体作为承接西方国家产业转移、供应链布局的重要基地,长期处于产业链和价值链的低端位置。随着经济全球化深入发展,新兴经济体对世界经济局势的影响不断增强,日益成为国际分工体系调整的重要力量。而国际贸易体系逐渐走向碎片化,单一产品的生产链分散布局至世界范围内,以谋求高效的资源配置和单一环节参与国的低成本优势。当前经济社会正经历着从工业经济时代到创意经济时代的阶段变革，创意经济已经成为新经济发展的重要引擎。与此同时，数字化浪潮迭起，数字技术不断向各个领域广泛渗透融合。当创意产业和数字化技术相结合，则催生出一个新的产业形态——数字创意产业。

随着人工智能、云计算、物联网、5G、区块链、元宇宙等数字技术飞速发展，推动数字创意产业的变革和壮大，产业发展达到了新高度。当今世界正经历百年未有之大变局，发达国家均高度重视数字创意产业发展，正试图以对待传统行业的方法控制新兴的数字创意产业全球价值链。与此同时，我国政府也正在大力培育和发展数字创意产业。2016年，国务院将数字创意产业纳入《"十三五"国家战略性新兴产业发展规划》，从数字文化创意技术装备创新提升、数字内容创新发展、创新设计发展、相关产业融合发展4个方面，对我国数字创意产业的长远发展进行了顶层规划，自此数字创意产业成为我国产业发展的战略性方向之一。2018年，国家统计局公布《战略性新兴产业分类（2018）》，将数字创意产业列为我国重点发展的战略新兴产业。

当前中国经济已迈入高质量发展新阶段，亟须将参与全球价值链竞争的模式从"汗水经济"转变为"智慧经济"，以摆脱长期以来的"被俘获"与"低端锁定"的困境。对于建构于数字互联平台、生产制造环节迥异的新兴数字创意产业而言，要想避免陷入"被俘获"与"低端锁定"的困境，实现全球价值链的中高端化，必须突破现有的全球价值链理论和升级逻辑。面对新形势，可以通过积极嵌入全球价值链中高端环节加快转型升级步伐，推动中国数字创意产业实现高质量跨越式发展。

第二节 文献综述

一、关于全球价值链嵌入对产业升级的影响研究

通过文献梳理可以发现，关于全球价值链嵌入对产业升级影响的研究已有很多，但主要集中于制造业、农业、服务业等传统行业领域，且结论存在明显差异。部分学者认为全球价值链嵌入能够促进产业升级。如Ernst、张辉、刘仕国等人均研究发现参与全球价值链对发展中国家的产业升级具有积极

作用。吕越等人基于2000—2006年中国工业企业数据库的数据,实证发现嵌入全球价值链可以有效提高中国制造业企业的生产效率。陈晔婷、屠年松和曹宇芙以服务业为研究对象,指出全球价值链的嵌入有助于促进服务业国际竞争力的提升,但这种影响在不同细分行业领域存在着明显差异。刘冬冬则将全球价值链嵌入划分为前向参与度和后向参与度两种类型,并认为前向参与度的提高有利于促进制造业发展,而后向参与度的提高则会抑制制造业发展。何思源发现全球价值链嵌入程度对中国农产品出口具有正向促进作用,嵌入程度越深、价值链越长,越有利于中国农产品出口贸易。

但还有一部分学者认为全球价值链嵌入不利于产业升级。如 Humphrey 和 Schmitz 认为发展中国家通过层级型治理模式在短期内有助于其工艺升级和产品升级,但是在长期内却不利于改善国际分工地位。刘志彪和张少军认为发达国家跨国企业通过层级型治理模式"俘获"发展中国家跨国企业的生产能力,导致发展中国家跨国企业锁定在加工制造环节,难以进行产业升级。Sturgeon 和 Kawakami 从模块价值链视角发现发展中国家倾向于购买发达国家的模块化整体方案,容易陷入模块化陷阱,阻碍了其产业升级。杨虎涛和田雨、吕越等人进一步研究也发现,嵌入全球价值链对制造业企业研发创新行为具有显著的抑制作用。

二、关于全球价值链嵌入对数字创意产业高质量发展的影响研究

由于数字创意产业是新兴产业门类,目前从产业整体层面研究数字创意产业全球价值链的文献非常稀少,仅发现臧志彭、陈能军和史占中的两篇文献,且都是停留于定性层面的规范分析,缺乏基于经验数据的实证研究。其中,臧志彭分析认为中国应主动探索数字创意产业全球价值链的战略性重构路径。陈能军和史占中则基于改进的"钻石模型"理论分析数字创意产业全球价值链问题,指出可利用5G技术通过技术创新、地位攀升、价值附加3个路径实现对数字创意产业全球价值链的整体提升。部分学者已经在数字创意产业的细分行业,如网络文学、游戏动漫以及与其密切相关的文化创意产业领域,开展了初步的研究探索。

此外,对于数字创意产业高质量发展水平的测度方面,大多数文献都是采用全要素生产率进行测度,且也多是针对文化创意产业的研究,数字创意产业高质量发展方面较少涉及。如王家庭和张容测算了我国2004年的文

化产业效率,研究发现不论是规模效率还是综合效率,我国文化产业均偏低,说明我国文化产业整体发展水平不高,处于低水平时期,且还指出我国各省市的文化产业发展受环境因素影响较大。蒋萍和王勇利用2008年第二次全国经济普查数据,使用超效率DEA模型和三阶段DEA模型测算了中国31个省区市(不含港澳台)的文化产业投入产出效率,也得出了类似结论。王家庭和季凯文采用2004年我国15个城市的数据,借助DEA方法测算了这15个城市的文化创意产业投入产出效率,发现中国城市文化创意产业综合技术效率普遍较低。而郭国峰和郑召锋运用因子分析法构建了一套评价指标体系,用来衡量中部六省的文化产业发展绩效。韩顺法和李向民借助"灰色关联"法实证研究了创意产业与经济增长之间的关系,发现创意产业对于经济发展而言,具有显著的增值效应。袁海和吴振荣利用2004—2008年我国各省市的文化产业发展数据,基于BCC模型和超效率DEA模型,测算了我国的文化产业效率,并针对我国文化产业效率的主要影响因素,采用2004—2008年面板数据进行了实证检验。研究发现,中国文化产业效率呈现出稳健上升的趋势,且从地区差异来看,纯技术效率的地区差异性也明显高于规模效率。郑世林和葛珺沂借助DEA-Malmquist方法测算了中国文化产业的TFP增长。结果表明,我国文化产业TFP在经历文化体制改革后增长速度明显加快,且进一步分析发现,这种增长主要来源于技术进步。何里文等人的相关研究则指出我国文化产业全要素生产率在2005—2009年间整体呈现波动上升趋势。揭志强采用Bootstrap-Malmquist指数方法,结合国家标准文化产业统计数据,对我国文化产业TFP增长状况展开估计分析。研究发现,得益于技术进步的贡献,我国文化产业TFP总增长率达到39.9%,而规模效率和纯技术效率对我国文化产业TFP总增长率的拉动作用并不明显。方忠和张华荣以福建省9个区市2010—2012年数据为研究样本,利用Malmquist生产力指数模型估算了福建省各区市的文化创意产业效率变化情况,研究指出纯技术效率、规模效率在各区市间差异明显,但整体上来看,各区市的文化创意产业效率呈上升趋势。高军和吴欣桐采用了文化产业全要素生产模型和DEA模型,分析研究了2005—2014年文化产业的投入产出数据,结果表明,我国文化产业发展经历了规模递减和规模调整期,目前进入稳定发展阶段;资本要素相较劳动力要素和文化要素,是文化产业中投入要素中的关键,但存在明显的投入冗余情况;我国文化产业规模效率波动大,技术进步与产业规模的发展需要相互配合并结合各自的发展滞后期进行投入调整。王学军和孙炳基于 DEA-Malmquist 方法,使用 2006—2014 年甘肃省 14 个市州的面板数据集实证研究了该省文化产业全要素生产率及其变动情况。研究发现,在技术进步推动下,甘肃省文化产业全要素生产率水平增长迅速,但与此同时,省内不同地区间的文化产业全要素生产率差异也日益明显。

鉴于此,本章节将在前述章节理论机理分析的基础上,使用 2009—2018 年间的跨国面板数据,实证考察全球价值链嵌入对数字创意产业高质量发展的影响效应与机制。本章节的研究既具有一定的理论创新价值,也对中国相关贸易政策、产业政策的制定具有重要的现实指导意义。

第三节 研究设计与数据说明

一、计量模型构建

为了观察全球价值链嵌入对数字创意产业高质量发展的影响,借鉴杨高举和黄先海等人的既有文献,本章节构建如下基本计量模型:

$$High\_quality_{it} = \alpha + \beta GVC_{it} + \gamma X_{it} + \mu_i + \delta_t + \varepsilon_{it} \qquad (8.1)$$

其中,下标 i 和 t 分别表示国家和年份;$High\_quality$ 表示数字创意产业高质量发展水平;GVC 表示全球价值链嵌入地位指数,系数 β 是本章节关注的重点,其正负与大小反映了全球价值链嵌入对数字创意产业高质量发展的作用方向及强弱;X 表示影响数字创意产业高质量发展的一系列控制变量,γ 为控制变量的估计系数;α 为常数项,μ_i 和 δ_t 分别为个体固定效应和时间固定效应;ε_{it} 为随机扰动项。

为了观察全球价值链嵌入与数字创意产业高质量发展之间的非线性关系,本章节在基准模型式(8.1)的基础上,引入 GVC 的平方项,构建如下计量模型:

$$High\_quality_{it} = \alpha + \beta GVC_{it}^2 + \gamma X_{it} + \mu_i + \delta_t + \varepsilon_{it} \qquad (8.2)$$

二、变量设定

(一) 被解释变量

本章节的被解释变量为数字创意产业高质量发展水平($High\_quality$)。本章节借鉴刘思明等人的研究,采用数字创意产业全要素生产率来反映数字创意产业高质量发展水平。关于全要素生产率的测算,目前常见的方法主要有增长指数核算法和前沿生产函数法两种。具体介绍如下:

1. 增长指数核算法

增长指数核算法基于新古典经济增长模型,以竞争性均衡、规模报酬不变和希克斯中性技术等为假设前提,分析各要素对经济增长的贡献。它主要包括代数指数法和几何指数法两类,下文分别对二者进行详细阐述。

(1) 代数指数法

代数指数法是用产出与所有投入要素的指数比值来衡量全要素生产率。设 p_i 表示产品 i 的价格,q_i 为产品 i 的产量,$p_i q_i$ 表示总产出;再设 x_i 表示 i 要素的投入量,w_i 表示 i 要素的价格,则总成本为 $\sum w_i x_i$。那么,在完全竞争和规模收益不变时,产业的均衡状态应该是:总产出等于总要素投入成本。但事实上经常达不到均衡状态,因为技术水平的进步会造成结果的偏离。因此,关系如下:

$$p_0 q_t = tfp_t \sum w_{i0} x_{it} \tag{8.3}$$

式(8.3)中,p_0 代表产品的基期价格,w_{i0} 为要素的基期价格,tfp_t 表示全要素生产率。对式(8.3)简单变换得:

$$tfp_t = \frac{p_0 q_t}{\sum w_{i0} x_{it}} \tag{8.4}$$

式(8.4)就是用代数指数法测算全要素生产率的公式。

由此可见,尽管代数指数法的形式非常简单和直观,但其依赖的假设条件在实际生产过程中难以做到。因此,该方法只是作为一种理想化、抽象化的基础性方法,较少有学者进行具体的实证分析。

(2) 索洛余值法

索洛在新古典增长理论的基础上首次提出索洛余值法,该方法首先根据统计数据估计经验生产函数,然后基于投入要素增长率与全要素增长率之和为总产出增长率的等式关系,由于总产出和投入要素可以进行量化,故可以用二者的残差间接衡量全要素增长率。在规模报酬不变的竞争性市场条件下,又假定技术水平满足希克斯中性,此时所测结果即为技术进步率。因其推导过程主要涉及生产函数,故该测算方法也称生产函数法。据此,本书给出总量生产函数为:

$$y_t = A_t f(x_t) \tag{8.5}$$

式(8.5)中,y_t 和 $x_t = (x_{1t}, x_{2t}, \cdots, x_{nt})$ 分别表示总产出和要素投入;A_t 是希克斯中性技术系数。接着,对式(8.5)取自然对数,再对时间 t 求导,可得:

$$\frac{\mathrm{d}y_t}{y_t} = \frac{\mathrm{d}A_t}{A_t} + \sum \alpha_i \frac{\mathrm{d}x_{it}}{x_{it}} \tag{8.6}$$

式(8.6)中,左边因变量即为所求得增长率,右侧第一项即为所求得全要素生产率,$\alpha_i = \frac{\partial y_t}{\partial x_{it}} \cdot \frac{x_{it}}{y_t}$ 表示投入要素的产出贡献比重。对式(8.6)移项整理可得:

$$tfp_t = \frac{\mathrm{d}A_t}{A_t} = \frac{\mathrm{d}y_t}{y_t} - \sum \alpha_i \frac{\mathrm{d}x_{it}}{x_{it}} \tag{8.7}$$

由式(8.7)可知,一般而言,产出增长率是已知的,则全要素生产率主要取决于各种投入要素的生产份额,可通过以下方法确定:第一,基于该生产函数的完全竞争假设,根据完全竞争市场的均衡条件边际收益等于边际成本的均衡条件,可得要素价格等于该要素的边际生产率;第二,基于较长时间的大样本数据,通过在产出增长率与投入要素增长率之间建立计量回归模型,得到一个样本期内的平均估计值。但该方法存在缺陷,由于所得系数估计值是静态的单一值,忽略了技术进步的影响。为此,有学者提出了加入技术进步影响的可变替代弹性系数的生产函数形式来估计产出增长率的方法。这一方法考虑到了技术进步在产出增长率中所起的作用,可区分为技术进步中的要素增进型和产出增进型效率,并将其纳入计量模型回归中进行量化分析,以更准确地预测经济增长。

尽管索洛余值法作为新古典增长理论的重大贡献,开创了经济增长源泉分析的先河。但是,索洛余值法也存在一些明显的缺陷。首先,它的要求非常严格,因此无法完全适用于现实经济中存在的诸多因素。例如,全要素生产率测算法是基于完全竞争均衡的,这与现实中存在的市场机制和垄断现象不符。此外,使用上述第一种方法时,要素价格往往难以准确测定,比如资本存在诸多项目中,因项目的风险、回报和期限等存在较大差异,从而导致生产率的估算存在偏差。其次,第二种采用计量回归方法,由于样本周期较长,存在无法完全消除的测量误差,所以其测算结果难以反映不同技术进步和效率提高对产出贡献的不同程度,仅反映了投入产出的平均水平。最后,索洛余值法也无法反映出部分要素之间的相互作用,这要求我们采用更多的方法,如计算不同要素投入的异质性。

2. 前沿生产函数法

Farrell 首先提出前沿生产函数概念,后经学者的长期改进与完善,提出了使用最广泛的参数随机前沿生产函数法和非参数 DEA-Malmquist 指数法。其中,前者的优点在于能够有效地测算生产率的技术效率和规模效率,并考虑到外生性因素的影响,具有较高的测算精度。而后者可以在不预设任何形式的产出函数条件下进行估计,自适应性较强,适用于多产出、多输入的生产条件,能够更准确地评估企业或产业组织的全要素生产率。因此,在全要素生产率的测算中,这两种方法被广泛采用。

(1) 参数随机前沿生产函数法

参数随机前沿生产函数法是用于评估农业生产效率的一种统计方法,可以用来分析生产要素、技术进步、管理效率等因素对生产效率的影响。其最早由 Aigner 等学者提出,但是只能用于单个时间点的横截面数据分析。但后来研究者发现单个时间点的横截面数据并不能完全反映生产效率的动态变化,因此需要使用面板数据分析方法。通过对多个时间点的数据进行分析,可以更准确地评估生产效率的变化趋势和影响因素。

$$y_{it} = f(x_{it}, t, \beta) \exp(-\mu_{it}) \qquad (8.8)$$

式(8.8)即为随机前沿生产函数,因变量 y_{it} 表示产出;$f(\cdot)$ 可使用柯布-道格拉斯生产函数、常替代弹性生产函数等函数形式;x_{it} 为要素投入;t 表示时间,内含技术进步;β 为函数中的若干参数;$\mu_{it} \geqslant 0$,表示第 i 个单位的技术无效因素,其可由若干影响因素组合表示,即 $\mu_{it} = \alpha z_{it}$,其中 z_{it} 和 α 分别代表影响因素和对应因素的系数。

该函数存在以下假设条件:第一,在该函数中存在随机噪音 ν_{it},可认为是一个随机的扰动,由多种因素引起,例如测量误差或未知的外部因素等。故该函数假定随机噪音服从标准正态分布 $N(0,\sigma_v^2)$,这使得该函数具有良好的可识别性和可计算性。第二,该函数假定技术效率因素 μ_{it} 服从非负断尾的正态分布 $N(m_{it},\sigma_\mu^2)$,该分布假定技术效率绝不能为负,并介于 0 和 1 之间,即技术效率的值在一定程度上是受限制的。当技术效率处于接近 1 的位置时,该函数的测量值会接近 1,从而说明经济体处于生产前沿面上的技术有效状态;小于 1 时,则为技术无效状态。具体推导过程如下:

首先,根据式(8.9)测算不同时期的技术效率指数:

$$te_t = \frac{\exp(-\mu_{it})}{\exp(-\mu_{it-1})} \tag{8.9}$$

其次,根据式(8.9),技术进步指数的测算中需要考虑时间趋势参数的影响。时间趋势参数代表了技术进步的发展趋势,即技术在不同时间点上的发展程度。因为技术进步并不是一成不变的,它会随着时间的推移而不断演进。因此,通过对不同时间点上技术进步水平的比较,可以更加全面地评估技术进步的成效。但是,技术进步并非中性的,它会受到各种因素的影响,包括政策、产业环境、社会氛围等。因此,在测算技术进步指数时,应该采用两个时期的几何均值来代表技术进步的变化趋势,这样可以避免受到单一时间点因素的影响。具体公式如下:

$$tc_t = \left[\left(1 + \frac{\partial f(x_{it-1},t-1,\beta)}{\partial(t-1)}\right) \cdot \left(1 + \frac{\partial f(x_{it},t,\beta)}{\partial t}\right)\right]^{\frac{1}{2}} \tag{8.10}$$

最后,需要扣除技术效率和技术进步带来的产出增长后,才能得到规模效率的贡献。通过比较两个不同时间期间的产出值来计算规模效率指数,可以衡量规模变化对生产率的影响。具体公式如下:

$$se_t = \frac{f(x_{it},t,\beta) - \beta_t t}{f(x_{it-1},t-1,\beta) - \beta_{t-1}(t-1)} \tag{8.11}$$

至此,联立式(8.9)、(8.10)和(8.11),即可得到全要素生产率增长指数的计算公式:

$$tfp_t = tc_t \times te_t \times se_t \tag{8.12}$$

由上可知,参数随机前沿生产函数作为一种重要的生产率测算方法,其优点在于能够综合考虑多种效率因素,进而全面反映生产过程的内涵和效益。然而,该方法仍存在一定的局限性和缺陷:第一,它依赖于确定的生产函数形式,如果经济实际情况与所选生产函数形式不符合,就会导致函数设定偏误与非效率混淆,影响生产率的真实测算结果。第二,它假设无效率因素服从非负断尾正态分布,然而这种分布是否符合实际情况仍存在争议。第三,它需要在测算时选择合适的生产要素,但由于不同产业或企业组织的生产过程具有不同的特点,因此需要根据具体情况选择适当的生产要素,并且生产要素之间的共同使用情况也需要考虑。所以,对该方法的使用还需进一步论证和改进,使其更符合生产实际。

(2) 非参数 DEA-Malmquist 指数法

该方法将包括多个生产单元的投入和产出数据转化为一些评价指标,并通过比较这些评价指标计算生产效率。DEA-Malmquist 指数法相对简单,不需要预设产出函数的形式和参数,可以避免预设形式不符合实际情况的问题,并且可以直接量化技术进步和效率变化,使得分析结果更加实用和准确。该方法的核心是 DEA 评价模型和 Malmquist 指数分析。DEA 评价模型以实际观测数据为基础,利用线性规划方法对各生产单元的技术效率进行计算,得出每个生产单元的相对效率值。然后,通过 Malmquist 指数分析来计算生产率变化,该方法将两个时间段内的 DEA 相对效率值进行比较,评估生产率的变化,包括技术进步、规模变化和效率变化等因素。

数据包络分析方法(DEA)最初基于 CCR 模型和 BCC 模型,这两种模型是对生产效率进行测算的基础。CCR 模型假定规模报酬不变,即输入量和产出量的比例在不变的情况下,测算各被评估单位的综合技术效率。而 BCC 模型则假定规模报酬可变,即输入量和输出量的比例可以发生变化,测算各被评估单位的纯技术效率,即在最大化产出的同时,投入最小化。后来,基于 CCR 模型和 BCC 模型,DEA 模型进一步改进和扩展,比如 SBM 模型、超效率 DEA 模型、方向距离函数 DEA 模型等。

生产可能集是 DEA 模型进行规模求解的基础,它可以由一组 n 个独立的生产单元组成,在给定技术水平条件下,每个生产单元都有一组可观察的要素投入 x 和产出 y。生产可能集被定义为如下形式:

$$T = \{(x, y) | \boldsymbol{\lambda}^\mathrm{T} x \leqslant x_0, \boldsymbol{\lambda}^\mathrm{T} y \geqslant y_0, \lambda \geqslant 0\} \tag{8.13}$$

我们使用线性规划方法进行优化求解,并得出 CCR 模型和 BCC 模型的综合技术效率和纯技术效率。值得注意的是,在 CRS 条件下,我们假设规模有效,即规模效率为1,而在 VRS 条件下,我们排除规模收益的影响,得到的是纯技术效率。

式(8.13)即为 CCR 模型的生产可能集,并且满足规模报酬不变的前提假设。而当假设变化时,还需要满足投入产出的权重之和等于1的条件,即 $e^T\lambda = 1$,其中,e 为单位列向量,λ 表示投入产出的权重系数向量。然后使用线性规划方法进行优化求解,得出 CCR 模型和 BCC 模型的综合技术效率 φ_{CCR} 和纯技术效率 φ_{BCC}。值得注意的是,在 CRS 条件下,假设规模有效,即规模效率 φ_{SE} 为1,在 VRS 条件下,只考虑纯技术效率,规模收益对结果无影响。因此:

$$\varphi_{CCR} = \varphi_{BBC} \times \varphi_{SE} \tag{8.14}$$

综合上述分析可知,线性规划模型中加入的投入产出松弛变量,可以更加全面地测算要素投入的冗余程度和产出的不足程度,为经济体内的单位提供更有价值的信息和建议,帮助其更好地管理和改进生产效率。

DEA-Malmquist 生产率指数法用于衡量生产单元的效率,是 DEA 模型的扩展,其通过分析两个时期生产单元的效率,计算生产单元的动态效率变化。该方法主要采用 Shephard 距离函数比值计算技术水平的变化。而 Shephard 距离函数实际上等于 CCR 模型中的综合技术效率的倒数。这是因为 Shephard 距离函数是相对于参考技术前沿的计算方式,而 CCR 模型中的综合技术效率正是基于参考技术前沿来定义的。因此,在计算 Malmquist 生产率指数时,我们可以根据 CCR 模型中的综合技术效率来替代 Shephard 距离函数,以进行更简化的计算。

Malmquist 指数是衡量投入导向总要素生产率变化的指标。根据 Caves 等人的定义,Malmquist 指数反映了基准期 t 和 $t+1$ 时期之间生产要素使用效率的变化。在以 $t+1$ 时期技术前沿为参考的条件下,Malmquist 指数等于两期 Shephard 距离函数的比值。若要解出四个距离函数,需要以两期技术前沿为参照,将全要素生产率增长分解为以下三个部分:技术进步增长、技术效率增长和规模效率增长。其中,$d_i^{t+1}(x_t,y_t)$、$d_i^t(x_t,y_t)$ 表示基期 t 投入产出距离函数,$d_i^{t+1}(x_{t+1},y_{t+1})$、$d_i^t(x_{t+1},y_{t+1})$ 表示 $t+1$ 期的投入产出距离函数。然而,参考技术前沿的选择主要依赖人的主观确定,存在一定的随意性,为此,Färe 等人将两期技术前沿的几何平均值作为参照。在此情况下,Malmquist 指数被分解为技术效率指数和技术进步指数两个部分,能更科学地反映生产单元的生产变化率的变动情况。技术效率指数反映了同一技术前沿下生产单元技术效率的变化,而技术进步指数则反映了整体技术前沿向前移动的变化情况。这种分解方式对于研究生产单元生产率变化的原因和机制非常有帮助。那么,第 $t+1$ 期的 Malmquist 指数可分解为下式:

$$M_{i(t+1)} = \frac{d_i^{t+1}(x_{t+1}, y_{t+1})}{d_i^t(x_t, y_t)} \times \left[\left(\frac{d_i^t(x_t, y_t)}{d_i^{t+1}(x_t, y_t)} \right) \times \left(\frac{d_i^t(x_{t+1}, y_{t+1})}{d_i^{t+1}(x_{t+1}, y_{t+1})} \right) \right]^{\frac{1}{2}}$$

(8.15)

式(8.15)中,M_i 即为用 DEA-Malmquist 生产率指数表示的 tfp_t,$\dfrac{d_i^{t+1}(x_{t+1}, y_{t+1})}{d_i^t(x_t, y_t)}$ 表示综合技术效率指数,而右侧第二项是技术进步指数 tc_t。将各指数代入式(8.15),可简化为:

$$tfp_t = tc_t \times te_t \times se_t \qquad (8.16)$$

相对于参数随机前沿生产函数法,非参数前沿生产函数法是一种适用范围广泛的方法,它不需要对生产函数进行先验设定,这使得它更符合实际情况。线性规划和非参数前沿生产函数法可用来评估生产单元生产率,找出影响生产率的因素,其中通过线性规划求解可以得到有效前沿面,即生产单元所能达到的最大产出的生产率,非参数前沿生产函数法可以很好地反映生产单元的生产率水平。DEA-Malmquist 指数被广泛应用于实证研究中,因其不仅体现了全要素生产率增长的内涵,而且对经济增长效率的测算结果与现实情况更为接近,从而更好地揭示经济增长的根本机制、评估政策的效果等重要信息。然而,非参数 DEA 方法也存在一些不足之处:一是邻近有效单元会影响效率评价,如果邻近有效单元的数量不足,或者邻近有效单元产生了变化,评价结果就可能出现误差;二是其假设不存在随机噪音,而由于数据质量问题、特征选取的不足、参数的不稳定性等多种因素的存在,使实际效率值与测算结果之间存在差异。

综合上述各种方法,同时参考既有文献,本章节将利用非参数 DEA-Malmquist 方法测算数字创意产业全要素生产率,主要是以 WIOD 世界投入产出表公布的投入产出数据为依据。相关指标设定如下:(1)投入指标方面,包括资本投入和劳动力投入两方面。其中,资本投入,参考李小平等人的做法,利用价格指数平减处理后的固定资产净值来度量;劳动力投入,采用数字创意产业从业人数来度量。(2)产出指标方面,本章节使用数字创意产业增加值来表示。

(二) 核心解释变量

本章节的核心解释变量为全球价值链嵌入地位指数(GVC)。借鉴郭雪凡和祝坤福等人的做法,本章节采用 Koopman 等人提出的附加值贸易法(KPWW 方法),他们将一国对外贸易产品中包含的价值分为国内增加值部分和国外增加值部分,并基于国内外增加值的差额定义了一国某产业的全球价值链嵌入地位指数(GVC),成为评价一国产业全球价值链嵌入地位的常用指标。具体公式为:

$$GVC_{ij} = \ln\left(1 + \frac{IV_{ij}}{E_{ij}}\right) - \ln\left(1 + \frac{FV_{ij}}{E_{ij}}\right) \tag{8.17}$$

其中,GVC_{ij} 表示全球价值链嵌入地位指数,反映 i 国 j 产业在嵌入全球价值链中所处的位置。该值越大,表明其处于全球价值链高端环节;反之则处于全球价值链低端环节。IV_{ij} 表示 i 国 j 产业出口的中间产品中包含的国内增加值部分;FV_{ij} 表示 i 国 j 产业出口的最终产品中包含的国外增加值部分;E_{ij} 表示 i 国 j 产业出口总量。式(8.17)中,$\ln(1+IV_{ij}/E_{ij})$ 反映了 i 国 j 产业的全球价值链前向参与度,$\ln(1+FV_{ij}/E_{ij})$ 反映了 i 国 j 产业的全球价值链后向参与度,二者之差即为全球价值链嵌入地位。

(三) 控制变量

本章节在实证检验过程中还引入了一系列控制变量(X)以提高估计结果的准确性,具体包括:经济发展水平(Eco)、产业结构高级化(Str)、网络基础设施水平(Inf)和对外开放程度(Ope)。经济发展水平(Eco)越高的地区,越重视新兴产业的发展,本章节利用 GDP 总量取自然对数来衡量各国经济发展水平。产业结构高级化(Str)是推动经济转型和高质量发展的重要途径,本章节用第三产业与第二产业增加值的比值来衡量。网络基础设施水平(Inf)反映了一个地区的硬件条件,网络基础设施越完善,说明现代信息技术越先进,越有利于数字创意产业发展。本章节采用世界银行公布的各国互联网普及率来衡量地区的网络基础设施水平。对外开放程度(Ope)则是用进出口总额占 GDP 的百分比来衡量,对外开放程度越高,越有利于获取逆向技术溢出,进而推动数字创意产业发展。

三、数据说明

为测度各国数字创意产业嵌入全球价值链的地位,本章节采用 WTO-OECD 联合发布的最新贸易增加值数据库(TiVA)进行指数测度[①]。该数据库包含了丰富的国际贸易中间产品和最终产品需求数据,TiVA 数据库逐渐成为研究各国(或地区)在参与全球生产网络过程中创造的实际价值的最佳基础数据库。由于作者获取的 TiVA 数据库最新数据年份为 2018 年(TiVA 数据库 2021 版),因此,本章节研究样本时间跨度为 2009—2018 年。本章节涉及的其他数据均来源于 WIOD 世界投入产出表以及世界银行发布的世界发展指标数据库(WDI)。此外,为排除极端值的影响,本章节在实证估计过程中还对主要连续变量进行上下 1% 的缩尾(winsorize)处理。表 8-1 汇总了所有变量的定义与说明。

表 8-1 变量定义与说明

变量类别	变量名称	变量符号	计算方法
被解释变量	数字创意产业高质量发展水平	$High\_quality$	利用 DEA-Malmquist 方法测度数字创意产业全要素生产率
核心解释变量	全球价值链嵌入地位指数	GVC	利用 Koopman 等人的附加值贸易法测算全球价值链嵌入地位指数
控制变量	经济发展水平	Eco	地区 GDP 总量取自然对数
	产业结构高级化	Str	第三产业与第二产业增加值的比值
	网络基础设施水平	Inf	世界银行公布的互联网普及率
	对外开放程度	Ope	进出口总额占 GDP 的百分比

[①] 本章节选取了 TiVA 数据库中 64 个国家:中国、英国、美国、澳大利亚、奥地利、比利时、加拿大、智利、哥伦比亚、哥斯达黎加、捷克、丹麦、爱沙尼亚、芬兰、法国、德国、希腊、匈牙利、冰岛、爱尔兰、以色列、意大利、日本、韩国、拉脱维亚、立陶宛、卢森堡、墨西哥、荷兰、新西兰、挪威、波兰、葡萄牙、斯洛伐克、斯洛文尼亚、西班牙、瑞典、瑞士、土耳其、阿根廷、巴西、文莱、保加利亚、柬埔寨、克罗地亚、塞浦路斯、印度、印度尼西亚、哈萨克斯坦、老挝、马来西亚、马耳他、摩洛哥、缅甸、秘鲁、菲律宾、罗马尼亚、俄罗斯、沙特阿拉伯、新加坡、南非、泰国、突尼斯、越南。

第四节 实证结果分析

一、基准回归结果

本章节首先利用基准模型式(8.1)和式(8.2)进行最小二乘回归(OLS),在所有回归中,均加入个体和时间双重固定效应,并将稳健标准误聚类到国家层面。表8-2提供了基准回归结果,其中第(1)、(2)列是单变量检验结果,第(3)、(4)列是引入控制变量后的检验结果。第(1)列结果显示,核心解释变量全球价值链嵌入(GVC)对数字创意产业高质量发展有显著的正向影响,且通过了1%的显著性检验,即全球价值链嵌入地位指数每提高1个百分点,数字创意产业高质量发展水平将提升0.2163个百分点。第(2)列结果显示,全球价值链嵌入平方项(GVC^2)的回归系数显著为正且在5%水平上显著,表明全球价值链嵌入与数字创意产业高质量发展水平存在非线性"U"形关系。这意味着,低端嵌入不利于数字创意产业高质量发展,迈入"拐点"后的中高端嵌入能够明显促进数字创意产业发展质量的改善,呈现出边际报酬递增的特点。在加入了控制变量的第(3)、(4)列中,全球价值链嵌入及其平方项的回归系数符号及显著性没有发生变化,但绝对值变小,说明本章节控制变量的考虑非常必要。上述结果验证了上一章节的研究假设1。

表8-2 基准回归结果

变量	High_quality			
	(1)	(2)	(3)	(4)
GVC	0.2163*** (0.0572)	0.2575*** (0.0616)	0.1841*** (0.0545)	0.2088*** (0.0601)
GVC^2		0.1597** (0.0742)		0.1264** (0.0601)
控制变量	No	No	Yes	Yes
个体固定效应	Yes	Yes	Yes	Yes
时间固定效应	Yes	Yes	Yes	Yes
观测值	640	640	640	640

续表

变量	High_quality			
	(1)	(2)	(3)	(4)
R^2	0.152 8	0.174 1	0.397 6	0.447 8

注：(1)***、**和*分别表示回归结果在1％、5％和10％置信水平下通过显著性检验；
(2)表中括号内提供的是稳健标准误，且所有回归均采用了个体与时间层面固定效应，并在国家层面进行聚类。下表同。

二、内生性处理

在探讨全球价值链嵌入影响数字创意产业高质量发展的机制之前，还需要对模型进行内生性处理。由于全球价值链嵌入与数字创意产业高质量发展之间可能存在反向因果关系，导致基准模型中存在内生性问题，为避免基准估计系数的偏误，需要寻找工具变量进行内生性处理。首先，我们选择滞后一期的全球价值链嵌入地位指数（$IV1$）作为工具变量进行回归估计，这也是现有文献中处理内生性问题的常用方法。其次，我们还借鉴 Pietrobelli 和 Rabellotti、刘冬冬的处理方法，将全球价值链嵌入地位指数与其均值差值的三次方（$IV2$）作为工具变量进行回归估计。表 8-3 提供了采用工具变量估计的回归结果。表 8-3 的第（1）、（4）列是第一阶段回归结果，其他是第二阶段回归结果。结果显示，第一阶段 F 统计量均大于临界值 10，说明上述工具变量是有效的。同时 Wald 检验 P 值均在 1％水平上显著，说明通过弱工具变量检验。由第二阶段结果可知，全球价值链嵌入及其平方项回归系数绝对值均大于 OLS 的估计结果，且均佐证了基准模型的结论，说明基准估计结果没有受到内生性的过多干扰。

表 8-3 内生性处理——工具变量回归结果

	GVC	High_quality		GVC	High_quality	
	(1)	(2)	(3)	(4)	(5)	(6)
IV1	3.049 9*** (1.120 5)					
IV2				0.007 1*** (0.002 3)		
GVC		0.225 0*** (0.038 7)	0.246 3*** (0.041 0)		0.193 6*** (0.064 1)	0.225 7*** (0.070 3)

续表

	GVC	High_quality	GVC	High_quality	GVC	High_quality
	(1)	(2)	(3)	(4)	(5)	(6)
GVC^2			0.152 8** (0.066 7)			0.149 3** (0.069 4)
控制变量	Yes	Yes	Yes	Yes	Yes	Yes
第一阶段 F 统计量		110.89	114.25		113.65	115.03
弱Ⅳ检验		87.99 [0.000 0]	85.21 [0.000 5]		122.16 [0.000 6]	108.43 [0.000 8]
观测值	640	640	640	640	640	640
R^2	0.653 2	0.452 0	0.469 0	0.522 5	0.438 8	0.449 7

注：利用 Cragg-Donald Wald F 统计量进行弱Ⅳ检验，[ ]中数据为 Wald 检验 P 值。

三、稳健性检验

首先，针对核心解释变量全球价值链嵌入地位指数（GVC），本章节参考 Wang 等人的做法，基于增加值和最终产品生产分解方法测算全球价值链参与度，进行稳健性检验。此处本章节仅利用该方法计算了全球价值链的前向参与度进行回归估计，具体定义为：

$$GVCF = \frac{V\_GVC\_R}{V} + \frac{V\_GVC\_D}{V} + \frac{V\_GVC\_F}{V} \tag{8.18}$$

其中，$GVCF$ 表示前向参与度，V 表示隐含在中间产品出口中的国内增加值，V_GVC_R、V_GVC_D 和 V_GVC_F 分别表示直接被国家吸收、返回且被国家吸收以及间接被国家吸收或重新出口到第三方国家的增加值。具体的稳健性检验结果见表 8-4 的第(1)、(2)列，对比表 8-2 中的结果，不难发现，核心解释变量的正负号和显著性均没有发生改变，仅回归系数的大小有所差异，这说明本章节的基准回归结果较为稳健。

其次，为保证研究结论的可靠性，本章节还进一步分别对连续变量进行 2% 和 98% 缩尾处理以及 5% 和 95% 缩尾处理，以尽可能消除异常值对结论的影响。检验结果如表 8-4 的第(3)、(6)列所示，我们发现，基准研究结论仍无显著变化。

表 8-4　稳健性检验

变量	High_quality					
	前向参与度 GVCF		2%和98%缩尾处理		5%和95%缩尾处理	
	(1)	(2)	(3)	(4)	(5)	(6)
GVC	0.100 7***	0.113 3***	0.193 6***	0.204 5***	0.212 5***	0.228 8***
	(0.020 0)	(0.022 1)	(0.028 4)	(0.029 3)	(0.030 1)	(0.030 6)
GVC^2		0.026 0**		0.142 9*		0.150 2***
		(0.010 5)		(0.097 9)		(0.025 0)
控制变量	Yes	Yes	Yes	Yes	Yes	Yes
观测值	640	640	640	640	640	640
R^2	0.312 0	0.312 3	0.451 1	0.463 7	0.510 9	0.523 3

四、影响机制识别

接下来,本章节在式(8.1)基准模型的基础上,构建中介效应模型,实证检验全球价值链嵌入影响数字创意产业高质量发展的内在机制。具体设定如下:

$$M_{it} = \gamma_0 + \gamma_1 GVC_{it} + \gamma_c X_{it} + \mu_i + \delta_t + \varepsilon_{it} \tag{8.19}$$

$$High\_quality_{it} = \lambda_0 + \lambda_1 GVC_{it} + \lambda_2 M_{it} + \lambda_c X_{it} + \mu_i + \delta_t + \varepsilon_{it} \tag{8.20}$$

其中,M 表示中介变量,包括竞争创新效应(Com)、产业关联效应(Int)、规模经济效应(Sca)、低端锁定效应(Low)和吸收门槛效应(Thr),通过 γ_1、λ_1 和 λ_2 估计系数的显著性判断中介效应是否存在。其他变量含义同前文保持一致。

(一) 促进机制检验

1. 竞争创新效应(Com)

一般而言,处于全球价值链的中高端环节比低端环节面临的竞争压力更大,更难实现技术改善。因此,我们采用全球价值链嵌入地位指数与式(8.18)计算的全球价值链前向参与度的交叉项作为竞争创新效应的代理变量。回归结果如表8-5中的第(1)、(2)列所示。第(1)列核心解释变量 GVC 的系数显著为正,表明数字创意产业深入参与全球价值链时,会面临更为激烈的国际竞争。第(2)列变量 GVC 和 Com 的系数显著为正,说明高强度的竞争机制会促进数字创意产业高质量发展,即竞争创新效应对数字创意产业高质量发展产生了部分中介效应。据此,竞争创新效应的影响机制得以验证。

表 8-5 促进机制识别检验结果

变量	竞争创新效应		产业关联效应		规模经济效应	
	Com	$High\_quality$	Int	$High\_quality$	Sca	$High\_quality$
	(1)	(2)	(3)	(4)	(5)	(6)
GVC	0.140 5*	0.095 8**	0.254 2***	0.174 5***	0.091 1***	0.138 0***
	(0.078 9)	(0.041 0)	(0.061 8)	(0.058 3)	(0.033 6)	(0.036 7)
Com		0.103 3*				
		(0.060 8)				
Int				0.129 5***		
				(0.048 8)		
Sca						0.107 2***
						(0.035 9)
控制变量	Yes	Yes	Yes	Yes	Yes	Yes
观测值	640	640	640	640	640	640
R^2	0.313 7	0.436 1	0.508 3	0.425 8	0.232 6	0.394 4

2. 产业关联效应(Int)

综合现有文献,本章节认为进口中间品的数量越多,产业关联效应越强,就越有利于数字创意产业高质量发展,故使用全球价值链嵌入地位指数与数字创意产业中间品进口额交叉项作为产业关联效应的代理变量。回归结果如表 8-5 中的第(3)、(4)列所示。其中,第(3)列核心解释变量 GVC 的系数为正且通过1%水平的显著性检验,表明全球价值链嵌入程度越深,使用的中间品越多。第(4)列变量 GVC 和 Int 的系数均显著为正,说明更多的中间品使用对数字创意产业生产率的改善效应越突出,越有助于提升数字创意产业高质量发展水平。据此,产业关联效应的影响机制得以验证。

3. 规模经济效应(Sca)

通常情况下,发达国家的经济发展水平更高,市场更大,更有利于发挥规模经济效应。因此,我们使用目标国是否为发达国家与全球价值链嵌入地位指数交叉项来衡量规模经济效应。回归结果如表 8-5 中的第(5)、(6)列所示。结果表明,从交叉项来看,在给定其他条件不变的情况下,目标国为发达国家会强化全球价值链嵌入对数字创意产业发展质量的提升效应。据此,规模经济效应的影响机制得以验证。

(二) 抑制机制检验

1. 低端锁定效应(Low)

Aghion等人认为若某一行业离前沿技术越远,则越容易陷入"低端锁定"。现实中,美国各行业的技术水平基本都处于世界前沿,因此,我们以各国数字创意产业全要素生产率到美国数字创意产业全要素生产率之间的距离作为技术距离,将技术距离标准化处理作为低端锁定效应的代理变量。回归结果如表8-6中的第(1)、(2)列所示。第(1)列核心解释变量 GVC 的系数显著为负,表明全球价值链嵌入地位存在低端锁定效应。第(2)列变量 GVC 和 Low 的系数均显著,说明低端锁定对数字创意产业高质量发展产生了部分中介效应。据此,低端锁定效应的影响机制得以验证。

表8-6 抑制机制识别检验结果

变量	低端锁定效应		吸收门槛效应	
	Low	High_quality	Thr	High_quality
	(1)	(2)	(3)	(4)
GVC	−0.107 9* (0.056 7)	0.068 4** (0.030 4)	−0.003 1* (0.001 8)	−0.006 5* (0.003 4)
Low		−0.076 5* (0.042 9)		
Thr				−0.004 9* (0.002 7)
控制变量	Yes	Yes	Yes	Yes
观测值	640	640	640	640
R^2	0.329 4	0.244 0	0.169 1	0.212 3

2. 吸收门槛效应(Thr)

通常情况下,人力资本水平越高,对进口技术的消化吸收以及模仿的能力也越强。因此,我们使用数字创意产业从业人数取自然对数作为吸收门槛效应的代理变量。回归结果如表8-6中的第(3)、(4)列所示。结果显示,核心解释变量 GVC 的估计系数均在10%水平上显著,说明以人力资本表征的吸收门槛效应对数字创意产业高质量发展产生了部分中介效应。据此,吸收门槛效应的影响机制得到验证。

综上所述,全球价值链嵌入对数字创意产业高质量发展存在促进和抑制的双重影响,促进作用主要通过竞争创新效应、产业关联效应以及规模经济效应三个机制实现;抑制作用主要通过低端锁定效应和吸收门槛效应两个机制实现。上述结果验证了上一章节的研究假设2和研究假设3。

第五节　主要结论

本章节在理论分析全球价值链嵌入影响数字创意产业高质量发展内在机理的基础上,利用TiVA数据库和KPWW方法测度数字创意产业全球价值链嵌入地位指数,同时结合2009—2018年间WIOD世界投入产出表与世界银行WDI数据库的合并数据,实证考察了全球价值链嵌入对数字创意产业高质量发展的影响效应与机制。研究结果表明,全球价值链嵌入可以有效提高数字创意产业高质量发展水平,全球价值链嵌入地位指数每提高1个百分点,数字创意产业高质量发展水平将提升0.2163个百分点。同时全球价值链嵌入与数字创意产业高质量发展水平之间还存在非线性"U"形关系,也就是说,低端嵌入不利于数字创意产业高质量发展,迈入"拐点"后的中高端嵌入才能够明显改善数字创意产业高质量发展水平。上述结论在经过内生性处理以及多项稳健性检验后依然成立。进一步的机制识别检验表明,全球价值链嵌入对数字创意产业高质量发展存在促进和抑制的双重影响,促进作用主要通过竞争创新效应、产业关联效应以及规模经济效应三个机制实现;抑制作用主要通过低端锁定效应和吸收门槛效应两个机制实现。

我们要思考数字创意产业作为我国的战略性新兴产业,如何避免陷入"被俘获"与"低端锁定"的困境。本章节的研究结论为推动中国数字创意产业高质量发展提供了新的思路与经验启示。

第一,深度参与全球价值链分工,推动中国数字创意产业向全球价值链中高端环节跃升。在当前国际贸易中,中国数字创意企业大多嵌入全球价值链的低端环节,难以有效发挥全球价值链嵌入对数字创意产业高质量发展的促进作用。中国应该抓住全球价值链重构和产业分工格局重塑的机遇,推动数字创意产业积极向全球价值链中高端攀升,突破"拐点值"以促进数字创意产业实现高质量跨越式发展。

第二,建立良性的互动竞争机制,促进数字创意企业中间品进口质量升级。本章节研究表明,全球价值链嵌入可以通过竞争创新效应、产业关联效应以及规模经济效应促进数字创意产业高质量发展。因此,要提倡建立良性的竞争机制,积极参与全球合作竞争以获取竞争优势和数字创意产业高质量发展的有效路径。要保持高质量、多层次的中间品进口,深化对进口中间品中蕴含的技术、标准的学习。同时,还要注重发挥我国大市场规模优势的溢出效应,激励我国数字创意产业不断向全球价值链中高端环节攀升。此外,本章节研究还表明,全球价值链嵌入可以通过低端锁定效应和吸收门槛效应抑制数字创意产业高质量发展。因此,我国应该重视数字创意产业领域的人力资本积累,提高嵌入全球价值链的数字创意企业有效吸收先进技术的能力,同时还要强化自主创新能力,突破技术上的低端锁定。

第三,加快全球价值链和国内产业集群的供应链式整合,提升国内国际两个市场的统筹质量。需要注意的是,随着中国数字创意产业全球价值链嵌入程度的提高,由发达经济体主导的全球价值链分工体系的"纵向压榨"效应可能变强。为此,在鼓励中国数字创意企业积极嵌入全球价值链的同时,还要营造有利于企业进行创新学习的国内集聚环境,引导企业之间由"模仿学习"向"创新学习"转变,提高"双重成长环境"的学习质量,使企业在"集群中学习"和在"全球价值链中学习"产生有益互补。

第九章 国外数字创意产业高质量发展的典型事实与经验启示

数字创意产业是由数字技术和创意产业融合发展演进而来的一种新兴的产业形态,其研究发展脉络主要也是在数字技术演进和创意产业发展两个方面进行。数字创意产业是以现代数字技术为主要工具,通过技术、文化、创意等产业化发展数字内容、视觉规划和创意服务,是高技术、强创意的多产业融合发展,具有高附加值的特点。臧志彭认为数字创意产业全球价值链的主导地位将大大加快一国传统产业转型、提质、升级的发展步伐;相反,若一国的数字创意产业面临"低端锁定"等问题,那么该国的整体产业发展将受到限制,未来产业竞争力也将受他国牵制。本章节将通过对英国、美国、日本和韩国等几个典型国家的发展状况进行分析,总结这些国家在发展数字创意产业过程中的主要经验和启示,以资国内业界和学界借鉴。

第一节 英国数字创意产业发展概况与经验启示

一、发展概况

英国作为最早将创意产业作为国家经济发展的主要产业的国家,于 1998 年和 2001 年两次颁布了《英国创意产业路径文件》,确立了"创意产业"概念,认为创意产业是通过知识产权的运用,利用个人创意、技术、才能、潜力等创造出财富和就业机会的活动,并规定了创意产业包含的出版、电视和广播、电影和录像等 13 个子行业。2005 年英国文体部发布的《创意经济方案》及 2006 年公布的《英国创意产业比较分析》,为英国创意产业提供了较好的政策框架和发展引领,不断提升创意产业占据的发展地位。如今,创意产业已成为国民经济增长的支柱产业。

虽然英国政府把创意产业分为13个行业,但对外通常按9个大类公布数据,分别是:(1)广告和营销;(2)建筑;(3)工艺品;(4)时尚设计;(5)电影、电视、视频、音频和摄影;(6)IT、软件和计算机服务;(7)出版;(8)博物馆、画廊和图书馆;(9)音乐、表演和视觉艺术。其中,第(5)项和第(6)项在整个创意产业中的经济占比最大,两项占比超过50%。

2015年,英国政府出台了《数字经济战略(2015—2018)》。2017年,英国文化、媒体和体育部发布了《数字战略》,并将部门名称改为"数字化、文化、媒体和体育部",展现了英国政府对数字革命的期待以及实施决心。2022年,在新冠疫情的背景下,英国该部门颁布了《英国数字战略》(UK Digital Strategy)的更新版,"创意与知识产权(IP)"也被列入六大关键领域,彰显了英国政府对数字技术与创意产品相互融合发展的重视。自20世纪80年代以来,信息通信技术(ICT)为英国的经济增长贡献了大约40%。数字经济对英国经济的贡献已经超过了传统产业,根据《全球数字经济白皮书(2022年)》数据显示,截至2021年,英国数字经济占GDP比重已经超过65%。英国咨询公司Public First研究表明,到2030年,数字化转型将使英国经济增长超过4 130亿英镑,相当于整个英国经济的19%左右。数字化转型是英国未来经济增长的重要动力,英国数字经济的发展成为英国经济的重要支柱,数字经济对英国经济的贡献和影响会随着数字技术的不断发展和应用而进一步增强。

根据英国国家科学与艺术基金会研究统计,英国47个创意产业集群(Creative Cluster)分为高成长性、高集聚性以及两者兼具三种类型。伦敦作为推动创意产业和数字技术发展的核心城市,其将沉浸式体验作为创意创作的重点领域,2016年至2021年间伦敦沉浸式科技公司风险投资甚至已经超过10亿美元,成为欧洲最高风险投资地区;在这一领域,伦敦的VR和AR使用量占英国总数的比重达到33%;伦敦拥有215家沉浸式科技公司,占英国总数的比重达到48%。伦敦这一经验表明,在数字技术与创意产品之间保持良好联系,对英国发展高成长性、高聚集性的数字创意产业新模式具有巨大贡献。因为数字技术的更新需要建立在常规、不断革新、反复验证的基础上,而内容创作需要充分发挥想象力、创造力和实施力。因此,数字技术与创意产品间的协同发展不仅需要在产业政策、企业管理和人才培养方面将技术研发与传统文化有机结合起来,还需要重视国内外合作的创造力。

二、经验启示

从英国创意产业的发展历程与经验来看,其产业发展具有以下几个特点。

(一)创意产业的各管理部门职责明确

熊澄宇在《英国创意产业发展的启示》中指出,英国创意产业的管理部门主要分为中央政府部门、地方政府部门和非政府部门。数字、文化、媒体和体育部(DCMS)是管理和指导创意产业的核心部门。同时,非政府公共文化机构和地方政府发挥着相应的作用,中央政府纵向管理,地方政府和非政府部门横向管理。鲍枫在《中国文化创意产业集群发展研究》中指出,政府对文化创意产业的管理与政治体制的发展相一致,贯彻管理有度、适当分权的原则,制定出各类发展方案及规划,并及时公布各类创意产业的发展数据,以期有效指导创意产业的高效发展。英国政府于1999年发布的《未来十年》(*The Next 10 Years*)从教育培训、个人创业支持、创造性生活促进三个方面探讨了人们创造性生活意识的培养和创造性生活的享受方式。

(二)创新重点产业人才培训

创意产业依赖于人们独特的创造力、技能和人才,通过知识产权开发创造就业和财富。因此,创意产业最关键的因素是人们的创造力和技能,注重教育和培训同等重要,关注技能型和创意型人才的培养。因此,英国已将人才战略确定为创意产业与数字经济融合发展战略的核心,数字创意人才教育的任务由高等教育系统和技术教育系统共同承担,在完成日常教学和培养专业人才的同时,还提供开放、专业、高效、包容的创意产业在职培训。一是积极推进创意产业现代学徒制。英国借鉴德国的经验,呼吁创意企业与职业学校合作,共同培养创意产业人才,形成现代创意产业学徒制,制定创意产业学徒标准。学徒制由企业主导,将学习与工作相结合。学徒职业教育的内容和时间比例在学校约为30%,在企业约为70%,企业分担部分教育成本。2018年,英国启动了"创意产业职业计划",两年内共有2 000所学校和60万名学徒参与。二是在英国的大学和公司之间建立在职合作关系。创意产业组织经常更新有需要的行业专业人士名单。大学和公司合作,以满足行业在进一步的数学、物理、编程、数字设计、绘图、电影电视和游戏制作方面的需求,培养内容创作等各类急需的在职人才。不同种族、性别和不同专业背景的人都可以申请培训,这样失业者、自由职业者和短期雇员也可以进入职业培训系统,从而可以有针对性地及时满足行业和业务发展的人才需求。三是普惠性培训。英国通过彩票基金、电影基金和其他方式为创意产业的妇女、残疾人和少数民族提供在职培训资金,促进创意产业的就业平等和性别平衡。

(三) 多元化的资金支持体系

创意企业大多是小微企业,如何帮助企业特别是小微企业筹措资金是全球创意产业面临的共同挑战。英国通过政府资助、公益机构、投资机构和企业投资等多种渠道满足创意企业的资金需求。第一,通过政策激励提供财政支持。英国有一套成熟的创意税收减免方案,通过减税来增加对创意产业的投资。2017 年英国电影产业因此增加了 4.5 亿英镑的投资。2018 年因《协议》的推动,将创意企业研发资金抵税占比提高到 12%。第二,国家基金的直接投资。国家生产力投资基金(NPIF)计划在 2021 年至 2022 年间增加 23 亿英镑的创意研发投资。第三,国家财政或社会基金向第三方机构和投资基金投资。例如,英国的公共彩票和慈善组织每年向英国电影学院投资近 7 000 万英镑。2018 年,英国政府设立了一个 25 亿英镑的投资基金,用 50 亿英镑的私人资金投资英国商业银行。第四,市场化投资机构的直接投资。英国有一些公司和基金公司长期从事创意产业投资活动,例如,英国创意公司、英国商业银行等通过种子投资、天使投资、股权融资、债券和贷款等各种专业金融投资方式向创意企业注入资金。第五,政府或第三方机构为中小企业和大型企业建立平台,如举办融资论坛和技术竞赛,促进投资机构与融资对接。

(四) 支持全国各地创建创意中心

英国通过世界级企业集群的打造,对全球价值链攀升及就业规模等做出了突出成绩。研究显示,英国在 2018 年拥有 47 个创意企业集群,且一半企业聚集于伦敦东南部。英格兰艺术委员会(ACE)将英国公共福利彩票和慈善基金的大部分捐款投入伦敦以外的创意产业,设立文化发展基金,投资影响力较大的领域,英国商业银行表示为了支援伦敦以外的高成长企业的商业天使集群,制定并实施了商业投资计划。

(五) 保护与转化并重的知识产权保护体系

创意产业高度依赖知识产权等无形资产。然而,在数字时代,知识产权容易受到侵犯,许多中小微企业难以实现盈利和融资。英国将保护知识产权作为创意产业营商环境维护的重要任务。一是加强对知识产权犯罪的打击,加大对网络版权的执法力度,强调权利保护和转化。2013年组建的警方知识产权专家组(PIPCU)专职打击网络侵权,减少了64%的版权侵权网站广告。二是加大中小企业的知识产权保护力度,英国版权局、知识产权联盟等机构为中小企业提供知识产权保护培训,提高在互联网上规范自身知识产权内容和产品的能力。三是明晰网络平台的责任,明确在线平台对共享内容的法律责任。

第二节 美国数字创意产业发展概况与经验启示

一、发展概况

数字创意产业在美国称为"版权产业",可进一步分为核心版权产业、交叉版权产业、部分版权产业和边缘版权产业四部分。在发展创意产业上,美国政府重视版权保护,并采取一系列措施规范版权市场。与英国不同,美国创意产业相关权威统计数据由美国国际知识产权联盟(IIPA)发布,作为一个非政府组织,美国国际知识产权联盟旗下的协会成员几乎代表了所有美国文化创意重要领域。

1990年以来,该联盟几乎每年都会发布《美国版权产业报告》(*Copyright Industries in the U.S. Economy*)。报告数据显示近20年,美国全体版权产业对GDP的增长贡献均超过11%,版权产业一直为美国经济发展的支柱性产业。最新数据显示,2016年至2019年美国核心版权产业年均增速为5.23%,全体版权产业增速为4.26%,高于美国GDP年均增速的2.21%。另一趋势为版权产业发展与经济增长均在总体上呈放缓趋势。2019年美国版权产业增加值超2.2万亿美元,为美国经济增长贡献了11.59%。

美国数字创意产业发展较早,在数字化的时代浪潮中,美国以其高度敏锐、快捷和持续的市场反应,制定一系列支持性政策鼓励数字创意产业的发展,力争在全球化新一轮产业变革中取得先发优势和领先地位。在技术领域,出台多项政策鼓励科技创新,比如美国率先出台了《21世纪信息技术计划》,为数字创意产业发展注入发展动能;在数字经济领域,美国积极推动《美国全球数字经济大战略》;在教育领域,美国十分重视数字创意产业人力资源的培养,政府提供大量面对学生、教师等人群的高质量开放资源,并在学校开设专业方向的设计课程,注重培养具备学科交叉素养的数字人才。此外,美国社会各界也都极为重视数字创意产业的发展,无论是公共部分如社会保障机构,还是私人部分如咨询公司,都在搜集产业发展的多样化数据,为政府的政策制定以及社会公众的投资、消费等提供参考。在此情况下,经过多年发展,美国目前已经形成了完整的产业链,且牢牢掌握关键环节的核心技术,全球优势明显。

相关数据显示,当前美国的文化消费已占到了家庭消费30%左右的市场份额,美国文化产业产值占GDP总量的18%~25%。在400家最富有的美国公司中,文化企业的数量已经达到了72家。在数字内容的发展进程中,美国政府对其发展给予了相当大的支持,游戏、影视、动画、音乐下载已经成为美国发展较好的数字内容产业。美国拥有足够大的内部市场需求、健全的商业环境以及发达的信息技术,发展数字内容产业可谓得天独厚。在发展过程中,美国数字内容产业重视规范市场环境,以市场需求为导向,加强商业模式和科技创新。2021年,美国创意产业细分领域以设计服务、视觉艺术和新媒体为主,合计占比达83.4%,产业结构相对较为均衡(如图9-1所示)。

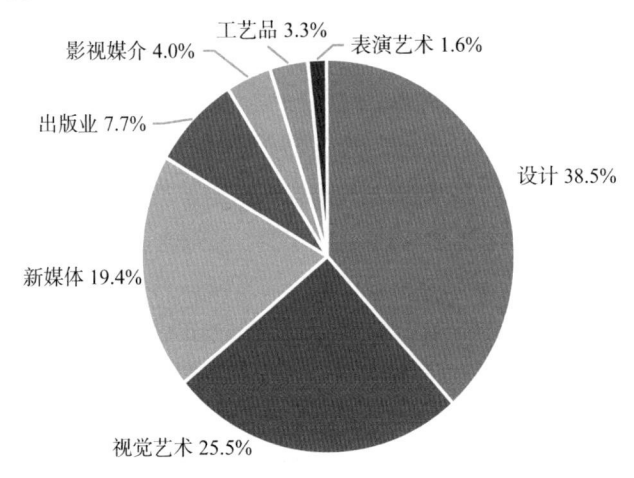

图9-1 2021年美国创意产业各细分领域占比[①]

---

① 数据来源:《全球数字创意产业重点发展方向及投资动态建议报告(2023—2030年)》。

二、经验启示

(一) 规范市场环境，加强版权立法

近年来，美国不断修订和完善版权法和版权保护制度，为数字内容产业的发展提供法律支持。美国政府已通过一系列法规，包括《跨世纪数字版权法》《电子盗版禁止法》《版权法》《半导体芯片保护法》等，形成了全球最广泛保护范围和最详尽规定的法律框架。此外，美国政府还建议为广大中小微企业，甚至自由职业者提供知识产权方面的援助，通过培训的方式，传播维权技能，降低维权成本。同时，分阶段推进对网络平台知识产权责任的细化，明确规定网络平台在共享内容方面必须履行的知识产权法律责任。此举不仅能够支持网络平台开发共性技术，还能引导消费者通过合法途径获取正版商品。进一步促进"知识产权"与"数字技术"的融合发展，探索区块链、人工智能、大数据等数字技术在知识产权确权和交易方面的应用。另外，美国政府在消费者版权教育方面拨款，通过引导消费者点击合法链接，保护创意企业原创 IP 的安全。最后，政府以圆桌会议的形式，广泛召集权利持有人和中介共同讨论社交媒体、在线市场、数字广告等业务规则，思考版权侵权问题解决方案，促进创意产业中的知识价值转化。

(二) 紧密高效的政府、企业和第三方组织合作联动机制

在美国创意产业发展的过程中，企业与政府、第三方机构之间的协同合作起着重要作用，立法、规划、政策制定和执行都展现了三方的紧密合作。为推动这一合作，成立诸如社会公共机构改革委员会等服务机构，通过设立试点"先行先试"，促进社会机构深度参与政策咨询、产业研究、人才培训、投资和公共监督等领域，进而准确把握政策需求和产业发展趋势。社会公共机构在企业与市场之间起到良性的纽带联结作用，推动文化创意产业高效高质量发展。美国产业界及政府赋予了第三方组织各类产业运营职能，如分配经费、人才培养、组织多方交流合作、产业政策研究等。这种关系使得政府与行业之间合作紧密，及时发现并解决美国创意产业融入数字经济的关键问题。例如，创意产业研发工作组，旨在负责审查研发资金、判断研发可行性，给出"是否增加研发税减免"的科学依据；贸易和投资委员会，旨在召集政府和合作伙伴共议贸易政策、提供海外贸易方面的咨询。这种政府

与行业的密切合作推动了创意产业和数字经济融合发展所面临的关键问题的高效解决。

（三）研发与应用两端发力，推动"产业＋数字技术"融合发展

在美国，创意产业和技术研发融合是突出重点，实现了全链贯通。VR和AR等沉浸式体验技术是重点发展领域，推动研发、生产、传播、销售等创意产业全产业链的数字化转型。美国政府通过拨款的方式（承诺投资3 900万美元），支持企业与大学之间建立合作关系，鼓励大学精准对接企业需求，进行科技研究与人才培育。以上述为背景，到2018年3月为止已形成了研发伙伴组织700个。政府通过抵税、鼓励贷款和投资等方式支持共性技术研发，以进一步减轻中小创意企业的技术创新压力，使他们能够利用沉浸式技术等共性技术进行内容、产品和服务的创造。此外，技术应用和消费场景不断扩展。基础设施建设得到持续加强，公共文化服务数字化水平逐步提高。例如，在全国范围内建设数字宽带、广播网络、电视，助力图书馆、剧场、书店、博物馆等公共文化服务设施的数字化升级。扩大数字技术在创意领域的应用场景，培养居民对数字创意产品与服务的购买习惯。

第三节 日本数字创意产业发展概况与经验启示

一、发展概况

根据1999年日本通产省报告，创意产业被分为三大板块：内容产业（包括个人计算机、电视新闻、书籍杂志等）、休闲产业（包括学习、鉴赏、运动旅游等）和时尚产业（时尚设计和化妆品），日本著名的动漫产业便归属于内容产业这一大类。日本是当今世界文化产业大国，其文化产品的输出及为支持产业发展的一系列政策运作成为众多国家学习的重要内容。1996年，日本出台《21世纪文化立国方案》，意味着文化立国战略成为日本发展转型的重要指向，从"经济立国"转向"文化立国"，很早就进行了顶层规划与引导，对文化产业的建立和发展具有最直接的推动作用。一方面，日本推行国家级战略支持，完善法律体系，并随着时代变革和行业发展不断做出调整，保证法规的及时修缮。另一方面，日本

政府把握时代机遇,敏锐洞察技术更新和市场变动,推进数字技术在多个垂直细分领域的融合发展,通过数字赋能继续提高本国数字创意产业实力。

多年来,日本的数字创意产业以动漫、游戏、音乐三个主体为主,三者虽各有异同,却也相互促进。特别是在互联网时代,这三个主体产业依靠强大的 IP 衍生性,带动其周边产业的迅猛发展,从而扩大原产业边界,市场规模呈指数级增加。近几十年来,信息技术经历数次大小变革,技术更新换代的频率加快,并且,欧美地区的竞争对手持续涌入,凭借其完整产业链和国际大市场对日本的数字创意产业造成不利冲击,使日本的数字创意产业在全球中的绝对领先地位逐渐下滑。即便如此,日本的数字创意产业,特别是动漫业的发展持续坚挺,在国际动漫市场上仍然占据领先地位,全球 60% 的数字动漫作品出自日本,在欧洲更是占比高达 80% 以上。从日本的文化创意产业细分领域占比情况上看,主要以新媒体、设计和影视媒介为主,合计占比达 78.4%,另外视觉艺术、表演艺术、工艺品和出版业也有比较均衡的发展(如图 9-2 所示)。

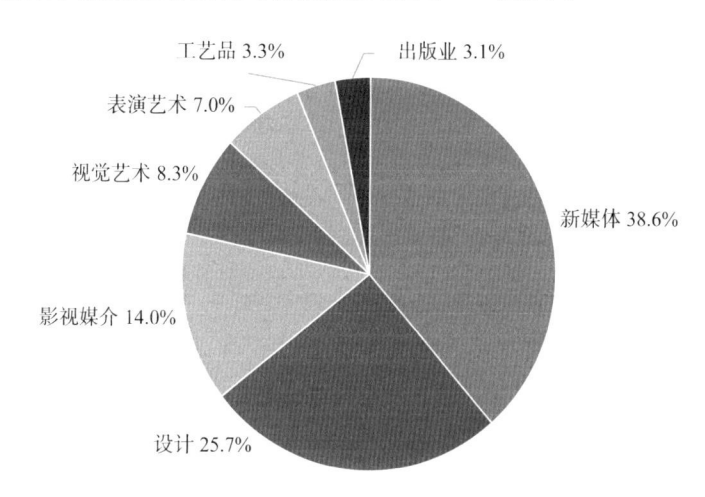

图 9-2　2021 年日本数字创意产业各细分领域占比①

二、经验启示

(一) 推行"产学政"模式

日本推动创意产业发展的一个显著模式是"产学政"协同发展——"产"

---

① 数据来源:《全球数字创意产业重点发展方向及投资动态建议报告(2023—2030 年)》。

是指隶属于经济产业的省管辖企业;"学"是指文部科学省下的各类科研机构及大学;"政"则包括了政府部门和半官方的中介机构。业界、学界和政府相互联系的过程中,"政"发挥主导作用,不仅扮演着引导市场和制定政策的重要角色,还为创意企业的发展提供税收优惠和投资补贴等。

(二) 制定创意产业出口支持策略

地方机构、企业、重点产业管理部门三方形成合力,共同制定出口策略,在政策、智力和资金等方面支持出口企业。建立由出口企业组成的行业出口协会,使其能够参与对外贸易政策的研究、咨询和合作交流工作。日本提出基于物联网的国家信息化战略(u-Japan 战略),内容产业相较于其他产业,通过战略运用能够在更大程度上推动经济发展,且能够深化世界各国对日本文化的理解,提高国家形象,进而使日本文化在国际上获得更多的尊重。因此,日本大幅提升了数字内容创造、流通和利用的政府预算。2002 年,美国记者道格拉斯·麦格雷(Douglas McGray)在《日本国民酷总值》一文中指出,尽管日本在政治和经济方面的表现并不出色,但其正在重塑自己的超级力量,文化影响力在全球范围内悄然上升。此外,日本数字内容协会积极参与国际交流,协助国内领域从业者获取海外市场情报。

(三) 创新重点产业人才培训

产业主管部门、第三方组织、创意企业共同参与,推动实施重点产业年度人才培育计划。

(1) 第三方机构研究产业发展趋势和需求,由此定期筛选出产业链上急需人才的环节,并制定相应的培训规划。

(2) 针对产业需求,在全社会范围内广泛开展人才培训。

(3) 成立监督机构,组织政府、企业和第三方机构共同参与,确保培训进展和效果。

(4) 加强并推广现代学徒制度,推动高等院校与产业界之间的密切合作,特别是鼓励高等院校积极参与建设职业培训体系。

第四节　韩国数字创意产业发展概况与经验启示

一、发展概况

1998年亚洲金融风暴将韩国创意产业推入濒临破产的境地，这迫使韩国政府转换经济发展思路，思考新的经济增长点。之后，韩国正式提出了"文化立国"的救国方针，政府借助举办2002年世界杯的契机规划了数字媒体城，开始大力发展数字媒体产业和信息通信技术（ICT）产业。在1999年至2001年的3年间，韩国政府先后制定了《文化产业发展五年计划》、《文化产业前景》和《文化产业发展推进计划》等一系列战略政策，明确了数字创意产业发展战略和中长期发展计划，并相应推出一系列重大举措来推动数字创意产业发展。由于韩国本土市场太小，仅仅把目标放在国内市场不足以完成经济转型发展。于是，韩国将数字创意产业的战略目标放在国际市场，通过各种途径积极向外进行文化输出。2012年韩国进出口银行海外经济研究所的研究表明，韩国的数字创意产业出口每增加100美元，就能撬动412美元的商品出口。

数字内容产业属于韩国政府确定的"十大新引擎产业"之一，其产值已超过传统的制造产业，成为韩国第一大产业。韩国文化体育观光部发布的《2021年韩国内容产业调查》报告显示，2021年韩国内容产业出口额再度创下历史新高，达到124.5亿美元，同比2020年的119.2亿美元增长约4.4%（如图9-3所示）。韩国数字创意产业主要涵盖了游戏、出版、电影、音乐、漫画等泛娱乐产业，这些内容产业在出口额上已超过家电（86.7亿美元）、电池（86.7亿美元）、电动汽车（69.9亿美元）、显示器面板（36亿美元）等主流领域，成为韩国代表性出口产业。其中，游戏产业是韩国数字创意产业出口的主要领域。据韩国文化体育观光部发布的另一份年度报告《2022年韩国游戏白皮书》显示，2021年韩国游戏行业出口额高达86.7287亿美元，同比增加了5.8%，占内容产业出口额的70%，仅游戏一个领域就已与家电出口持平，并超过了电动汽车、显示器面板等韩国出口的代表性行业。

在市场选择上，中国是韩国游戏最大的出口市场，虽然2021年韩国游戏还

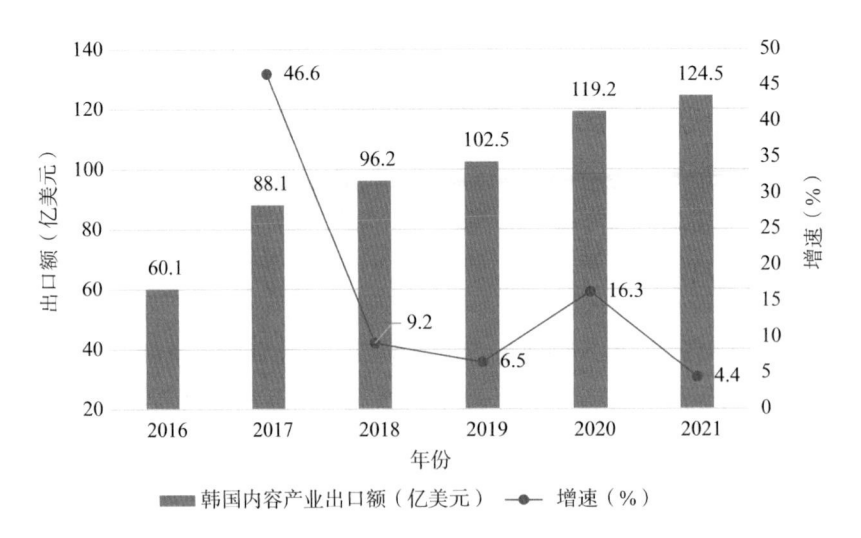

图 9-3　2016—2021 年韩国内容产业出口额及增速①

没有在中国大规模过审,但中国玩家依然贡献了韩国游戏 42.9% 的出口额,其次是东南亚,占比 17%,北美和欧洲市场同为 12.6%,并列第三,日本以 10.5% 成为第四大韩游海外市场(如图 9-4 所示)。与 2020 年相比,韩国游戏对中国市场的依赖略有下降,转而对东南亚、欧洲、北美市场出口额的上升。在游戏产业的带动下,韩国文化产业在全球的影响力与日俱增,尽管韩国只有 5 000 万人口,但调查报告显示,2021 年受韩国文化影响的人数已经超过 1.5 亿人。

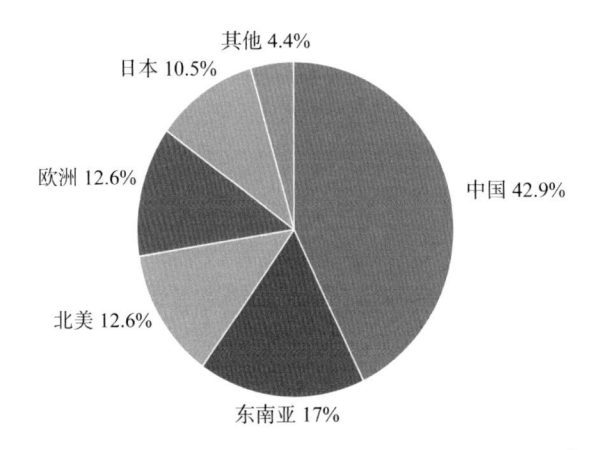

图 9-4　2021 年韩国游戏出口额主要国家和地区占比①

---

① 数据来源:《全球数字创意产业重点发展方向及投资动态建议报告(2023—2030 年)》。

二、经验启示

(一) 加强政策法规环境建设

1999年韩国政府以制定音像制品和游戏软件相关法令为开端,鼓励游戏软件制作、人才培养,加强基础设施建设,同时实行游戏软件的评判监督和分级制度。此后,韩国相继制定颁布了《网络数字内容产业发展法》《韩国蓝图21》《文化产业振兴基本法》等法律法规。此外,韩国重视政产合作,推动创意产业出口。创意产业对提升国家软实力和经济实力都具有显著作用。韩国极为重视创意产业出口,并形成了由驻外使馆和商业代表处等机构通过文化外交开展品牌活动营造韩国文化产品的高端形象、由政府出面推动创意产品出口的传统。韩国创意产业外贸战略最突出的特点是高度重视第三方机构作用,并以此推动政府和产业在海外出口事务上的紧密合作。

(二) 设立专门管理服务机构

韩国负责数字创意产业的相关政府机关有两个,分别是情报通信部和文化体育观光部。而情报通信部下设韩国软件振兴院,文化观光部下设韩国文化内容中心、韩国文化产业振兴院、韩国游戏产业振兴院,地方政府相关机构有京畿数字内容振兴院和首尔动画中心等。不仅如此,政府还积极鼓励地方发展创意产业伙伴关系和区域协作。韩国政府组织召开地方创意产业伙伴关系会议,加强地方与创意产业团体的合作,其中包括建立地方与创意产业联合会、创意产业理事会、创意企业、联合国和发展中国家的伙伴关系。

(三) 不断完善的投融资机制

韩国政府为数字创意企业提供的资金支持措施包括:成立数字创意产业发展的各类基金和游戏投资联盟,如游戏专门投资组合、文化产业基金、文化产业振兴基金、信息化基金等。另外,政府为游戏企业提供长期的低息贷款,对指定的风险企业实行各种税制优惠政策,减免游戏企业的税负。此外,政府还保障出口企业的流动性。韩国出口金融公司推出一种新的银行担保,可增加供应链中的流动性,支持商业天使投资方案。

第五节　结语

本章节通过分析介绍英国、美国、日本和韩国等几个典型国家的数字创意产业发展现状，总结其主要经验，以供借鉴。

研究发现，英国发展数字创意产业方面存在以下几个特点：

（1）创意产业的各管理部门职责明确；

（2）创新重点产业人才培训；

（3）多元化的资金支持体系；

（4）支持全国各地创建创意中心；

（5）保护与转化并重的知识产权保护体系。

美国发展数字创意产业方面存在以下几个特点：

（1）规范市场环境，加强版权立法；

（2）紧密高效的政府、企业和第三方组织合作联动机制；

（3）研发与应用两端发力，推动"产业＋数字技术"融合发展。

日本发展数字创意产业方面存在以下几个特点：

（1）推行"产学政"模式；

（2）制定创意产业出口支持策略；

（3）创新重点产业人才培训。

韩国发展数字创意产业方面存在以下几个特点：

（1）加强政策法规环境建设；

（2）设立专门管理服务机构；

（3）不断完善的投融资机制。

第十章 全球价值链重构视域下数字创意产业高质量发展的路径与中国对策

面对全球价值链重构与国际分工格局大调整的机遇与挑战,如何塑造中国数字创意产业竞争新优势,摆脱"低端锁定"与"高端封锁"双层困境,从而实现高质量发展日益引起关注。前述章节分析研究表明,全球价值链嵌入影响数字创意产业高质量发展,主要通过竞争创新效应、产业关联效应、规模经济效应、低端锁定效应和吸收门槛效应五个作用机制实现。在此基础上,本章节首先进行相关文献回顾,然后进一步分析在全球价值链重构视域下数字创意产业高质量发展的可行路径与中国对策。

第一节 问题的提出

数字创意产业是数字技术与创意产业相互融合,进行创新、生产、应用和服务的新经济形态。一直以来,我国政府高度重视数字创意产业的培育与发展,将之视为抢占未来发展先机、巩固技术创新优势、扩大文化软实力的重要方面。2016年,国务院首次将数字创意产业纳入《"十三五"国家战略性新兴产业发展规划》,对我国数字创意产业的长远发展进行了顶层规划,自此数字创意产业成为我国产业发展的战略性方向之一。2018年,国家统计局公布《战略性新兴产业分类(2018)》,将数字创意产业列为我国重点发展的战略新兴产业。近年来,随着云计算、5G、人工智能、区块链、元宇宙等数字技术飞速发展,不断推动我国数字创意产业的变革和壮大,产业发展达到了新高度。

当前中国经济已迈入高质量发展新阶段,亟须将参与全球价值链(Global

Value Chain,GVC)竞争的模式从"汗水经济"转变为"智慧经济",以摆脱长期以来的"被俘获"与"低端锁定"的困境。然而,欧美等发达国家正试图以对待传统产业同样的方法控制新兴的数字创意产业全球价值链,希望继续"俘获"与"低端锁定"中国等发展中国家。对于建构于数字互联平台的新兴数字创意产业而言,要想避免陷入"被俘获"与"低端锁定"的困境,实现全球价值链的高端化,必须突破现有的全球价值链理论和升级逻辑。与此同时,国际贸易中单边主义、保护主义甚嚣尘上,各国间贸易摩擦加剧,全球价值链转向停滞与收缩。许多既得利益的发达经济体为缓解或转嫁国内矛盾,巩固自身地位,一方面力促价值链中高端回流,另一方面抑制新兴发展中经济体向价值链中高端攀升。而发展中经济体在原有分工中面临的地位、收益、机会不平等问题不断累积,严重制约其可持续发展。新冠疫情的全球大流行更加剧了对全球价值链的冲击,隔离措施与供应链安全战略的出台,制约了各个国家之间产品与要素的流动,降低了其在原有价值链上的生产效率,加速推动着全球价值链的重构进程。

面对全球价值链重构与国际分工格局大调整的机遇与挑战,如何塑造中国数字创意产业竞争新优势,并围绕价值链升级实现数字创意产业高质量发展日益引起各方关注。与既有文献相比,本章节的边际贡献主要有:第一,从研究视角来看,本章节以新兴的数字创意产业为例,探讨了全球价值链重构视域下数字创意产业高质量发展的路径与中国对策问题,弥补了现有文献多集中于制造业等传统行业领域的研究不足。第二,从理论框架来看,结合产业发展实践,本章节提出全球价值链重构视域下数字创意产业可以通过技术应用创新、内容生产创新、制度治理创新以及业态融合创新等路径实现价值链跃升,进而推动数字创意产业实现高质量发展。

第二节 文献综述

自从全球价值链概念诞生以来,国内外学者围绕全球价值链进行了大量探讨。在新的时代背景下,如何突围全球价值链重构的困境,实现产业高质量发展也逐渐引起学界关注。现有研究主要集中在以下几个方面。

一、全球价值链重构的特征与动因

毛蕴诗认为全球价值链重构是新兴国家及其企业从价值链、供应链和产业链低端向高端转化的过程,在这个转化过程中,全球范围内的经济价值与利益会进行重新分配。Rodrik 指出在全球价值链重构背景下,为维护自身既得利益,发达经济体会对新兴经济体进行技术封锁,阻碍全球要素资源自由流动的同时,造成全球价值链的分解与断裂。杜传忠和杜新建以制造业为例,发现伴随着全球价值链重塑的不断深入,服务贸易增速远快于货物贸易。究其原因,主要是跨境数据流动、新技术创新等导致制造业的服务化和信息化程度不断提高。刘志彪和吴福象则认为贸易摩擦深化、国际分工利益分配不合理等会引起投资、产业与贸易转移效应,进而改变全球价值链垂直分工模式。

二、全球价值链重构的经济影响

根据世界贸易组织(WTO)统计,在国际贸易中超过三分之二均为中间品贸易,因此,全球价值链重构必然会造成要素收入再分配,进而影响贸易利益分配。Wang 等人认为与发达国家相比,低收入国家无论是在劳动力熟练程度、服务提供能力还是生态系统创新等方面均不具有比较优势,因此,低收入国家战略窗口期在全球价值链重构进程中变窄。刘冬冬等人研究发现全球价值链在数字技术冲击下明显缩短,而新兴经济体在嵌入全球价值链时普遍重视前向参与度,忽视后向参与度,进而造成国内就业增长放缓、生产成本上升等。高运胜和杨阳认为全球价值链重构对于主要国家而言,可以通过影响不同时期贸易投资政策选择来均衡国内经济结构和世界经济结构。不仅如此,针对国际贸易中普遍存在的贸易摩擦问题,重构进程中不同价值链分工地位及参与度还可以起到"催化剂"与"润滑剂"的双重效应。

三、全球价值链重构与文化创意产业发展

与数字创意产业紧密相关的文化创意产业全球价值链地位与重构路径研究取得一定进展。一方面,研究发现,当前中国文化创意产业全球价值链地位并不理想。郭新茹等人通过建构显性比较优势指数、出口产品相似度指数,研究了中韩两国文化贸易的竞争性与互补性问题。周升起和张鹏通过构建"相对复杂度"指数研究发现中国整体"创意服务"及"个人、文化与休闲"服

务分项的国际分工地位呈现波动中不断提升的趋势；而中国"广告、市场调研与民意调查"服务的国际分工地位表现出逐步下滑的演变趋势。田思和高长春对 2002—2010 年中国创意产品贸易出口技术复杂度进行定量计算，发现中国创意产品贸易出口技术复杂度呈现上升趋势，但与样本国家的平均水平相比，相对出口技术复杂度持续下降。另一方面，学者们主要聚焦于从产业集群升级维度思考中国文化创意产业全球价值链重构问题。王缉慈等人在总结美国好莱坞和日本秋叶原动漫盈利模式基础上提出培育互补性资产，加强动漫产业集群，以实现深圳动漫行业全球价值链地位升级。曾咏梅指出文化创意产业集群主要通过工艺升级、产品升级、功能升级与链条升级实现集群升级，通过被并购、贴牌生产、互利合作及出口等模式嵌入全球价值链。王娜提出了全球价值链不同驱动模式下的北京文化产业集群升级的五种战略路径。

学者们提出了多种与数字创意产业全球价值链重构有关的中国路径。顾江从劳动生产率、内容、技术、人才与资金五个层面，基于美、日、韩三个文化产业发达国家的比较，分析嵌入全球价值链下的中国文化产业发展升级路径，即文化产业嵌入全球价值链、参与国际分工要发挥文化产业关联效应强的特点，提高其产业关联效应、支撑效应和溢出效应，利用嵌入全球价值链的学习机会建立起快速扩张市场的能力。邹宸和高长春认为应开展全方位多层次的国际科技文化交流，借力提升中国文化产业技术含量；研发数字化知识产权保护的认证技术，合理制定网上传播版税的分配比例；整合资源，降低"文化折扣"。还有学者以大芬村为例，提出"行画"时代企业间灵活的转包与分包联系有助于培养整个行业应对风险的弹性机制，而大芬油画产业"市场订货—画师制作—画商收购—国外销售"的运营模式是嵌入全球价值链过程中建立起来的，强调产业升级是创意企业在全球产业链中从低附加值环节向高附加值环节攀升的过程，适应外部形势转变与相对复杂的创作活动，充分利用国内国际双市场实现持续增长。

四、全球价值链重构与数字创意产业发展

目前关于数字创意产业全球价值链问题的研究多聚焦于游戏、音乐等细分行业领域，从产业整体层面研究的文献较少，仅发现臧志彭、陈能军和史占中等人的几篇文献。臧志彭认为数字创意产业不同于制造业等传统产业，我国在数字创意产业发展方面具有一定先发优势，因此，中国应该尝试重构数

字创意产业全球价值链,进而摆脱全球价值链中发达国家的"俘获效应"与"高端锁定"。陈能军和史占中则认为放眼全球,中国的5G技术及产业化都具有一定领先优势,中国数字创意产业在其助力下,可以发展成为从"跟跑"到"并跑"最终"领跑"的战略性产业,并提出实现数字创意产业全球价值链攀升的三个阶段式路径:一是技术创新;二是价值附加;三是地位攀升。

在数字创意产业细分行业中,网络游戏行业全球价值链的研究已经起步,基本围绕"现状—原因—路径"的研究范式展开。一是研究中国网络游戏行业在全球价值链中的位置与现状,此方面研究形成了两派相反的观点。一种观点认为网络游戏行业的核心技术由国外企业掌控,中国在全球价值链分工中处于弱势,海外市场竞争力不足。另一种观点则指出中国游戏行业在全球贸易市场的上升趋势,特别是网络游戏市场规模已达到世界首位;近些年来,以腾讯为代表的中国网络游戏企业逆向收购了著名游戏开发商Supercell等多家掌握核心技术的企业,在全球价值链中地位攀升明显。二是研究中国网络游戏行业在全球价值链中弱势的原因,包括文化折扣降低了中国网络游戏产品的国际认同,出口结构不合理与文化路径依赖,游戏产品创新力不足和同质化严重,网络游戏周边产业发展滞后等多个瓶颈。三是通过比较探究中国游戏企业重构全球价值链的战略路径,包括挖掘创意内容与研发创新,增强自主研发水平与产业特色,开发多元出口模式,开拓海外市场,改善资本运作环境等。还有学者研究了网络游戏企业参与全球价值链的模式,包括授权代理模式、独立运营模式、联合运营模式与全球整合模式、引进再输出模式、全产业链模式等,在网络游戏行业全球价值链重构的历史机遇期,中国的网络游戏企业应该有意识地进行全球价值链参与模式的升级。

综上所述,虽然现有文献已对全球价值链重构展开了大量研究并取得了丰富成果,但都是基于不同视角和不同数据,进而得出的研究结论也差异较大,且多聚焦于制造业、服务业等传统领域;关于文化创意产业全球价值链的相关研究也较多,但鲜有涉及新兴产业门类数字创意产业。鉴于此,本章节将在分析全球价值链嵌入影响数字创意产业高质量发展内在机理的基础上,探讨提出全球价值链重构视域下中国数字创意产业高质量发展的路径选择与对策建议。本章节的研究在弥补已有文献不足的同时,对中国数字创意产业高质量发展也具有一定的现实指导意义。

第三节　全球价值链重构视域下数字创意产业高质量发展的路径

数字创意产业高质量发展,需要关注不同时代背景升级类型的内涵与表现形式差异,注重新技术、新业态与新模式,推动数字创意企业在产业链中实现从低附加值环节向高附加值环节攀升,进而摆脱"低端锁定"与"高端封锁"的困境。基于此,本章节将全球价值链重构视域下数字创意产业高质量发展的路径归纳为技术应用创新、内容生产创新、制度治理创新以及业态融合创新四条路径(如图 10-1 所示)。

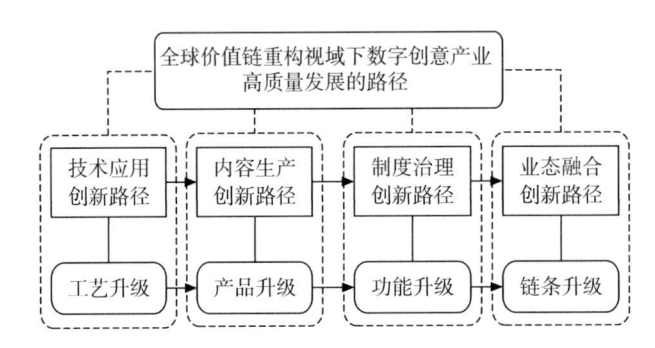

图 10-1　全球价值链重构视域下数字创意产业高质量发展的路径

一、技术应用创新路径

在新一轮技术革命浪潮的推动下,世界各国在诸多领域取得了科技进步与重大突破,带动了不同产业的变革。当下,数字技术成为世界各国主要发力点,谁能够抓住数字技术发展的机遇,谁就能掌握未来发展的主动权。因此,一国能否在未来占据全球价值链的中高端环节,主要取决于该国产业数字化和数字产业化两个方面。前者主要体现为传统产业的数字化转型;后者主要体现为数字技术催生的新兴产业。

数字经济时代,科学技术日新月异,传统产业业态遭受创造性颠覆和重构,数字技术逐渐成为产业经济增长新引擎。在此背景下,实现数字创意产业高质量发展必须紧跟时代步伐,全面推动创意与科技深度融合,充分发挥数字技术优势,让科技为数字创意产业发展提供不竭动力,实现技术为创意赋能、文化为产业赋能、产业为个体赋能的良性循环。在2016年发布的《"十三五"国家战略性新兴产业发展规划》(简称《规划》)中,数字创意产业被首次提及,并被界定为实现优质产品和服务供给的智力密集型产业。《规划》关于数字创意产业的基本落脚点便是"数字技术＋文化创意及创新设计",强调数字技术创新及其产业化,鼓励深度应用相关领域最新创新成果,创新适应消费趋势的技术和装备,加强新一代信息技术在数字创意内容生产领域的应用。同时,《规划》也强调文化资源数字化转化和开发、依托数字技术创新数字内容产品,提升创新设计产业数字化水平。因此,在全球价值链重构背景下,技术应用创新走在世界前列的国家或地区将获得先发优势,在网络效应的作用下迅速抢占市场,占据全球价值链高附加值环节,从而形成强大的竞争力,实现数字创意产业高质量发展。

二、内容生产创新路径

内容生产在数字创意产业高质量发展中居于核心地位。著名的澳大利亚文化经济学家思罗斯比在《经济学与文化》一书中提出,内容生产是整个创意产业生态的关键。随着人工智能、5G等新一代信息技术的快速发展,数字创意产业的内容生产开始日趋智能化、创新化和个性化,内容创作者与终端消费者的关系也发生重构。一方面,内容创作者可通过数字平台(如自媒体短视频平台)发布创意内容,形成对终端消费者的直接内容供给,相比于传统内容产业少了诸多中间环节。另一方面,随着经济发展与居民消费的升级,终端消费者对文化内容产品提出了更高的要求,从而多样化和个性化的内容产品需求成为未来数字创意产业的特点之一,导致终端消费与内容创作的分层现象。另外,在经济全球化和产业链分工的背景下,数字创意企业可通过雇佣国际化的创意团体或与国际创意者合作,充分整合国际化的创意资源和研发资源,形成全球创新网络。然而,目前我国数字创意产业存在内容创新整体质量不高、国际化的精品力作不多等问题。对此,以数字创意企业为代表的内容生产者要坚信内容创新是数字创意产业高质量发展的基础支撑,应借助技术与平台优势,充分挖掘市场需求,广泛参与创意合作,推动网络文学、游戏、影视与动漫等产业领域的快速发展。

三、制度治理创新路径

在国际贸易中,一国的贸易管理制度至关重要。对于数字创意产业的发展而言,国际化战略管理制度可以帮助企业拓展出口贸易,进而赢得广大的海外市场,并赢取海外销售收入。在这一过程中,数字创意企业也可以借助多种贸易开放制度实现国际化发展。当国际市场成效逐渐凸显后,数字创意企业开始借助各种方式,例如直接投资、兼并收购、合资合作等,加大对海外的投资,并在此基础上构建海外业务单元,逐渐成长为跨国公司。新时代背景下,数字创意企业的发展亟须向外发展,这就要求国家将单一贸易开放制度发展为全方位对外开放制度,助力数字创意企业海外研发创新基地或海外创意生产基地建设。随着数字创意企业的内容创意 IP 派生效应逐渐显露,海外创意生产基地的拓展以及全球 IP 创意网络的形成成为不可避免的趋势,跨国公司运营模式也逐渐成为主要经营模式。以国家为例,如果能够建立全球性企业集团,这一国家基本上能引领全球数字创意产业的发展,控制与之相关的全球规则制定权和事务发言权,并占据全球治理地位,进而也就能够更好地维护本国企业利益,促进本国产业发展。

四、业态融合创新路径

当前,创意产业各领域的边界在数字经济的发展渗透下逐渐消弭,并呈现加速跨界融合态势。对于数字创意产业而言,数字技术不仅对信息资源进行重新分配,还对企业间的融合方式进行改写,推动产业融合进入 2.0 时代。数字创意产业将新技术、新创意传递到产业内的子产业或其他产业中,实现技术和创意在产业间和产业内的渗透融合,吸引更多的企业融合进来,催生出新的产业形态和产品服务,形成创意经济无边界的渗透格局。在产业内外传递过程中形成的产业价值链,数字技术和创意元素贯穿其中,将数字创意产业与其他产业紧密联系在一起,使得价值链得以向上游或向下游延伸发展。其中,创意 IP 的转让是实现创意渗透延伸发展的关键,在加快向传统产业渗透融合的同时,还可以不断提高传统产业链的附加值。

一般而言,一个完整的创意 IP 产业链包括四个环节,分别为研发、生产、营销和衍生品生产,彼此之间相互影响、相互渗透、相互促进。创意 IP 在产业内外渗透后,通过对原始 IP 的再创意、再设计和再加工,创造出新的产品和服务,实现创意要素的衍生性发展。与此同时,将核心创意要素与传统产业要素重组时,不仅可以提升传统产业或整个产业链价值和效益,还能实现向价值链高附加值环节的攀升。此外,一个成功的数字创意产品是技术和创意的统一体,通过在产业内外发挥溢出效应,进而实现产业的跨界融合,不断催生新兴业态,助力数字创意产业实现高质量发展。

第四节　全球价值链重构视域下数字创意产业高质量发展的中国对策

前文所述的作用机制和实现路径为全球价值链重构视域下中国数字创意产业高质量发展提供了可能和重要战略机遇。面对全球价值链重构与国际分工格局大调整的机遇与挑战,中国需要抓住机遇,直面挑战。具体而言,全球价值链重构背景下推动中国数字创意产业高质量发展,应着重考虑如下几个方面的对策思路,尽快塑造竞争新优势,进而避免陷入"被俘获"与"低端锁定"的困境。

一、提高技术创新能力,构建数字创意产业中国技术标准

全球价值链竞争的关键是技术和标准的竞争。在当今的国际贸易中,谁掌握了技术和标准,谁就掌握了定价权。为此,我国需要尽快实现技术创新能力的提高,打破技术的低端锁定,同时还要针对数字创意产业,制定并完善相关技术标准,并努力将中国标准做成世界标准,从而形成良好的创新生态环境,推动数字创意产业高质量发展。一方面,积极创建全球领先的各领域数字创意企业,加强专业化、品牌化企业建设,不断提升数字创意企业数字化、产业化水平,培育形成全球领军型数字创意企业。另一方面,除了加强中国标准及认证体系建设,我国还要积极参与国际合作,推动中国标准国际化,助力实现中国数字创意产业全球价值链攀升,确立并巩固中国在数字创意产业全球治理中的地位。除此之外,前文机理分析还表明,全球价值链嵌入可以通过吸收门槛效应抑制数字创意产业高质量发展。因此,我国还应该重视数字创意产业领域的人力资本积累,提高嵌入全球价值链的数字创意企业有效吸收先进技术的能力。

二、整合优质研发资源,构建与发达国家相抗衡的竞争策略

针对当前中国数字创意产业面临的核心内容创意环节竞争力不足、技术开发环节势单力薄、核心分发渠道被美国掌控的弱势局面,建议着力加强战略性突破。一是实施"自主＋整合"的双轮驱动策略。一方面要着力加强自主设计与开发能力,增强中国数字创意企业在内容创意设计和产业技术研发方面的自身实力;另一方面,在有效管控"资本外逃"的前提下,支持中国数字创意产业细分行业龙头企业通过海外兼并收购,快速整合世界范围内的内容创意与技术研发优质资源,迅速形成能够与发达国家领先企业相抗衡的竞争能力。

二是实施"借力打力＋跨界创新"的组合策略。从目前来看,苹果公司的APP Store 和谷歌公司的 Google Play 两大应用商店几乎完全垄断了全球智能手机移动应用分发平台,在这种情况下试图依靠建构新的移动应用商店"硬碰硬"抢夺流量资源的策略很难行得通,中国数字创意企业应利用苹果和谷歌两大应用商店的世界主要市场全覆盖的优势推广自身优质的数字创意产品或服务,尽快在全球各主要国家市场建立自身数字创意产品或服务的价值链网络。不仅如此,中国数字创意企业还要积极思考人工智能、物联网、VR、AR 等新一轮科学技术变革带来的巨大的颠覆式创新机会,运用跨界思维颠覆传统的应用商店,开创全新的数字创意产业商业模式。

三、强化内容生产创作,提升数字创意产品国内增加值率

创作生产是数字创意产业的核心环节,需要通过政府支持、企业投入、产学研合作等各种方式来"补链""强链",在实现价值链跃升的同时,不断提高数字创意产品的国内增加值率。一是要鼓励运用数字技术推动内容生产制作的数字化转型。加快推进数字电影、数字电视、数字出版、数字印刷、数字演艺等创新发展,加强数字技术在博物馆、美术馆、工艺美术、演艺娱乐和创意设计等行业的应用,鼓励传统文化资源的"数字孪生"。二是要鼓励多业态联动的创意开发模式。要想形成具有世界影响力的数字创意品牌,数字创意产业内容生产需要重视业态模式创新,同时加强不同业态形式之间的融合转换。只有这样,才能制作生产出高品质的数字内容产品,实现中国文化内容的"出海"。三是数字创意企业应该更注重文化创意的原创性,将中华优秀传统文化中更多的"好故事"融合到数字创意产品中。由于文化产品的传播既

传递产品的价值,也传播价值观,所以企业比政府更有优势在海外搭建中华文化的传播平台。讲故事是信息传播的最佳形式,数字创意企业应该提供更多优质的内容产品,讲好新时代中国故事,不断提高中国数字创意产品国际竞争力。

四、开发衍生创意产品,培育形成完整的数字创意产业链

一是针对数字创意产品的消费具有路径依赖和链式效应的特点,更新市场战略、扩大消费群体,形成一条"上游开发—中游拓展—下游延伸"的数字创意产业链。将制作出的深入人心的数字创意产品,培养成知名品牌,对数字创意产品以品牌(形象)授权、特许专卖等形式进行品牌延伸,形成强势的品牌效应;积极开展衍生产品的开发和营销,把衍生产品的丰厚利润反过来再投入到数字创意产品的研发设计中,形成"投入—产出—收益—再投入"的良性循环。二是以产业园区和产业示范基地作为后援,建立起全球范围内完善的数字创意产品经营管理和物流配送骨干网络,建立集卫星频道、杂志、报纸、网站、出版社为一体的数字创意产品特许经营连锁网络和数字创意产业媒体群。借助品牌传播、商业运作、资源重组等手段,打造跨行业、跨地域的"品牌频道—生产供应—整合营销—战略联盟"的"产业生态链"。三是另辟蹊径,采取数字创意产业与移动通信、互联网、手机业务等新兴媒体相结合的方式,积极开拓新兴产业链。

五、打破创意人才瓶颈,将"中国制造"变成"中国创造"

当前,中国经济发展正面临着从"粗放型增长模式"向"集约型增长模式"的转变,而增长模式转变的成功与否在很大程度上又取决于中国数字创意产业劳动力能否实现优化配置。为此,中国迫切需要从以下几个方面着手:一是努力提升劳动者素质。当前,劳动密集型的文化加工产业和技术密集型的文化创意产业是中国数字创意产业发展的两个重点方向,但遗憾的是,这两个产业都普遍面临着从业人员素质不高的问题。对于此,我们需要根据两种产业自身的特点,采取适宜的办法加以解决。对于文化加工产业,因其属于典型的劳动密集型产业,具有人员数量大、流动性强的特点,导致人员培训成本较高,文化企业本身缺乏对人力资本进行培育的动力,在这种情况下,政府就应该及时制定相应的人力政策来加以支持。而对于文化创意产业,因其属于典型的技术密集型产业,就应该着重培养技术型、质量型以及复合型的数

字创意产业人才。二是优化数字创意人才培养结构。充分挖掘青年数字创意人才资源,同时鼓励优秀的数字创意大师引领青年数字创意人才的发展,为其在发展过程中提供专业化指导,与青年数字创意人才进行深度的交流合作。大力实施青年数字创意人才的引进计划,重点培养有创造力的青年人才,鼓励现有的优秀文化名师发挥"传帮带"作用,推动青年人才成为我国数字创意产业发展的重要中坚力量。此外,还要鼓励重点数字创意企业与高校、科研机构等共同建立人才培养基地,培养出符合市场需求的实践型数字创意人才。三是要完善人才吸纳机制。对于数字创意产业而言,要想形成有效的人才吸纳机制,完善的体制机制必不可少。同时,数字创意产业体制机制的良性建设是促进数字创意产业就业数量增长、就业质量提升的重要保证。

六、构建多元融资体系,迎合数字创意产业多样化的需求

一是扩大数字创意企业直接融资的比例,充分发挥资本市场支持中国数字创意产业发展的潜力。为更好地推动数字创意企业做大做强,要逐步完善新三板、创业板、中小板乃至主板等股权市场体系,鼓励符合条件的数字创意企业积极上市,借助资本市场进行直接融资。进一步从横、纵两个方向延伸市场覆盖范围,为处于不同发展阶段的数字创意企业提供多元化融资渠道,迎合不同规模的数字创意企业多样化的融资需求。同时,积极发挥民间资本和外来资本在数字创意产业发展中的作用,促进数字创意产业崛起。二是进一步完善数字创意企业间接融资体系。针对数字创意企业,要逐渐发展和完善多层次的信贷市场体系,既要鼓励商业银行等传统金融机构积极优化信贷增量,调整信贷存量,还要加强数字创意企业和一些诸如贷款公司、村镇银行等新兴金融组织合作,促进信贷组织的多元化发展。同时,各类金融机构要积极扩展自身的业务范围,尤其是要优化对大额借款的数字创意企业的服务范围,不断延伸服务深度,把信贷服务业务适度向重点、中小微数字创意企业倾斜。对于政府而言,应不断加大对数字创意企业政策性金融的优惠力度,健全中小微数字创意企业的融资担保体系,鼓励建立商业化运作的中小数字创意企业信贷担保协会,尝试建立相关的再担保投资机构,并制定相应的保障制度机制。三是大力发展数字创意产业投资基金,为中国数字创意产业结构调整服务。由于自身发展实际的不同,不同的国家有不同的产业投资基金模式。目前国际上较为流行的有以下几种:以英国和美国为代表的"证券市场中心型";以德国和日本为代表的"银行中心型";以韩国和以色列为代表的

"政府中心型"。而从中国数字创意产业发展的实际情况和金融市场良性运转的角度来看,中国的数字创意产业投资基金比较适合建立以政府为主导的模式。这是由于以政府为投资主体的数字创意产业投资基金以政府引导为基础,政府在此过程中起到示范、引导和支持的作用,严格避免造成投资资源的浪费。与其他类型的数字创意产业投资基金模式相比,发展政府中心型的数字创意产业基金,有利于为数字创意产业发展开辟更宽泛的融资渠道。

七、建立互动竞争机制,提升数字创意企业的中间品质量

由于中国数字创意产业整体水平发展不高,增加值率较低,增加数字创意中间产品的进口,不但能更深入地融入数字创意产业全球价值链,而且对提升中国数字创意产业高质量发展水平至关重要,尤其要重点增加与数字创意产业相关联行业的高技术中间品进口。中间品是指在一种产品从初级产品加工到提供最终消费经过一系列生产过程中没有成为最终产品之前处于加工过程的产品的统称。对此,我们首先要提倡建立良性的互动竞争机制,积极参与全球合作竞争以获取竞争优势和数字创意产业高质量发展的有效路径,还要注重发挥我国大市场规模优势的溢出效应,激励我国数字创意产业不断向全球价值链中高端环节攀升。其次,政府还应通过降低所得税和补贴等各种优惠措施,鼓励数字创意企业增加高质量、多层次的数字创意中间品进口,深化对进口中间品中蕴含的技术、标准的学习。同时,特别要鼓励有条件的企业积极参股、控股和并购海外数字创意企业,引进更先进的数字创意技术和人才,借鉴先进的管理经验。

八、创造稳定政策环境,优化数字创意产业内容审查机制

在人工智能、5G等新一代信息技术的驱动下,数字创意产业可打破现有的产业边界,与其他产业相互融合、互动发展,促进新产品、新业态、新模式的诞生,为避免出现数字创意产业发展难题,加强政府监管需要尽早提上日程。在监管方面,需要注意以下几点:第一,守住法律和安全底线。针对数字创意产业发展过程中可能会存在的不法行为,要坚决依法制止、从严惩处,为数字创意产业发展营造良好生态环境。第二,建立多元化的审查机制,不同细分行业领域采取不同审查机制。例如,像手游、网络直播等新兴领域,如果审查监管过严,则可能会抑制该行业的发展,建议以引导为主,具体可以采用负面清单的方式。例如,在音频、视频等涉及证照较多的行业领域,建议设立专业

化审查门槛加以控制,简化申请程序。第三,搭建政府和平台企业共同治理模式。不同于其他产业,数字创意产业存在很多平台企业,在日常监管中,平台也要积极参与,主动承担一部分内容审查责任,进而形成政府和平台企业共同治理的新模式。

  此外,还要构建中国数字创意产业全球价值链重构的自由贸易区通道。目前中国自由贸易区战略进入第二阶段,这一新阶段体制创新路径应当是由适应实物资本投资的体制环境转变为适应知识资本投资的体制环境。自由贸易区可以成为中国数字创意产业全球价值链重构的重要制度创新支撑。一方面,基于自由贸易区探索关于数字创意产业全球价值链多边、双边或区域合作规则的制度创新。另一方面,加强自由贸易区及区外在适应和鼓励中国数字创意产业对外贸易方面的制度创新,鼓励中国数字创意产业在数字版权输出、中外合作影视制作、广电项目境外落地的集成播出、工艺美术品数字创意设计服务等各个方面加速构建全球价值链。

九、重视知识产权保护,加大涉外知识产权保护协调力度

  现阶段,我国数字创意产业仍处于增加值较低且逆差规模逐年扩大的状态,建设符合新时代特色的中国知识产权保护体系对该产业高质量发展十分重要。具体可以从两个层面采取应对方案:其一,推进知识产权机构制度改革,借此完善相关体系的建设。比如通过引进版权产业服务平台,在版权评估、版权交易、版权维权、版权金融等版权全产业链上形成新兴产业引领带动效应,进而产生集聚效应和辐射效应,推动数字创意产业高质量发展。其二,发展区块链技术,推动知识产权保护技术提升。由于数字创意产品具有易抄袭性、高流动性的特征,致使数字创意版权保护难度一直较大。区块链技术可以在不依赖第三方的情况下,凭借自身去中心化、可追溯、开放性、防篡改等特性确保版权的真实性、完整性、不可篡改性和不可抄袭性,有效提升数字创意版权保护能力。因此,数字技术的进步对于内容付费行业发展具有强大推动力,通过加强区块链等数字技术应用可以有效提升数字创意版权保护能力,推动实现数字创意产业高质量发展。

  此外,还要积极建立"自检"与"维权"并重的知识产权国际对接机制。一是建立自检机制。中国数字创意企业在"走出去"之前,要全面梳理自身的数字创意产品是否对国外相关产品造成侵权。二是建立保护机制。中国数字创意企业需要仔细研究和严格遵守出口国的版权保护法律法规,并深入了解

该国的版权保护生态,为全球价值链构建提供基础的版权保障。三是建立侵权监控与响应机制。"互联网+"时代,中国数字创意企业需要构建影视、动漫、音乐、游戏、媒体、社区、移动 APP、网络云存储等跨领域全方位的线上版权监控与响应机制。

十、加强供应链式整合,提升国内国际两个市场统筹质量

随着中国数字创意产业全球价值链嵌入程度的提高,由发达经济体主导的全球价值链分工体系的"纵向压榨"效应可能变强。为此,在鼓励中国数字创意企业积极参与全球价值链重构的同时,还要营造有利于数字创意企业进行创新学习的国内集聚环境,加快全球价值链和本地产业集群的供应链式整合,引导企业之间由"模仿学习"向"创新学习"转变,提高国内国际"双重成长环境"的学习质量,使企业在"集群中学习"和在"全球价值链中学习"产生有益互补。一方面,要从数字创意产业全球价值链走向数字创意产业国内价值链,弥合全球价值链背景下生产体系的"双重分割"。将单一个体的竞争优势扩大为产业甚至国家的综合优势,推动形成"本土企业—本土产业集群—国家整体"的内生化升级路径。另一方面,促进数字创意产业国内价值链对接数字创意产业全球价值链。不论全球价值链的形态如何演进,其作为国际经济活动的主要组织方式,在全球范围内分离出去的价值环节都会呈现"大区域离散、小区域集聚"的特征。也就是说,国际竞争模式将从企业对企业的竞争,演变为集群对集群、网络对网络的竞争。

构建中国数字创意产业"一带一路"价值链。世界贸易组织(WTO)前首席经济学家罗伯特·库普曼曾明确指出中国将通过"一带一路"建设构建自身的全球价值链网络。经过阿里巴巴、腾讯、网易、今日头条、美团等众多企业的不懈努力,中国数字创意产业中的移动游戏、网络媒体等细分行业在"一带一路"共建国家已经具备了一定的市场优势,建立了具有竞争力的分发渠道,积累了大量的消费群体,为数字创意产业发挥对传统制造业和服务业的价值链外溢和嫁接效应提供了良好的基础。因此,数字创意产业具备成为中国"一带一路"全球价值链建设实施的重要突破口。为此,一是要建立"一带一路"共建国家文化资源、文化遗产联合数字化开发机制;二是要推动"一带一路"共建国家互联连通,推动形成数字技术、大数据技术、移动通信技术、VR/AR 技术等新兴技术在"一带一路"共建国家协同创新的机制;三是推动建立传统产业与数字创意产业"一带一路"共同开发的对接交流机制。

第五节　结语

　　面对全球价值链重构与国际分工格局大调整的机遇与挑战，如何塑造中国数字创意产业竞争新优势，摆脱"低端锁定"与"高端封锁"双层困境，从而实现高质量发展日益引起关注。前述章节分析研究表明，全球价值链嵌入影响数字创意产业高质量发展，主要通过竞争创新效应、产业关联效应、规模经济效应、低端锁定效应和吸收门槛效应五个作用机制实现。在此基础上，本章节进一步分析在全球价值链重构视域下，推动数字创意产业高质量发展的可行路径与中国对策，即需要走技术应用创新、内容生产创新、制度治理创新以及业态融合创新等中高端发展路径。然而，上述作用机制和实现路径对于特定国家或地区而言，只是提供了一种可能性而非必然性。目前中国数字创意产业发展既有优势也有不足，应该抓住全球价值链重构的契机，推动数字创意产业积极迈向全球价值链中高端，实现高质量跨越式发展。为此，本章节提出如下对策建议：一是提高技术创新能力，构建数字创意产业中国技术标准；二是整合优质研发资源，构建与发达国家相抗衡的竞争策略；三是强化内容生产创作，提升数字创意产品国内增加值率；四是开发衍生创意产品，培育形成完整的数字创意产业链；五是打破创意人才瓶颈，将"中国制造"变成"中国创造"；六是构建多元融资体系，迎合数字创意产业多样化的需求；七是建立互动竞争机制，提升数字创意企业的中间品质量；八是创造稳定政策环境，优化数字创意产业内容审查机制；九是重视知识产权保护，加大涉外知识产权保护协调力度；十是加强供应链式整合，提升国内国际两个市场统筹质量。

参考文献

[1] Abramovitz M. Resource and output trends in the United States since 1870[J]. The American economic review, 1956, 46(2): 5-23.

[2] Aghion P, Blundell R W, Griffith R, et al. The effects of entry on incumbent innovation and productivity[J]. The review of economics and statistics, 2009, 91(1): 20-32.

[3] Amdt S, Kienkowski H. Fragmentation: new production patterns in the world economy[M]. Oxford: Oxford University Press, 2001.

[4] Antràs P, Gortari A D. The geography of global value chains[J]. Econometrica, 2020, 88(4): 1553-1598.

[5] Arestis P, Demetriades P. Financial development and economic growth: assessing the evidence[J]. The economic journal, 1997, 107(442): 783-799.

[6] Bathelt H, Glueckler J. Institutional change in economic geography [M]. Sage Publications, 2014.

[7] Berger A N, Udell G F. The economics of small business finance: the roles of private equity and debt markets in the financial growth cycle[J]. Journal of banking & finance, 1998(22): 613-673.

[8] Bloom N, Draca M, Reenen J V. Trade induced technical change? The impact of Chinese imports on innovation, IT and productivity[J]. The review of economic studies, 2016, 83(1): 87-117.

[9] Bøler E A, Moxnes A, Ulltveit-Moe K H. R&D, international sourcing and the joint impaction firm performance[J]. The American economic review, 2015, 105(12): 3704-3739.

[10] Caves D W, Christensen L R, Diewert W. The economic theory of index numbers and the measurement of input, output, and productivity[J]. Econometrica, 1982, 50(6): 1393-1414.

[11] Chen Q F, Shen Y Z. The impacts of offshore and onshore outsourcing on China's up-grading in global value chains: evidence from its manufacturing and service sectors[J]. Structural change and economic dynamics, 2021(59): 263-280.

[12] Chaudhry P E. The looming shadow of illicit trade on the Internet[J]. Business horizons, 2016, 60(1): 77-89.

[13] Dronyuk I, Moiseienko I, Ml J G. Analysis of creative industries activities in European Union countries[J]. Procedia computer science, 2019, 160(2): 479-484.

[14] Fan P L. Innovation in China[J]. Journal of economic surveys, 2014, 28(4): 725-745.

[15] Feenstra R C. Integration of trade and disintegration of production in the global economy[J]. Journal of economic perspectives, 1998, 12(4): 36-57.

[16] Feenstra R C, Sasahara A. The "China Shock" exports and U. S. employment[J]. Review of international economics, 2018, 26(5): 53-83.

[17] Fontagné L, Gaulier G, Zignago S. Specialization across varieties within products and north-south competition[J]. Economic policy, 1987, 23(53): 51-59.

[18] Gereffi G. International trade and industrial upgrading in the apparel commodity chain[J]. Journal of international economics, 1999, 48(1): 37-70.

[19] Gereffi G, Lee J. Why the world suddenly cares about global supply chains[J]. Journal of supply chain management, 2012, 48(3): 24-32.

[20] Hamel G P, Prahalad C K. Competing for the future[M]. Harvard Business School Press, 1994.

[21] Harrison B. Lean & mean: Why large corporations will continue to dominate the global economy [M]. The Guilford Press, 1994.

[22] Hausmann R, Hwang J, Rodrik D. What you export matters[J]. Journal of economic growth, 2007, 12(1): 1-25.

[23] Horkheimer M, Adorno T. Dialectic of enlightenment[M]. Stanford University Press, 1947.

[24] Hummels D, Ishii J, Yi K M. The nature and growth of vertical specialization in world trade[J]. Journal of international economics, 2001, 54(1): 75-96.

[25] Indrawati S M, Kuncoro A. Improving competitiveness through vocational and higher education: Indonesia's vision for human capital development in 2019—2024 [J]. Bulletin of Indonesian economic studies, 2021, 57(1): 29-59.

[26] Jones R W, Kierzkowski H. The role of services in production and international trade: a theoretical framework[J]. World scientific book chapters, 2018(4): 31-55.

[27] Jung J S, Lee M J. Strategy for the cultural contents industry to secure competitive advantage using fourth industrial revolution technology[J]. Kritika Kultura, 2018(32): 143-163.

[28] Kogut B. Designing global strategies: comparative and competitive value-added

chains[J]. Sloan management review, 1985, 26(4): 15-28.

[29] Koopman R, Powers W M, Wang Z, et al. Give credit where credit is due: tracing value added in global production chains [J]. NBER working papers, No. 16426, 2010.

[30] Koopman R, Wang Z, Wei S J. Estimating domestic content in exports when processing trade is pervasive[J]. Journal of development economics, 2012, 99(1): 178-189.

[31] Krugman P. Growing world trade [C]. Brookings papers on economic activity, 1995.

[32] Krugman P R. Increasing returns, monopolistic competition, and international trade [J]. Journal of international economics, 1979, 9(4): 469-479.

[33] Lall S, Weiss J A, Zhang J. The sophistication of exports: a new trade measure[J]. World development, 2006, 34(2): 222-237.

[34] Latimer, Asch. Credit rationing in market with imperfect imformation[J]. American economic review, 2006(3): 393-411.

[35] Lu Y, Shi H M, Luo W, et al. Productivity, financial constraints, and firms' global value chain participation: evidence from China[J]. Economic modelling, 2018, 73 (C): 184-194.

[36] Lucas R E. On the mechanics of economic development[J]. Journal of monetary economics, 1988, 22(1): 3-42.

[37] Mangematin V, Sapsed J, Schüßler E. Disassembly and reassembly: an introduction to the special issue on digital technology and creative industries[J]. Technological forecasting and social change, 2014, 83(3): 1-9.

[38] Manova K, Wei S J, Zhang Z. Firm exports and multinational activity under credit constraints[J]. Review of economics and statistics, 2015, 97(3): 574-588.

[39] Melitz M J. The impact of trade on intra-industry reallocations and aggregate industry productivity[J]. Econometrica, 2003, 71(6): 1695-1725.

[40] Michaely M. Trade income levels and dependence[M]. Amsterdam: North-Holland, 1984.

[41] Molinari B, Rodríguez J, Torres J L. Growth and technological progress in selected pacific countries[J]. Japan and the world economy, 2013, 28(6): 60-71.

[42] Moore I. Cultural and creative industries concept: a historical perspective[J]. Procedia-social and behavioral sciences, 2014, 110(1): 738-746.

[43] Mudambi R, Susan M. Global connectivity and the evolution of industrial clusters: from tires to polymers in Northeast Ohio [J]. Industrial marketing management, 2017.

［44］Overman H G, Redding S J, Venables A J. The economic geography of trade, production, and income: a survey of empirics[J]. CEP discussion papers, 2001.

［45］Pavlinek P. Global production networks, foreign direct investment, and supplier linkages in the integrated peripheries of the automotive industry[J]. Economic geography, 2018, 94(2): 141-165.

［46］Petersen M A, Rajan R G. The benefits of lending relationships: evidence from small business data[J]. The journal of finance, 1994, 49(1):3-37.

［47］Piore M, Sabel C. The second industrial divide: possibilities for prosperity[M]. New York: Basie Rooks, 1984.

［48］Porter M E. Competitive advantage: creating and sustaining superior performance [M]. New York: The Free Press, 1985.

［49］Powell W. Neither market nor hierarchy: network forms suit for health care system [J]. Quarterly of social security research, 2008, 44(4):19-29.

［50］Rodrik D. New technologies, global value chains, and developing economies[J]. Cesifo working paper, 2018.

［51］Rodrik D. What's so special about China's exports?[J]. China & world economy, 2006, 14(5): 1-19.

［52］Scott A J. Creative cities: conceptual issues and policy questions[J]. Journal of urban affairs, 2010, 28(1): 1-17.

［53］Sturgeon T J, Kawakami M. Global value chains in the electronics industry: was the crisis a window of opportunity for developing countries?[R]. Policy Research Working Paper, 2010.

［54］Tao J, Ho C Y, Luo S, et al. Agglomeration economies in creative industries[J]. Regional science and urban economics, 2019, 77(7): 141-154.

［55］Tone K. A slacks-based measure of efficiency in data envelopment analysis[J]. European journal of operational research, 2001, 130(3): 498-509.

［56］Teece D, Pisano G. The dynamic capabilities of firms: an introduction[J]. Industrial and corporate change, 1994,3(3):537-556.

［57］Wang Z, Wei S J, Yu X, et al. Characterizing global value chains: production length and up-streamness[J]. NBER working paper, No. 23261, 2017.

［58］Weston J, Brigham F. Managerial finance[M]. American: Dryden Press, 1978(6): 268-313.

［59］Yong X, Xinxin T, Su Z, et al. Construction and application of digital creative platform for digital creative industry based on smart city concept[J]. Computers & electrical engineering, 2020, 87(3):106-148.

［60］克鲁格曼. 克鲁格曼国际贸易新理论[M]. 黄胜强, 译. 北京: 中国社会科学出版

社,2001.

[61] 曹明福,李树民. 全球价值链分工的利益来源：比较优势、规模优势和价格倾斜优势[J]. 中国工业经济,2005(10):20-26.

[62] 曾咏梅. 产业集群嵌入全球价值链的模式研究[J]. 经济地理,2011,31(3):453-457.

[63] 车树林. 全球价值链嵌入对数字创意产业高质量发展的影响[J]. 南京社会科学,2023,427(5):52-62.

[64] 车树林,石奇. 文化资本对城市生产率的影响分析——基于285个地级及以上城市面板数据的实证检验[J]. 南京社会科学,2022(10):148-158.

[65] 陈爱贞,刘志彪. 决定我国装备制造业在全球价值链中地位的因素——基于各细分行业投入产出实证分析[J]. 国际贸易问题,2011(4):115-125.

[66] 陈刚,宋玉玉. 数字创意产业发展研究[J]. 贵州社会科学,2019(2):82-88.

[67] 陈庚,林嘉文. 我国数字文化产业政策的演进脉络、阶段特征与发展趋势[J]. 深圳大学学报(人文社会科学版),2022,39(6):40-51.

[68] 陈丽丽,龚静. 中国出口产品复杂度提升了吗？——结合价格和产品技术含量测度的新考察[J]. 世界经济文汇,2014(2):30-44.

[69] 陈能军,史占中. 5G时代的数字创意产业：全球价值链重构和中国路径[J]. 河海大学学报(哲学社会科学版),2020,22(4):43-52.

[70] 陈晓珊. 中日两国在全球价值链上分工地位的演进特征及差异比较——基于行业上游度测算的视角[J]. 当代财经,2017(7):103-113.

[71] 陈岩. 中国对外投资逆向技术溢出效应实证研究：基于吸收能力的分析视角[J]. 中国软科学,2011(10):61-72.

[72] 戴宏伟. 产业梯度产业双向转移与中国制造业发展[J]. 经济理论与经济管理,2006(12):45-50.

[73] 戴翔,金碚. 产品内分工、制度质量与出口技术复杂度[J]. 经济研究,2014,49(7):4-17,43.

[74] 戴翔,刘梦. 人才何以成为红利——源于价值链攀升的证据[J]. 中国工业经济,2018,361(4):98-116.

[75] 戴翔,张二震. 中国出口技术复杂度真的赶上发达国家了吗[J]. 国际贸易问题,2011(7):3-16.

[76] 邓光耀,张忠杰. 全球价值链视角下中国和世界主要国家(地区)分工地位的比较研究——基于行业上游度的分析[J]. 经济问题探索,2018,433(8):125-132.

[77] 樊纲,关志雄,姚枝仲. 国际贸易结构分析：贸易品的技术分布[J]. 经济研究,2006,41(8):70-80.

[78] 范玉刚. 新时代数字文化产业的发展趋势、问题与未来瞩望[J]. 中原文化研究,2019,7(1):69-76.

[79] 高宏存,任德靖."一带一路"数字创意产业贸易的图景、困局与策略[J].治理现代化研究,2022,38(6):46-56.

[80] 高军,吴欣桐.文化产业的要素投入与发展效应研究[J].西南民族大学学报(人文社会科学版),2016,37(12):165-169.

[81] 高运胜,杨阳.全球价值链重构背景下我国制造业高质量发展目标与路径研究[J].经济学家,2020,262(10):65-74.

[82] 龚伟林,徐媛媛,刘应海.基于SWOT对重庆市数字创意产业的分析[J].重庆邮电大学学报(社会科学版),2010,22(6):52-56.

[83] 宫瑶.网游,欢乐梦想[J].走向世界,2012(31):28-29.

[84] 顾江.全球价值链视角下文化产业升级的路径选择[J].艺术评论,2009(9):80-86.

[85] 顾江.文化强国视域下数字文化产业发展战略创新[J].上海交通大学学报(哲学社会科学版),2022,30(4):12-22.

[86] 郭国峰,郑召锋.我国中部六省文化产业发展绩效评价与研究[J].中国工业经济,2009(12):76-85.

[87] 郭新茹,顾江,朱文静.中韩文化贸易竞争性和互补性的实证研究[J].江西社会科学,2010(2):73-77.

[88] 郭雪凡,祝坤福.全球价值链视角下中美属地和属权增加值贸易:核算方法与贸易收益[J].南京社会科学,2022,415(5):45-55.

[89] 韩洁平.数字内容产业成长机理及发展策略研究[D].长春:吉林大学,2010.

[90] 韩顺法,李向民.创意产业影响经济增长的测度研究[J].统计研究,2010,27(1):110-112.

[91] 花建,田野.国际文化贸易的新趋势与中国对外文化传播的新作为[J].上海交通大学学报(哲学社会科学版),2023,31(4):78-92.

[92] 黄纯,龙海波.政府辅助性制度工作、制度逻辑与集群升级——基于余姚和安吉两地集群演化的案例研究[J].管理世界,2016,273(6):148-166.

[93] 黄光灿.全球价值链视角下中国制造业升级研究——基于附加值贸易[D].西安:西北大学,2018.

[94] 黄凌云,刘冬冬,谢会强.对外投资和引进外资的双向协调发展研究[J].中国工业经济,2018(3):80-97.

[95] 黄先海,陈晓华,刘慧.产业出口复杂度的测度及其动态演进机理分析:基于52个经济体1993—2006年金属制品出口的实证研究[J].管理世界,2010(3):44-55.

[96] 黄先海,杨高举.中国高技术产业的国际分工地位研究:基于非竞争型投入占用产出模型的跨国分析[J].世界经济,2010,33(5):82-100.

[97] 蒋多,杨乔.微笑曲线中的价值链攀升之路——中国自主研发网络游戏"走出去"的第一个十年[J].国际文化管理,2016(1):100-111.

[98] 蒋萍,王勇. 全口径中国文化产业投入产出效率研究——基于三阶段DEA模型和超效率DEA模型的分析[J]. 数量经济技术经济研究,2011,28(12):69-81.

[99] 揭志强. 我国地区文化产业全要素生产率增长状况研究[J]. 统计与决策,2013(1):141-145.

[100] 金元浦. 全球竞争下5G技术与中国文化创意产业的融合新变[J]. 山东大学学报(哲学社会科学版),2020(5):74-85.

[101] 李跟强,潘文卿. 国内价值链如何嵌入全球价值链:增加值的视角[J]. 管理世界,2016(7):10-22.

[102] 李建军,孙慧,田原. 丝绸之路经济带全球价值链地位测评及政策建议[J]. 国际贸易问题,2018(8):80-93.

[103] 李强,郑江淮. 基于产品内分工的我国制造业价值链攀升:理论假设与实证分析[J]. 财贸经济,2013(9):95-102.

[104] 李文军,李巧明. "十四五"时期数字创意产业发展趋势与促进对策[J]. 经济纵横,2021(2):71-81.

[105] 李小平,卢现祥,朱钟棣. 国际贸易、技术进步和中国工业行业的生产率增长[J]. 经济学(季刊),2008,28(1):549-564.

[106] 李欣宇. 基于熵值法的中国文化创意产业国际竞争力研究[D]. 保定:河北大学,2021.

[107] 黎文靖,郑曼妮. 实质性创新还是策略性创新?——宏观产业政策对微观企业创新的影响[J]. 经济研究,2016,51(4):60-73.

[108] 刘斌,王杰,魏倩. 对外直接投资与价值链参与:分工地位与升级模式[J]. 数量经济技术经济研究,2015,32(12):39-56.

[109] 刘冬冬. 全球价值链嵌入是否会驱动中国制造业升级——基于工艺升级与产品升级协调发展视角[J]. 产业经济研究,2020,108(5):58-72.

[110] 刘海云,毛海欧. 国家国际分工地位及其影响因素——基于"GVC地位指数"的实证分析[J]. 国际经贸探索,2015,31(8):44-53.

[111] 刘洪铎. 北京市分工地位的测度研究——基于行业上游度的视角[J]. 现代产业经济,2013(11):45-52.

[112] 刘琳. 中国参与全球价值链的测度与分析——基于附加值贸易的考察[J]. 世界经济研究,2015(6):71-83.

[113] 刘琳,盛斌. 全球价值链和出口的国内技术复杂度:基于中国制造业行业数据的实证检验[J]. 国际贸易问题,2017,411(3):3-13.

[114] 刘思明,张世瑾,朱惠东. 国家创新驱动力测度及其经济高质量发展效应研究[J]. 数量经济技术经济研究,2019,36(4):3-23.

[115] 刘维林. 产品架构与功能架构的双重嵌入——本土制造业突破GVC低端锁定的攀升途径[J]. 中国工业经济,2012(1):152-160.

[116] 刘小铁. 产业竞争力因素分析[D]. 南昌:江西财经大学,2004.

[117] 刘奕,夏杰长. 全球价值链下服务业集聚区的嵌入与升级——创意产业的案例分析[J]. 中国工业经济,2009(12):56-65.

[118] 刘志彪,张杰. 从融入全球价值链到构建国家价值链:中国产业升级的战略思考[J]. 学术月刊,2009(9):59-68.

[119] 刘志彪,吴福象. "一带一路"倡议下全球价值链的双重嵌入[J]. 中国社会科学,2018,272(8):17-32.

[120] 卢锋. 产品内分工[J]. 经济学(季刊),2004(1):55-82.

[121] 卢福财,胡平波. 网络租金及其形成机理分析[J]. 中国工业经济,2006(6):84-90.

[122] 吕越,陈帅,盛斌. 嵌入全球价值链会导致中国制造的"低端锁定"吗?[J]. 管理世界,2018,34(8):11-29.

[123] 吕越,黄艳希,陈勇兵. 全球价值链嵌入的生产率效应:影响与机制分析[J]. 世界经济,2017,40(7):28-51.

[124] 吕越,罗伟,包群. 企业上游度、贸易危机与价值链传导的长鞭效应[J]. 经济学(季刊),2020,19(3):875-896.

[125] 马凤涛. 中国制造业全球价值链长度和上游度的测算及其影响因素分析——基于世界投入产出表的研究[J]. 世界经济研究,2015(8):3-10.

[126] 马述忠,吴国杰. 中间品进口、贸易类型与企业出口产品质量——基于中国企业微观数据的研究[J]. 数量经济技术经济研究,2016,33(11):77-93.

[127] 马野青,张梦,巫强. 什么决定了中国制造业在全球价值链中的地位?——基于贸易增加值的视角[J]. 南京社会科学,2017(3):28-35.

[128] 毛蕴诗. 重构全球价值链:中国企业升级理论与实践[M]. 北京:清华大学出版社,2017.

[129] 梅国平,刘珊,封福育. 文化产业的产业关联研究——基于网络交易大数据[J]. 经济管理,2014,36(11):25-36.

[130] 裴长洪,王镭. 试论国际竞争力的理论概念与分析方法[J]. 中国工业经济,2002(4):41-45.

[131] 蒲华林,张捷. 产品内国际分工与中国获取的价值:基于零部件进出口的分析[J]. 财贸研究,2012,23(1):70-76.

[132] 邱斌,叶龙凤,孙少勤. 参与全球生产网络对我国制造业价值链提升影响的实证研究——基于出口复杂度的分析[J]. 中国工业经济,2012(1):57-67.

[133] 尚涛. 我国服务贸易比较优势及贸易模式变动的实证研究——基于RSCA与Lafay指数等的分析[J]. 国际贸易问题,2010(12):70-77.

[134] 尚涛,陶蕴芳. 我国创意产业中的国际分工研究——基于典型发达国家和发展中国家的比较分析[J]. 世界经济研究,2011(2):40-47.

[135] 沈丽丹,李本乾. 提升文化产业竞争力的政策路径[J]. 上海交通大学学报(哲学社会科学版),2020,28(4):95-104.

[136] 盛世豪. 产业竞争论[M]. 杭州:杭州大学出版社,1999.

[137] 施炳展. 中国出口产品的国际分工地位研究——基于产品内分工的视角[J]. 世界经济研究,2010(1):56-62.

[138] 苏杭,郑磊,牟逸飞. 要素禀赋与中国制造业产业升级——基于WIOD和中国工业企业数据库的分析[J]. 管理世界,2017,283(4):70-79.

[139] 唐宜红,张鹏杨. FDI、全球价值链嵌入与出口国内附加值[J]. 统计研究,2017,34(4):36-49.

[140] 唐宜红,张鹏杨. 中国企业嵌入全球生产链的位置及变动机制研究[J]. 管理世界,2018,34(5):28-46.

[141] 汤永川,刘曦卉,王振中,等. 数字创意产业向其他产业无边界渗透[J]. 中国战略新兴产业,2017(9):70-74.

[142] 田思,高长春. 中国创意产品贸易出口技术复杂度变化趋势研究[J]. 研究与发展管理,2015,27(4):54-59.

[143] 屠年松,曹宇芙. 全球价值链嵌入对中国服务贸易国际竞争力的影响研究[J]. 经济体制改革,2019,217(4):195-200.

[144] 王娜. 全球价值链下文化产业集群升级探析——以北京市文化产业集群为例[J]. 国际文化管理,2016(1):177-186.

[145] 王缉慈,梅丽霞,谢坤泽. 企业互补性资产与深圳动漫产业集群的形成——基于深圳的经验和教训[J]. 经济地理,2008,28(1):49-54.

[146] 王思语,郑乐凯. 全球价值链嵌入特征对出口技术复杂度差异化的影响[J]. 数量经济技术经济研究,2019,36(5):65-82.

[147] 王玉燕,王婉. GVC嵌入、创新型人力资本与制造业高质量发展——基于"新发展理念"的影响机制分析与效应检验[J]. 商业研究,2020(5):67-76.

[148] 王直,魏尚进,祝坤福. 总贸易核算法:官方贸易统计与全球价值链的度量[J]. 中国社会科学,2015(9):108-127.

[149] 魏龙,王磊. 全球价值链体系下中国制造业转型升级分析[J]. 数量经济技术经济研究,2017,34(6):71-86.

[150] 谢建国,周露昭. 进口贸易、吸收能力与国际R&D技术溢出:中国省区面板数据的研究[J]. 世界经济,2009,32(9):68-81.

[151] 解学芳. 科技发展与文化产业管理制度建构的逻辑演进[J]. 科学学研究,2010,28(12):1820-1831.

[152] 徐康宁,王剑. 要素禀赋、地理因素与新国际分工[J]. 中国社会科学,2006(6):65-77.

[153] 杨高举,黄先海. 内部动力与后发国分工地位升级——来自中国高技术产业的证据

[J]. 中国社会科学，2013(2)：25-45,204.

[154] 杨红丽,陈钊. 外商直接投资水平溢出的间接机制：基于上游供应商的研究[J]. 世界经济，2015,38(3)：123-144.

[155] 杨小凯. 发展经济学：超边际与边际分析[M]. 北京：社会科学文献出版社，2003.

[156] 易信,刘凤良. 金融发展、技术创新与产业结构转型——多部门内生增长理论分析框架[J]. 管理世界，2015(10)：24-39,90.

[157] 尹东东,张建清. 我国对外直接投资逆向技术溢出效应研究——基于吸收能力视角的实证分析[J]. 国际贸易问题，2016(1)：109-120.

[158] 余东华,田双. 嵌入全球价值链对中国制造业转型升级的影响机理[J]. 改革，2019,301(3)：50-60.

[159] 喻国明,张小争. 传媒竞争力：产业价值链案例与模式[M]. 北京：华夏出版社，2005.

[160] 于津平,邓娟. 垂直专业化、出口技术含量与全球价值链分工地位[J]. 世界经济与政治论坛，2014(2)：44-62.

[161] 俞荣建,文凯. 揭开GVC治理"黑箱"：结构、模式、机制及其影响——基于12个浙商代工关系的跨案例研究[J]. 管理世界，2011(8)：142-154.

[162] 于小涵,章军杰. 技术创新与政府行为双重驱动下的数字创意产业实践[J]. 浙江工商大学学报，2018(2)：116-119.

[163] 袁海,吴振荣. 中国省域文化产业效率测算及影响因素实证分析[J]. 软科学，2012,26(3)：72-77.

[164] 原小能. 全球服务价值链及中国服务业价值链的位置测度[J]. 云南财经大学学报，2017,33(1)：104-114.

[165] 臧志彭. 数字创意产业全球价值链重构——战略地位与中国路径[J]. 科学学研究，2018,36(5)：825-830.

[166] 张辉. 全球价值链下地方产业集群升级模式研究[J]. 中国工业经济，2005(9)：11-18.

[167] 张涛,武金爽. 中国文化产业绿色发展效率的空间网络结构及影响机理研究[J]. 地理科学，2021,41(4)：580-587.

[168] 张韦恺镝,黄旭平. 基于价值链重构的全球经济治理体系调整的趋势与出路[J]. 世界经济与政治论坛，2021(6)：85-104.

[169] 张宇. FDI技术外溢的地区差异与吸收能力的门限特征——基于中国省际面板数据的门限回归分析[J]. 数量经济技术经济研究，2008,25(1)：28-39.

[170] 郑世林,葛珺沂. 文化体制改革与文化产业全要素生产率增长[J]. 中国软科学，2012(10)：48-58.